现代铁路客运站能耗因素分析和节能对策研究

李立清　马卫武　陈治亚　著

中国铁道出版社

2010年·北京

内容简介

本书主要分析现代铁路客运站的能耗因素及相应的节能对策。主要内容包括现代铁路客运站能耗因素分析研究的社会经济意义、客运站能耗现状调查及节能潜力分析、客运站聚集人数模拟分析、旅客舒适度研究、空调能耗研究、非空调设备能耗研究(包括照明、电梯等设备)、铁路客运站能效评价、现代铁路客运站节能对策研究及铁路客运站能源评价系统软件介绍。

图书在版编目(CIP)数据

现代铁路客运站能耗因素分析和节能对策研究/李立清，马卫武，陈治业著. —北京：中国铁道出版社，2010.10

ISBN 978-7-113-11936-2

Ⅰ.①现…　Ⅱ.①李…　②马…　③陈…　Ⅲ.①铁路车站：客运站—能量消耗—研究　②铁路车站：客运站—节能—研究　Ⅳ.①U293.2

中国版本图书馆 CIP 数据核字(2010)第 185887 号

书　　名： 现代铁路客运站能耗因素分析和节能对策研究
作　　者： 李立清　马卫武　陈治亚　著

策划编辑： 江新锡
责任编辑： 徐　艳　陈小刚　**电话：** 010-63549495　**电子信箱：** xy810@eyou.com
封面设计： 冯龙彬
责任校对： 张玉华
责任印制： 李　佳

出版发行： 中国铁道出版社（100054，北京市宣武区右安门西街 8 号）
网　　址： http：//www.tdpress.com
印　　刷： 北京市兴顺印刷厂
版　　次： 2010 年 11 月第 1 版　2010 年 11 月第 1 次印刷
开　　本： 850 mm×1 168mm　1/32　印张：10.875　字数：283 千
书　　号： ISBN 978-7-113-11936-2
定　　价： 24.00 元

前　言

随着国民经济快速增长，各项建设取得巨大成就，但也付出了很大的资源和环境代价，并导致经济发展与资源环境的矛盾日趋尖锐。为此，我国国民经济与社会发展“十一五”规划纲要提出了节能减排的目标，即到2010年在2005年基础上单位GDP能源消费降低20%，主要污染物下降10%。作为耗能大户的铁路客运站，近年来发展迅速，至2008年，我国共有国家铁路车站5 470个，其中特等站50个、一等站236个、二等站362个、三等站936个。而随着车站规模的扩大和运输工作量的增加，生产性能耗随之剧增，如生产性用水、用电等。预计2010年铁路换算周转量将达到35 000亿吨千米，比2005年增长近10 000亿吨千米，铁路行业的能耗消耗总量将从2005年的2 247万吨标煤增加到3 100万吨。尤其是随着客运站服务功能、经济功能的进一步开发，必然造成客运站更大的能耗，给城市的能源供给布局、容量等带来更大压力。为实现国民经济与社会发展“十一五”规划纲要中提出的单位国内生产总值能源消耗比“十五”末期要降低20%的节能目标，铁道部编制了《铁路“十一五”节能和资源综合利用规划》，提出了“十一五”期间铁路节能工作具体目标和实施方案，加大节能和资源综合利用力度。

铁路客运站作为公共服务场所，应以提供舒适快捷的服务为主要目的。铁路客运站候车室不同于一般的建筑环境,人员背景复杂,主要表现在年龄、性别、职业等方面差别较大,着装各异,且来自全国乃至世界各地的乘客对于同一环境具有不同的反应,同时,客运站候车室的人流具有暂时停留的特点,停留时间的长短也对人体热舒适产生一定的影响,因此,不能再用传统的热舒适指标去计算。上述这些都要求我国科技工作者结合我国铁路客运站的实际情况,在热环境领域做较深入的研究。

本书旨在深入分析现代铁路客运站主要的能耗因素,探讨人的舒适度对能耗的影响问题,并结合现代铁路客运站的建筑特点和人流环境特点提出一套具有针对性的综合评价体系与方法,及相应的节能对策。

本书源于铁道部重点科技研究项目“现代铁路客运站能耗因素分析和节能对策研究”的成果,它的出版得到了铁道部科技司、计划司和运输局的大力支持与帮助,在此表示衷心的感谢!同时感谢哈尔滨铁路客运站武中凯站长、上海站姜波站长、长沙站砺宏远站长、北京西站金龙书记在项目研究过程中给予的帮助。感谢中南大学的陈其富、冯芬玲、石英、叶华老师,仲恺农业工程学院丁力行,中南大学博士研究生宋剑飞、刘峥,硕士研究生秦映心、刘小燕、胡蔷、王婷婷、孙政、刘伟、雷先鹏、朱存望、畅博、周尚、苏星燕等在实验、现场调查等方面为本书所做的工作。

限于水平,书中难免出现错误与不妥之处,恳请专家及读者批评指正!

编　者

2010年8月26日

目　　录

1 绪　论

1.1 我国铁路客运站的发展及能源消耗现状

铁路客运站作为一类特殊的大型公共建筑，是指专门或主要办理旅客运输作业的车站，是铁路客运的基本生产单位。至2008年，我国共有国家铁路车站5 470个，其中特等站50个、一等站236个、二等站362个、三等站936个。21世纪，我国铁路迈进了快速发展的新时期，按照《铁路"十一五"规划》在"十一五"期间，我国铁路将建设新线1.7万km，其中客运专线7 000 km，到2010年全国铁路营业里程达到9万km以上。围绕客运专线与长大干线铁路的建设，将要修548座现代化铁路客运站，按所在线路类型分，客运专线客运站158座、城际铁路客运站83座、一般干线铁路客运站292座；按所在城市规模分，省会级城市铁路客运站25座、地市级城市铁路客运站95座、县级城市铁路客运站428座。

"十一五"期间是铁路快速发展的黄金时期，也是铁路运输量和运输服务质量大幅度提升、旅客列车速度提高、用能设备增加较多的时期。预计2010年铁路换算周转量将达到35 000亿t·km，比2005年增长近10 000亿t·km，铁路行业的能耗消耗总量将从2005年的2 247万t标准煤增加到3 100万t。铁路客运站是铁路行业的能耗大户，2007年，仅北京西站能耗高达11 941 t标准煤。表1-1为2007年我国五个大型或特大型客运站的能耗统计结果。

随着车站规模的扩大和运输工作量的增加，生产性能耗随之剧增，如生产性用水、用电等。尤其是随着客运站服务功能、经济功能的进一步开发，必然造成客运站更大的能耗，给城市的能源供给布局、容量等带来更大压力。

表 1-1　2007 年我国五个站的能耗(t 标准煤)

	全站总能耗	空调能耗	照明能耗	电梯能耗	其他能耗
上海站	8 260	6 195	826	660.8	578.2
长沙站	4 393	3 220.6	455.2	371.7	327.5
北京西站	11 941	8 377.5	1 841.2	1 024.7	697.6
哈尔滨站	3 726	2 496.4	409.9	447.1	372.6
上海南站	2 611	2 114.9	156.7	208.9	130.6

注:以上数据均由各个客运站提供。

为实现“十一五”规划纲要提出的单位国内生产总值能源消耗比“十五”末期降低 20%的节能目标,铁道部日前编制《铁路“十一五”节能和资源综合利用规划》,提出“十一五”期间铁路节能工作具体目标和实施方案,加大节能和资源综合利用力度。规划提出的铁路节能与资源综合利用目标是:到“十一五”末,铁路单位营业收入综合能耗比“十五”末降低 20%,由 2005 年的 1.14 t 标准煤/万元下降到 0.91 t 标准煤/万元。机车牵引能耗总量占运输能耗总量比例不低于“十五”末期水平;有效运量系数提高到 70%以上;铁路单位营业收入用水量比“十五”末期降低 30%,铁路机务、车辆、客运系统水重复利用率达到 60%;建立铁路行业建设项目节能评估和审查制度,纳入项目前期重点工作,从源头杜绝能源的浪费。

1.2　国内外现状综述

1.2.1　热舒适研究

1.2.1.1　国外热舒适研究

对人体热感觉的研究是建筑科学领域中开展的最早的研究课题之一,习惯上称之为人体热舒适的研究。国外对热舒适的科学化研究始于 20 世纪 20 年代,60 年代后期由于节能的需要,热舒适的发展更为迅速。人们日益认识到,保持良好的舒适状态的热环境，既有助于人体健康，又可以提高工作效率，对降低建筑物的能耗也有重要的意义。建筑室内热舒适的研究受到人体生理心理学家、建筑师、建筑技术及建筑设备工程师广泛重视。

迄今为止，一些发达国家的学者在热舒适方面做了大量的现场研究。Humpherys 对 1975 年以前近 50 年中在世界各地所进行的 36 个现场调查结果进行了总结并与实验室研究结果进行了对比，发现现场研究得到的热中性温度低于实验室研究的结果，认为这与人对气候的生理适应性有关。相关文献对近 20 多年来在世界各地所进行的较典型的热舒适现场研究结果进行了总结和分析，得到了人体热感觉关于空气温度或操作温度或新有效温度的回归方程，并据此计算出热中性温度，与 ISO 7730 舒适标准、ARHARE舒适标准等进行比较，结果表明：用回归方程预测热中性温度比用热舒适模型预测热中性温度更准确，实测的热中性温度比 PMV 预测值低 2.4 ℃，人们所期望的温度与热中性温度相差1 ℃～2 ℃，夏季的热中性温度比冬季的高，自然通风建筑中的热中性温度比空调建筑中的高，实测的 80%可接受的温度上限超出了 ARHARE 舒适温度范围约 3 ℃～4 ℃，这与人的生理适应性及心理期望值有关。

一些学者在人们对热舒适的反应以及对环境的控制能力方面也进行了很多研究。Ncol，Raja 调查了巴基斯坦的办公人员在不同的室外温度下的舒适程度，结果显示那里的人们可接受的温度范围要比 ARHARE 55—92 推荐的宽一些。Busch 对泰国曼谷夏季自然通风建筑和空调建筑的研究指出，对于自然通风建筑中的工作人员，他们可接受的空气温度的上限是 31 ℃，而对于空调建筑中的工作人员，他们可接受的空气温度上限为 28 ℃，但二者均高于现行标准中的 26 ℃；Tanabe 对日本夏季热舒适的研究表明：高温下，日本人的皮肤湿度要比 SET 预测的低。生活环境和经历都会影响人们的热期望值，从而使人们认为满意的热环境不同。在南极的舒适温度是 6 ℃，而在印度北部的工厂里人们在室温 31.5 ℃的环境下依然感到舒适。

Ken Parson 认为,成年男性和成年女性对热舒适反应区别很小,除非是在温度较低的情况下,增减衣物有助于在一定的范围内保持热舒适。Roberto Lambert 通过在巴西南部空调和非空调建筑中的热舒适区域的研究指出,在空调环境下,人们感到舒适的温度和湿度范围相对要窄一些,居住者对温度变化要比湿度变化敏感。Shahin Heidari 通过在爱尔兰进行的热舒适调查,发现爱尔兰居民能耐受的热舒适温度远比现有标准推荐的高。Martin Evans通过在阿根廷的现场研究表明,人们感到舒适时测得的温度和标准推荐值有所不同。在英国、欧洲、巴基斯坦等国家进行的电扇、开窗的使用情况也反映了人们对环境的控制能力有助于提高其对环境的满意程度。人们对环境的控制能力将人们的生理、心理与建筑物的物理特性联系起来。

越来越多的实地测试表明,人的适应性和对环境的期望被认为是产生 PMV 模型与测得的温度不同这种状况的主要原因。1998 年,澳大利亚的麦觉里大学(Macquarie University)的 Richardde Dear 等针对此提出了"适应性模型(Adaptive Model)"。这一模型是在来自四大洲宽广的气候区域的 21 000 份现场研究的数据上建立的。适应模型认为,PWV 指标建立的基础-热量平衡模型是严格的实验室产物。实验过程中,人被看作是人造环境中天气变化的被动接受者,而不是实际情况下可在更大的温度范围内自然调节的适应者,因此现有的热舒适标准的热量平衡模型并不能反映出人们感受环境、改变行为或逐步调整自己的期望值以适应环境的复杂方式,人们对温度的实际选择标准和基于实验基础上的标准相去甚远。

适应模型认为建筑用户对温度的期望,进而对室内舒适度的期望会随室外温度的改变而改变,经过大量的数据统计,适应模型提出将室内最优的舒适温度和月平均室外温度(月平均最高温度和最低温度的代数平均值)联系起来,并得到一个线性回归公式。de Dear 和 Brager 给出的公式见式(1-1)。

$$t_{\mathrm{comf}}=0.31t_{\mathrm{a,out}}+17.8 \tag{1-1}$$

式中，t_{comf}为室内最优的舒适温度；$t_{a,out}$为室外空气平均温度。

Humphreys 等人给出的线性回归公式略有区别，见式(1-2)。

$$t_{comf}=0.54t_{a,out}+13.5 \tag{1-2}$$

1.2.1.2 国内热舒适研究

目前国内一些学者已开始着手对我国部分地区居住建筑室内热环境的研究。如夏一哉等对北京市居民住宅夏季室内环境热舒适性进行了现场调查与分析，对北京自然通风居民住宅现场测试了夏季室内干球温度、相对湿度、风速等环境参数，以问卷方式和分级热舒适指标调查记录了居民的热感觉，提出了居室热环境改善措施。陈滨等通过对大连市和沈阳市多套住宅夏季室内温湿度的实测调查，分析了室外气候条件、住宅形式、人员活动及空调设备使用情况对室内热湿环境的影响，为了解目前北方地区现有住宅夏季室内热湿环境状况提供了参考。简毅文和江亿根据多年夏季对北京市居民住宅的室温实测数据，从所有实测房间的室温整体分布、室温平均值、室温波动幅度及室温延迟时间等方面描述现有住宅夏季的室内热状况特性。通过分析比较整个实测期内不同房间室温曲线变化的差异，定量研究分析了建筑设计所确定的房间楼层位置、建筑外围护结构及建筑平面布局等因素对住宅室内热状况的影响程度。研究结果表明建筑外围护结构良好的保温隔热性能及合理的建筑布局是改善住宅室内热状况的关键。李百战等对重庆住宅夏季室内热环境状况进行了调查与实测，指出其具有如下特点：夏季室内气温高，室内气温高于 30 ℃以上的时间全年达 40～50 天之多，极端温度达 37 ℃以上，室内风速小，湿度大，闷热感强，PMV 值高达 2.5～3.3 之间。并指出可以采用低能耗的措施来改善室内热环境质量，并建立了室内热坏境模拟与评价模型，利用该模型并结合计算机技术，对改善住宅室内热环境的措施进行了系统分析，并在此基础上，提出了重庆地区住宅热舒适性指标，为重庆地区住宅节能工作的开展提供了技术支持。唐鸣放通过对重庆典型气候条件下居住热环境的测试分析，说明将夏季能耗分为空调期和除湿期，分别采用不同的节能措施改善居住环境是合理可行的，为当前制定夏热冬冷地区建筑热环境节能标准提供了参考。李娟通过实测、计算分析论证了除湿是改善夏热冬冷地区室内热环境的最为有效、节能的措施。湿度是影响我国夏热冬冷地区夏季室内热环境的主要因素之一，过去单纯采取夏日通风隔热、冬季保温防寒措施，改善室内环境以能耗剧增为代价产生的大量污染物给大气环境造成诸如温室效应、臭氧层空洞等严峻问题，采取合理的除湿方式，最大可降低的除湿空调能耗可达50%，可以明显的减少大气污染物的排放，利用大气环境质量的控制和改善，实现室内外环境协调、可持续发展。付祥钊对长江流域住宅进行了大量调查研究，指出该地区冬季室内热环境十分恶劣，并提出了改善措施和适用的热指标，即可用室内气温作为长江流域住宅冬季热环境质量的实测考核指标，但并未考虑到湿度对热指标的影响，在环境湿度 $\varphi_a=40\%\sim60\%$ 范围内，用 t_a 评价室内环境的冷热不会有很大的偏差，但由于高温高湿环境下人体的出汗调节机能起到相当大的热平衡作用，因此在较热和较湿的环境中，湿度对热感觉的影响增大了，用来评价环境对人体造成的热感觉就不可靠了。杨盛旭等用 PMV-PPD 指标研究了长江流域地区冬季室内热环境质量，通过调查和利用 Fanger 人体热舒适方程发现，冬季室内温度过低，是造成人员不舒适的主要原因。孟庆林等分析了中国供暖临界地区的居住建筑室内热环境，结果表明现有形式的住宅仅靠围护结构的保温作用和室内余热不能保证 10 ℃的室内温度，提出由于临界地区的建筑出于漫长的炎热季节防热的需要，不允许我们为短暂的冬季保温而作全面彻底的改造，只有从现有建筑耗热比例较大的方面着手改进才是可行而且有效的途径，即降低换气次数和改善窗的保温性能是提高室温的有效方法。Hiroshi YOSHINO 等对中国的哈尔滨、北京、西安、上海和香港五大城市的冬季室内热环境进行了调查，结果表明冬季房间内有采暖设备的哈尔滨、北京、西安三个城市，室内热环境状况良好，香港由于冬季室外温度也很高，即使不采用采暖设备室内也具备比较舒适的热环境，而上海地区冬季由于室外温度较低，且室内又无供暖设备,造成室内的热环境十分恶劣,但并未对此提出相应的改善措施。张旭等人在标准散热器热工性能试验台上,模拟我国中部地区冬季供暖房间热环境及人员衣着习惯,针对钢制柱式、钢制串片和钢制扁管三种典型散热器,进行了人体热舒适实验,并得出结论:采用以对流换热为主的钢串片散热器供暖,人体达到舒适状态所要求的空气温度相对最高;采用以辐射为主的扁管散热器供暖时,人体达到舒适状态所要求的空气温度相对最低;采用辐射换热量占总换热量比例介于上述两种散热器之间的钢制柱式散热器时,人体达到舒适状态所要求的空气温度居中。这说明在同一供暖舒适环境下,以辐射换热为主的采暖方式所需的室内温度最低,有较好的节能效果。王怡定量比较了集中供暖房间和使用家用热泵空调房间的热环境测试数据,分析其对人体舒适性的影响,指出空调房间的垂直温度梯度过大,不仅不利于房间的热舒适性,也大大降低了热量的有效利用率,同时送风气流形成的空气流动会引起人的不舒适感,但未提出辐射采暖可以避免这些问题的出现,既能使房间温度分布均匀,又能满足热舒适性的要求,从而提高热量的有效利用率。宫燕玲将热舒适评价标准模型与供暖房间热环境数值模拟相结合,以西安地区为算例,对供暖房间 11 个工况进行了室内动态热环境及热舒适模拟与分析,证实了现行规范的可行性。Yun Cai 对中国夏热冬冷地区住宅建筑围护结构的能耗进行了调查分析,提出通过改善外墙和窗户的热工性能以达到改善室内热环境和节能目的等等。

可以看出,我国在人居热环境、人体热感觉等方面做了一定的工作,但由于起步较晚,所做有限,并且这些工作有一些是在国际上通用的热环境评价标准、热舒适理论的基础上进行的。但是,目前被国际公认的评价和预测室内热环境热舒适的标准 ISO 7730 和 ASHERAE 55—1992 主要是以欧美等国家的健康青年人为研究对象,通过实验建立的标准,这些标准未必适用于中国人。Tao 在美国 Kansas 州立大学对抵美不久的中国留学生和美国学生进行的对比实验表明,两个种族的受试者在生理反应上存在差别,在各个温度工况下，美国受试者普遍比中国受试者出汗要多，皮肤温度也较高。在对热环境的评价上反映出中国受试者对较热的环境有较大的承受能力，而对较冷环境的承受能力不及美国受试者。这主要是由于经济条件、生活习惯等导致的人们对热环境的生理适应性、心理期望值不同，产生的热感觉不同。由于各国的经济状况、能源状况不同，人们的研究目标也不同。因此，我们不能全部照搬国外的研究成果，而应立足于我国的实际情况，研究适合我国国情的室内热环境热舒适理论。

铁路客运站候车室不同于一般的建筑环境，人员背景复杂，主要表现在：年龄、性别、职业等方面差别较大，着装各异，且来自全国乃至世界各地的乘客对于同一环境具有不同的反应，同时，客运站候车室的人流具有暂时停留的特点，停留时间的长短也对人体热舒适产生一定的影响，故不能再用传统的热舒适指标去计算。这些都要求我国科技工作者结合我国铁路客运站的实际情况，在热环境领域做较深入的研究。

1.2.2 室内新风量研究

1.2.2.1 最小新风量研究

在20世纪六七十年代，出现了石油危机，建筑的通风空调系统为了减少能耗，纷纷采取减少新风量，加强建筑物的密封程度，因而导致病态建筑综合症流行。国内外一些学者和研究人员逐渐意识到了一味的减少新风量，就会导致室内空气品质的恶化。而室内空气品质不良，人们的身心健康和工作效率就会受到很大影响，特别是在密闭的现代化办公和商用建筑中这种影响更为显著。因此无论是普通群众、建筑业主，还是专家、工程技术人员都对这一问题表示极大的关注。

近年，ASHRAE 标准 62—1999 中提出了可接受室内空气品质(Acceptable Indoor Air Qulity)的定义：空调房间内绝大多数人没有对室内空气表示不满，并且空气中没有已知的污染物达到了可能对人体健康产生严重威胁的浓度。ASHRAE 标准 62—

1999中对室内空气品质的定义涵盖了客观指标和人的主观感受两个方面的内容,是比较科学和全面的。影响室内空气品质主要是空气中含有的污染物,例如:烟草烟雾、甲醛、挥发性有机物、一氧化碳、二氧化碳、氮氧化物、微生物等。要使室内污染物浓度降低到对人体无害的程度,比较经济的措施一般是用污染物浓度较低的室外空气去冲淡它。因此,美国在ANSI/ASHRAE标准中,为了达到"可接受的室内空气品质"的要求,规定了两种措施:提供符合品质要求规定的新风量给空调区域;将室内空气中各种污染物控制在规定浓度以下。

Crandel曾经提到,在1971年到1987年之间,美国职业安全卫生署(NIOSH)主持的346个现场测试中,发现造成"病态建筑"或"室内空气品质恶化"的建筑,新风量不足、通风不良、温湿度调节失常占了52%。20世纪60年代,发生的"恒温室病",其主要原因也是新风量不足。

在空调系统中,解决好节能与新风量这对矛盾的关键是如何确定最小新风量,同时室内新风量的大小是空调设计规范中有关IAQ考虑最多的一个问题,在空调发展的不同阶段,相应的新风量标准也不同。

由于1973年油价暴涨,出现了能源危机。因此,美国有些剧院、体育馆等空调设计的每人新风量,曾降低到2.5 L/s。20世纪80年代,重视室内空气品质以后,1989年ANSI/ASHRAE制定了标准62—1989。这个标准分吸烟或不吸烟区,并将提供的每人最小新风量提高到不低于7.5 L/s。几种典型场所的新风量纳于表1-2中。

表1-2 几种典型场所的最小新风量[L/(s·人)]

场所	办公室	会议室	餐厅	体育馆	教室	病房
最小新风量	10	10	10	7.5	7.5	12.5

20世纪90年代初,研究人员做了很多关于"每人最小新风量"的研究工作。Mendel 证实了:当提供的新风量大于

10 L/(s·人)时,很少有办公人员投诉病态建筑的一些症状,像头痛、咽喉鼻炎等。而且许多研究得出,7.5 L/s是冲淡人体分泌的挥发气体——“人气”的最低必需新风量。1996年ASHRAE制定了标准62—1989R,这个标准在标准62—1989的基础上,明确地提出新风量中包括两部分:人员需求和建筑需求。ASHRAE标准62—1999R中对室内最小新风量的规定涵盖了人员需求和建筑需求两个方面的内容,是比较科学和全面的。

我国《铁路旅客站建筑设计规范》(GB 50226—95)规定:普通候车室、售票厅的最小新风量为8 m^3/(h·人);贵宾候车室、软席候车室的为20 m^3/(h·人)。对主要的房间的换气次数也作了简单的规定:候车室、售票厅为2～3次/h。在《采暖通风与空气调节设计规范》(GB 50019—2003)和《公共建筑节能设计标准》(GB 50189—2005)中对不同用途的建筑空间规定了新风标准。机场候机厅新风量≥17 m^3/(h·人);特等、一等火车站、码头新风量≥15 m^3/(h·人);二等长途汽车候车室≥15 m^3/(h·人)。

1.2.2.2 新风量的控制研究

L. T. Wong等研究了短暂通风需求空调模式在香港典型办公室环境中的应用,该空调模式的通风需求量取决于室内人员数量的变化。室内人员变化影响室内空气品质,而根据CO_2质量平衡可维持室内空气质量平衡。研究指出,空调能耗随着通风需求量变化而变化,在实现相同室内空气品质及在相同工作时间的前提下,办公室变风量空调系统的能耗比定风量空调系统能耗减少19%。

曾艺等研究了新风量对变风量空调系统负荷的影响,针对新风量越大,室内污染物浓度越小,新风负荷越大的实际,利用计算机模拟手段,建立一个变风量空调系统的模拟对象,研究变风量空调系统采用不同的模式和不同的新风取值时,变风量空调系统负荷的变化情况。

黄翔等研究了现代办公楼变风量系统的新风量问题,指出保证室内新风量的三个控制环节:新风总量、新风分配量、新风均匀性，着重分析单风机系统的新风分配量问题，并对几种解决方法进行了分析。

杨胜旭等研究了新风量控制的仿真模拟，以室内CO_2浓度为控制对象，通过仿真试验方法，建立起CO_2浓度、新风量、新风能耗之间的关系。通过研究找到了这种关系，并为进一步研究CO_2传感器做实型试验做了理论上的准备。

王华平等研究了风机盘管加新风系统在高层办公建筑中的应用，通过对污染物控制来决定新风量，经过对系统分析得出在高层建筑中采用变风量系统很节能，应该得到推广。

赵红等研究了空调新风系统设计，首先，介绍了两种基本的空调系统新风处理方式，并对两种新风方式的优缺点进行分析。其次，以某办公建筑为基础，对采用全热交换器处理新风方式进行了逐时回收能分析，并针对采用此方式节省的运行费用进行了计算。最后，对两种不同新风处理方式在设计以及施工中的注意事项进行了介绍。

周志平等研究了变风量空调系统的控制与应用，分析了变风量空调系统的优点，发展状况，以及在能源问题背景下使用的合理性，得出采用变风量系统在办公室等场所是合理节能的结论。

秦振春等研究了空调系统新风处理的相关问题，内容包括了目前新风处理的现状及存在的问题，新风处理的方法和新风供给的方式等；还对最新涉及新风的相关标准和规范进行了介绍，提出新风处理技术将成为今后空调设计研发不可缺少的一部分。在供新风时不但要保证新风的数量，也要保证新风的质量。在新风处理过程中应该注重热量回收问题，在向室内供给新风时应尽可能地采用各种能量回收方法对新风进行预处理，以此来减少新风带来的能耗。

CO_2的产生量与人的活动强度有较大的关系，其所需新风量的变动幅度也较大。显然，如果采用较高的新风量值对室内的空气品质更加有利，但是空调系统选用新风量的标准对空调系统的造价和能量消耗影响很大。因此，在空调系统设计过程中合理的选用新风量显得尤为重要。既要满足室内空气品质的要求,又要考虑工程造价的投资费用,同时还应计算竣工以后的运营成本,达到降低能耗的目的。这就需要我们在满足卫生要求的前提下,应尽可能减少设计新风量。

1.2.3　建筑照明研究

建筑光环境是建筑环境中的一个重要组成部分。建筑光环境的研究主要集中在照明场所与照明控制的研究。

1.2.3.1　照明场所研究

袁樵等研究了不同的照明方式对人的主观感受和视觉功效的影响,并结合人的视觉功效和主观的感受,找到了合适的照明方式和人们喜爱的色温。钟素银等研究了地铁车站的照明系统,对目前市场的节能产品进行测试和调研;从现实情况、成本核算和安全等方面进行对比,对地铁车站照明系统的节能模式、节能灯具选型进行分析,认为照明节能具有节能率高、能保持车站原有的装修风格等特点,是理想的节能方式。

刘鸣等研究了城市夜景照明中的光污染总结了光污染对城市环境、生态系统以及社会生活所造成的审美效果破坏、安全感降低、美丽夜空消失、能源浪费等 6 种不良影响。并从控制光污染,保护城市夜间环境资源的角度,探讨了国内外 4 种监测夜天空亮度的技术与方法,以促进我国建立连续性、系统性、地域性的夜天空亮度测量和治理效果的评价资料。最后,从三个方面进一步分析了控制和治理城市夜景中光污染的重要性与迫切性。孙春红等研究了现代化商业步行街的街景照明,简述了视知觉理论的基本观点;提出了基于视知觉的照明环境设计目标;明确了商业步行街夜景照明设计诸要素的处理方法。

孙立晔研究了景观照明,针对古典园林和自然保护区中典型的景观元素,考虑基于中间视觉的低亮度、弱对比环境中的视觉特点,通过改变景观照明场景中的物理刺激,对相应场景的视觉感受进行了评价研究,并利用统计软件对相应的测量结果和评价结果进行了分析，得到了与视觉感受对应的亮度刺激范围和相应的量化模型。马剑、刘刚等研究了颐和园夜景照明环境，采用模拟实验、现场实测、统计分析等研究方法着重对照明可能影响到的颐和园三要素（古建筑、动物和植物）进行研究，根据研究结果确定了考虑单个照明要素的照明保护分区图，并在此基础上给出了考虑多重要素的照明保护权重值。所得出的综合评价方法在一定程度上将繁杂的环境影响评价简化成了工程适用的级别分类。

崔璐璐等研究了隧道照明光源的光色及可见度，阐述了隧道照明光源的光色与小目标可见度之间的关系。在两条实际隧道中对三种光源照明下的小目标可见度进行了实际的测量和计算，并且提出了小目标显色性的视觉实验方法。为研究隧道照明的小目标可见度打开了新的思路。

1.2.3.2　照明控制研究

蔡建国等研究了地下建筑的照明控制，针对当前的控制系统中，照明控制箱和智能控制器都是独立运行，给生产、设计、用户使用与维护都带来不便。提出把两者集成到一个箱体内，做成一体化照明智能控制箱，使用时只需连接外部连线，进而提出安装更方便，使用更可靠，更加节省人力、物力、财力，经济效益更大，实用价值更高的照明智能控制。

韩鹏等研究了隧道照明的控制系统，对隧道照明控制系统的功能进行了深入具体地分析研究，给出了隧道照明控制系统设计方案。即根据工作状态的不同，以时间控制为主，光强检测器控制为辅的原则，白天时段开启专为白天设置的照明灯组，傍晚和阴雨天在光强检测器的控制下也开启此组照明灯具，夜晚时段则开启专为夜晚设置的照明灯组。紧急情况下，由于状况处理的需要，则照明灯具全部打开。何川等研究了隧道群及毗邻隧道智能照明与灾害救助联动控制，分析了当前的控制系统，得出现行控制系统的缺陷，提出了一套控制系统，并对控制系统进行了优势分析。李林等研究了公路隧道照明自动控制，针对“黑洞”与“白洞”效应，提出在隧道内不同段采用不同强度照明的照明自动控制系统。孙满法等研究了商场照明的智能控制，提出了以检测人体位置来实现照度按区域变化的新方法。对于商场无自然照明区域和智能照明系统的“夜间”工作状态做出了改进，在节约用电的基础上产生良好的照明效果。该文提出的这种新的控制方式只对其原理和基本算法做了一些基础性的研究，而具体的实现方式还有待于今后的进一步研究。

刘峥等研究了现代住宅照明设计，清晰地介绍了电气设计中关键因素的处理方法及若干需注意的细节。

马东伟等研究了高层建筑的照明设计，详细阐述了现代高层建筑电气设计的主要内容，并提出了设计中应注意的有关问题。还提出选用节能的新设备上应注意的问题，即应具体了解其原理、性能、效果，从技术、经济上进行比较后，再选定节能设备，以达到真正节能的目的。

Masajada 等研究了极紫外辐射光刻技术在照明中的应用，用激光等离子体源等作为极紫外辐射光和照明样本的来源，并配备补充冷凝以得到一个比现有系统更高的辐射峰值强度，同时可以大幅度提高大面积照明的均匀性。

Omer 等研究了太阳能在室内照明中的应用，概述了在满足室内照明效果的条件下，应用不同太阳能被动战略对节能的作用。研究为太阳能在建筑室内照明的应用指明了方向，并指出照明使用可再生能源的重要性，未来照明应是符合负责和可持续发展的要求，同时提出合同能源管理在照明中的应用。

Everitt 等研究了统计方法在图像恢复中的应用，利用照明原理结合统计学原理进行照片的恢复。

Cinzano 等研究了光污染的危害，光污染浪费了大量的电力资源，发电产生的废弃物对城市环境又造成严重的污染。就美国而言，每年因低效光源以及在不适当的时间和地方进行照明而浪费的能源，将近 20 亿美元，同时提出了一些建议。

David G 等等在研究光学特性基础上开发了一类具备近红外吸收作用的玻璃，可以用于制备成不同厚度的夜视兼容近红外吸收滤光片。

Yamamoto J 等在小目标显色性的研究中采用几种饱和色样品，确定小目标显色性试验中采用的彩色小目标，利用光学原理和试验确定了光的小目标显色性。

Ming-Chin Ho 等进行了优化遮阳设计加强亚热带教室日光照明的研究，根据亚热带地区的特点，并结合遮阳设计的光学理论提出了高效利用太阳能的设计方案，对其进行了可行性论证。

Chan Hwang 等进行了影响光照强度分布的仿真研究，分析了影响光照强度的影响因素，并建立了分析模型和提出了计算方法，针对光照强度分布的理论仿真提出了加强或减弱光照强度的措施。

人们对光环境的需求与所从事的活动有密切关系。在进行生产、工作和学习的场所，适宜的照明可以振奋人的精神、提高工作效率、保证产品质量、保障人身安全与视力健康。因此，充分发挥人的视觉效能是营造这类光环境的主要目标。而在居住、休息、娱乐和公共活动的场合，光环境的首要作用则是创造舒适优雅、活泼生动或庄严的特定环境气氛，使光环境对人的精神状态和心理感受产生积极的影响。

建筑照明能耗在建筑能耗中也占据了重要的份额。国内外的统计数据都表明，在现代的办公建筑与大型百货商场，照明能耗均约占整个建筑能耗的三分之一左右，从表 1-1 中可以看出，铁路客运站的能耗中照明所消耗的能耗也在四分之一左右。因此，在保证满足室内光环境的条件下，最大限度地降低照明能耗，对于减少建筑总能耗，降低高能耗所导致的污染排放具有非常重要的社会意义和经济效益。

1.2.4 电梯研究

电梯作为客流的垂直输送设备，目前已经得到了广泛的应用，但是电梯不像其他工具可随时更新和添加，因此必须在建筑设计时，确定建筑中电梯的合理数量、额定容量、运行速度等配置参数，这些也就是进行电梯交通分析所要研究的内容。要想使一座建筑中的电梯系统获得良好的服务性能，就必须建立一套好的电梯服务系统去解决电梯的配置和调度问题，首先，要了解电梯交通的特点及其变化规律；然后，根据电梯交通进行合理的电梯配置；最后，针对给定的电梯配置情况和不同的电梯交通状况采取相应的调度方法，以满足要求的服务性能指标。因此，对电梯交通进行合理且有效的分析是进行电梯优化配置的基础和关键。

1.2.4.1 电梯配置简介

电梯配置是指建筑物中电梯的选用和设置，包括电梯台数、容量、额定速度、平均载荷、尺寸大小等参数的合理设置，以使得电梯服务系统能够获得最优的性能-价格比。

电梯配置的优劣关系到整个建筑物的合理利用。优良的电梯配置意味着乘客和货物在大楼内快捷、便利、安全地流通，意味着增加建筑面积的利用率、节省设备和能源而降低成本。电梯配置是一个复杂的系统工程，在配置时应认真了解建筑物的自身情况和使用环境，包括建筑物的用途、规模、高度、客流量等。比如在作交通分析时需要了解以下内容：①建筑物用途，分办公楼、住宅等等。②楼层数、楼层高度、电梯的提升高度。③大楼的人数及在各层的分布情况。

对于现代的高层建筑，如果其中的电梯或扶梯设置的数量不足或安排的不适当，就会降低大楼的预期效果，使建筑大楼的投资得不到充分的利用。我国的电梯设备，就机器本身来说，并不比欧美的产品差，但是在选用和设置电梯方面，则尚未作过充分的研究，选用和设置电梯常常是根据过去的经验来进行的。对于高层建筑，只有电梯设置合适，才能充分显示其优越性。所以，对办公大楼等建筑物，必须进行交通分析，并加以充分的研究，然后再确定出电梯的容量、运行速度和台数等电梯配置参数。

传统的电梯配置一般采用理想状态下的试凑法，即先给定轿厢数和轿厢承载能力，然后分析其所达到的性能指标，若不可接受，则重新给定，直至满足要求。这种方法不仅需要耗费大量的时间，而且由于它并没有综合考虑影响电梯配置的诸多因素如乘客到达的随机性、各楼层人数分布的不均匀性、楼层高度的不一致性和轿厢的启动、制动影响等等，配置方案在一般情况下并不完全合理。因此，有些学者提出了基于电梯交通流马尔可夫网络排队模型并综合考虑各种因素进行电梯配置的新方法。首先，它根据交通流网络排队模型所反映的乘客到达率和大楼、电梯固有的各种参数进行计算，并给出参考电梯配置和相应的电梯系统服务性能指标。然后，用户根据参考电梯配置调整参数重新配置电梯或自行配置电梯，以得到相应的电梯服务系统服务性能指标。最后，综合考虑电梯服务性能和电梯价格、节能等因素，确定最符合用户要求的电梯配置方案。马尔可夫排队论是研究随机离散系统的有效工具，能够较好的解决复杂的随机服务系统的排队问题。但是目前在利用马尔可夫排队理论对电梯成批排队系统的建模和优化方面的研究只处于初级阶段，许多问题需要解决和完善。

1.2.4.2 电梯交通分析方法概述

随着社会的发展和高层建筑的不断出现，电梯已经成为高层建筑中不可或缺的垂直运输工具。为了有效地利用建筑物内的空间和满足乘客的需求，就需要建立一套好的电梯服务系统来解决电梯的配置问题，首先，要了解电梯交通的特点及其变化规律；其次，根据电梯交通进行合理的电梯配置。因此，对电梯交通进行合理且有效的分析是设计高质量的电梯服务系统的基础和关键。

电梯交通是由大楼内乘客数、乘客出现周期及各楼层乘客分布三部分来描述的。电梯交通具有二重性，即规律性和随机性。电梯交通具有规律性是因为大楼内人群的生活和工作存在着周期性。例如，在每天上班时，办公楼或商用楼中的员工几乎在同一时间段内到达工作地点并开始一天的工作，此时交通流主要是从门厅上行到楼内各个楼层，呈上行高峰交通模式。在每天下班时，大多数员工总是在同一时间段内离开工作地点，此时建筑物内交通流主要是从各楼层下行到底层门厅离开办公大楼，呈下行高峰交通模式。在工作时间内，交通流的产生与各楼层的用途、人员分布有关,可能呈随机层间交通模式、两路交通模式或四路交通模式等。这些层间交通模式基本上是平衡的,这是因为它包括上行和下行,而且乘客在楼内活动结束后最终总是回到他们原先所在的楼层,也就是说,在层间交通模式下,没有哪一层是主要的到达层或目的层。电梯交通具有随机性是因为不同工作日的每一相同时间段内交通量是随机的,即每层要求服务的乘客数、乘客的起始楼层和目的楼层是随机的,而且不同时间段内的交通量之间存在一定的内在联系。电梯交通的随机性大大增加了进行电梯交通分析的难度,而电梯交通的规律性使得进行电梯交通分析又成为可能。总之,电梯系统应该能够适应不同的客流交通模式,以满足乘客的使用要求。

为了使电梯系统内电梯配置更加合理、轿厢分配更加有效,许多科技人员已经采用 UPRTTC 方法、仿真计算法、图线描述法、活动扫描法、马尔可夫网络排队法对电梯交通进行分析。

通过以上分析可知,对于电梯交通分析虽然已经取得了较大的进步,但是极少有对于铁路客运站的电梯研究。为此,本书采用排队论的思想对铁路客运站的电梯进行研究。

建筑环境学中很少提到候梯环境,而本书之所以要单独提出候梯环境,是因为有如下两个原因:①现在大部分铁路客运站有高架候车室或有设置在二层的候车室,而在客运高峰期电梯往往是造成旅客进站拥挤的重要原因之一;②电梯的能耗是客运站的第三大能耗,研究旅客的候梯时间与电梯的运行规律可以为节能提供依据。

1.2.5 建筑能耗研究

1.2.5.1 详细计算法

自从 D. G. Stephenson 和 G. P. Mitala 于 1967 年发表有关热反应系数法计算平壁非稳态传热、房间冷负荷、房间除热量文章后,加上 70 年代计算机的广泛应用,空调领域中越来越多地开展了系统的动态分析、动态模拟研究。

出现在 70 年代中期的建筑能耗模拟程序主要有 NBSLD(1974 美国)、NECAP(美国)、HASP/ACLD/8001(日本),它们可以用来求得建筑物的全年逐时能耗。田胜元教授利用日本空调学会赠送的动态负荷计算标准程序 HASP/ACLD/8001,根据我国现状进行改编形成了 VCD-1 动态负荷计算程序,并应用于广州某工程进行了能耗分析。这些程序多是基于维护结构对外界气象扰动的时域或频域的动态响应,利用房间反应系数或房间热平衡法,求取建筑物的冷、热负荷。

美国加州大学劳伦斯贝克利实验室(LBL)在美国能源部支持下,于 1979 年编制出以 NECAP 为负荷程序核心的 DOE-2 建筑能耗分析程序和 BLAST 程序,1981 年又发展为 DOE2.1 和 BLAST3.0。

Stephen 对 7 种不同建筑用 DOE-2 计算燃料消耗、电耗、总能耗,并与实测值比较,结果为:全年总能耗最大标准偏差 12%,逐月偏差 16.7%;全年燃料消耗偏差范围为 1%~19%,逐月偏差范围 10%~35%;全年电耗偏差范围为 1%~15%,逐月偏差范围 9%~30%,认为结果可行。

G. Yuill 用两座带地下室和阁楼的建筑验证 BLAST 程序,总热流结果是一致的。

清华同方在美国 DOE 的基础上改编形成了 DeST 软件。

日本建筑设备士协会成立了空调设备模拟研究会和标准模拟程序开发委员会,在东京电力株式会社赞助下,花费 6 年时间,于 1985 年完成 HASP/ACAD/8501 和 HASP/ACSS/8502 能量模拟程序;我国在建筑科学研究院空调研究所组织下于 1986 年完成 BDP/HVAC 暖通空调设计软件包,它包括以传递函数法和谐波反应系数法为基点的两种负荷计算方法,并可完成全套暖通空调设计计算。

1990 年,龙惟定教授等人依照上海市科委的科研课题,完成了一套能进行全年建筑能耗分析的负荷模拟程序 HRBLAP。

以上详细计算法只适用于线性和时不变系统。模型中固有的简化与假设，以及仍像传统手册那样处理建筑冷热负荷与设备系统之间的联系，使得模拟计算的完整性仍然较差。近年来，随着空间热状况以及系统与设备的模拟水平的提高，特别是对空间温度和空气流速的分布，以及系统设备的动态模拟越来越受到重视。为了分析研究不同类型的问题，国内外开发出许多动态模拟模型。

1987 年我国在荷兰的留学生与导师一起开发出 ACCURACY 程序，含意是考虑房间空气气流的冷负荷计算程序。该程序与其他基于房间热平衡法的空调冷负荷程序的不同之处在于，它考虑到房间各维护结构内表面附近的空气温度与房间中间部位空气温度之差，这些部位的温差大小受房间空气速度分布的影响，采用三维空气流动程序进行模拟计算。利用该程序可以计算房间送回风系统对房间温度与空气速度分布的影响。

为了制订出地铁隧道通风的最佳方案，找出不同通风方式对地铁隧道内空气热状况分布的长期、短期的影响及通风空调耗能量，美国和我国分别编制出 SES 程序和 SUBWAY 程序。SES 程序是在美国运输部运输系统中心赞助下完成的，SUBWAY 程序是清华大学空调教研组通过 5～6 年努力完成的。

为了研究某段短时间内的能耗动态特性以及自动控制系统对能耗的影响，美国国家标准局建筑工程试验中心开发出 HVACSIM＋计算机软件包，它可以详细模拟分析整个建筑的暖通空调系统、自动控制系统、机房，以及各个子系统之间或房间的相互动态作用。其计算时间步长以分钟记。

彦启森教授指出，国内外已有的建筑能耗分析模拟系统普遍存在以下问题：

(1)软件结构不灵活。不少已有的模拟系统，几乎都是整体结构，难于扩展。

(2)系统完整性差。DOE-2 等模拟程序不能体现实际的暖通空调系统，HVACSIM＋模拟程序虽然比较灵活，但它没有一套通用的建筑描述语言，因此使用困难，不受欢迎。

(3)软件结构粗糙。很多现存的模拟系统的开发编制者都是暖通空调或热能方面的专家,他们在程序设计和数据结构方面的知识不够丰富,所以程序难以修改,特别是算法难于改进。

(4)数据资料不够准确。模拟程序中暖通空调设备的数学表达,流体、传热等方面的系数资料这些数据一般难于获得或不够准确。

(5)模拟程序不协调。由于部门之间或个人之间的竞争,已有的各个模拟系统有着独特的内部结构和输入输出格式,彼此的物理模型甚至也不相同,这种各自为政的情况下形成的模拟模型,使用不方便,可信度比较差。例如,设计或研究中需要进行建筑长期能耗分析以及控制系统的短期动态过程分析时,就必须使用两个不同的程序,但它们的输入输出格式不同,不能通用,给使用者带来极大不便。再者,即使对于一个大的模拟程序来说,各模拟单元也是由不同作者协作完成致使难于统一管理。

(6)软件一般比较复杂,使用不很方便,不适于一般设计人员和运行管理人员现场使用。不同用户使用 DOE-2,由于使用者输入量的不清晰和不完全,结果差异会达到 63%。

由于存在以上几个方面的问题,人们正在设想综合绘图功能和专家系统,发展知库以构成适用范围更广、更先进的建筑能耗模拟系统。就目前现状来说,我国有一段很长的路要走。

1.2.5.2 能耗简化计算法

另有供暖度-时数方法,原理与度-日数法相同,只是将小于某一温度的天数代之以小时数,这需要有逐时温度数据。精度提高的同时,数据需求量增大。

度日数法用于空调能耗计算与供热能耗分析相同,只是将小于某一温度的天数代之以大于某一温度的天数。即认为冷耗与室内外温差呈线性关系,由建筑特征计算出该线性关系的斜率,这样对于特定的建筑,冷耗就只与度日数有关。用度日数计算冷耗有很大缺陷。这是因为需要制冷时的室内外温差远小于需要供热时的室内外温差,太阳辐射对前者的影响非常显著。单纯考虑温差作用的度日数法用于计算空调能耗存在局限性,或者说度日数法严格适用于冷热耗量都主要受维护结构影响的小型居住建筑。

日本进行建筑审批所使用的全年冷热负荷系数 PAL 计算中，利用了扩张度日数法。扩张度日数既能计算供暖能耗，又能较好地计算供冷能耗，考虑了新风负荷、辐射负荷、室内热源负荷的计算。较单纯的度日数法更加完善。期间供暖负荷为 $QH=24KH\times KT\times EHD$，制冷负荷为 $QC=24KC\times KT\times ECD$。KH、KC 为地域修正系数。EHD 和 ECD 计算式为：

$$EHD=\sum[\theta_{ref}-\theta_0-\rho I_s(j)+0.045\sigma I_1(j)]$$

$$ECD=\sum[\theta_0-\theta_{ref}+\rho I_s(j)-0.045\sigma I_1(j)]$$

其中

$$\theta_{ref}=\theta_d-\Delta\theta,\Delta\theta=GA_P/K_T,K_T=K^*+0.3V\times A_P,$$

$$\rho=\eta_T/K_T,\sigma=K^*/K_T$$

式中，θ_{ref}为参照温度；θ_0 为室外温度，℃；$I_s(j)$为外墙某方位日射量，kW/m^2；$I_1(j)$为外墙某方位的长波辐射量，kW/m^2；θ_d 为设计室温，℃；G 为内部发热密度，kW/m^2；A_P 为楼板面积，m^2；K^* 为外墙总传热系数，$kW/(m^2\cdot℃)$；0.3 为空气的容积比热容，$kW/(m^3\cdot℃)$；V 为单位面积室外新风量，$m^3/(m^2\cdot h)$；η_T 为总日射率。

张乐法也推出了以扩张度日法为基础的中华简算法，他把台湾分为六个区，采用列表手算完成能耗计算，计算简单、迅速。

1. 当量峰值小时数法

它用于计算空调负荷中与室外气象条件有关的渐变负荷（新风负荷和维护结构得热负荷）。在建筑物的空调负荷中，新风负荷是根据新风量与室内外空气焓差计算的，一般说，这类计算只需室内外空气的湿球温度差逐时数据即可。如果室内参数设定，新风负荷就只与室外空气湿球温度有关，这样运行期由新风负荷构成的空调能耗计算只需要具备湿球温度频率数据就行了。

如果把运行期的总新风负荷除以峰值条件（设计工况）时的新风负荷值，即得当量峰值小时数。如果有各室内湿球温度设计值时的当量峰值小时数 τ_s，那么运行期新风负荷引起的空调能耗就可以由式（1-3）算出。

$$Q_s = q_s \times \tau_s \tag{1-3}$$

式中，Q_s 为新风负荷引起的能耗，kW·h；q_s 为峰值条件时的新风负荷，kW；τ_s 为当量(湿球温度)峰值小时数，h。

建筑维护结构得热引起的负荷，近似假设只与室内外干球温度差成正比，这对有较好遮阳措施的建筑物不会有很大的总体误差。因为对任一特定的室内温度都有一个相应的当量(干球温度)峰值小时数，利用它就可以计算维护结构负荷总量，见式(1-4)。

$$Q_g = q_g \times \tau_g \tag{1-4}$$

式中，Q_g 为维护结构得热引起能耗，kW·h；q_g 为峰值条件时的维护结构负荷，kW；τ_g 为当量(干球温度)峰值小时数，h。

这种方法既可以计算空调能耗，又可以计算供热能耗。在计算新风负荷时采用湿球温度差，即考虑了潜冷(热)负荷，这比只考虑干球温度差的度日数进了一步。但在计算维护结构得热引起的负荷时仍假设得热与室内外干球温度差成正比，没有合理地考虑太阳辐射的影响。

2. 当量运行小时数法

它是供电公司在代表地区通过测定典型建筑一年空调能耗，将其换算成设备满负荷运行的当量小时数。用满负荷运行的当量小时数乘以设备满负荷工作每小时能耗就得全年能耗。通过比较，这种方法在简化计算中比其他方法精确，但它必须以大量实测工作为前提。

3. 空调负荷的神经计算法

谭良才提出了空调负荷的神经计算法，这种方法需要采集大量的样本数据，通过指导学习训练，神经网络自动总结出输入与输出之间的复杂关系，并将这种关系用权值表示出来，输入与输出样本之间的复杂关系就能用于非样本数据了。当输入与输出参数太多时，大样本数据采集困难，不宜用于动态负荷计算。

4. BIN 法

BIN 方法也叫温湿频数法，是美国 ASHRAE 提出的计算方法。该方法是根据当地近 10～20 年气象记录构成一个具有平均偏高的“代表年”资料，将室外气温按一定间隔分段并统计出每段温度出现的小时数（即频数），再取温度段内干球温度相应的含湿量对温频数取平均值，得到与该温度段中心温度相对应的含湿量。

最初的 BIN 方法较粗略，夏季不考虑太阳辐射的变化，并作了晴天的假设；冬季完全不考虑太阳辐射的影响。ASHRAE TC 4.7 改进了 BIN 方法，将全年太阳辐射的影响归结为温度的线性关系，用日照率修正天气状况，从而克服了以上缺陷。

1979 年，美国能源部提出，任何新建建筑都须进行建筑能耗计算，且不能超过建筑能耗特性标准。Dr. Tamami Kusuda 提出，用 DOE-2 计算能耗不仅复杂、费时，而且不熟悉该程序的人对输入内容不完全了解，极易出现差异。为此进行了 BIN 法、度日法与 DOE 计算能耗的比较。结果为，对全美 10 个地点，BIN 法、变基准温度度日数法与 DOE 算法符合较好。即简化手算法可以用来进行能耗计算。

L. O. Degelman 介绍了 ASHRAE 385 研究项目的内容。该项目形成了 51 个城市的 BIN 数据，包括 24 h 全天干球温度 BIN 及其频段（5 ℉）中平均湿球温度，白天时段中干球温度对应的水平面太阳辐射强度。湿球温度各频段（2 ℉）频数及其对应的干球温度；风速出现的频数及其主风向；干球温度、湿球温度、辐射强度、风速各时段的平均值，另外该文献还给出了变基准温度度-时数。

田胜元教授和龙惟定教授针对中国国情介绍了 BIN 方法的应用，给出了部分城市的 BIN 数据。在美国 ASHRAE BIN 方法的基础上，结合我国的情况，对 BIN 数据的构成作了调整：温度间隔采用 2 ℃，而不是 5 ℉（2.8 ℃）；用含湿量代替湿球温度。

李力用标准年数据的拉格朗日插值法，给出了哈尔滨、长春、北京、上海、南通、福州、广州、武汉、乌鲁木齐、西安、成都、重庆 12 个城市全年和逐月 24 h 和白班制的 BIN 数据。还将 BIN 数据资料回归成了广义多项式。龙惟定教授给出了上海的 BIN 数据。

综上所述，BIN 法既可以计算冬季供热能耗，又可以计算夏季空调能耗。同时考虑了太阳辐射的影响,这是前几种方法所欠缺的。另外 BIN 方法可以计算不同班制、不同时期的能耗,而且按频数计算能耗,具有简便、直观、可靠的特点。试验 BIN 方法是工程实践中简便而有效的能耗分析方法。

但 BIN 方法是假设围护结构负荷及新风负荷均可表示成室外气温的线性关系,也就是说是在定新风量条件下计算新风负荷,而铁路客运站,特别是候车室人数变化很大,采用定新风量是非常不节能的,同时也不能满足候车室所要求的室内空气品质,这样计算新风负荷的能耗也不能采用定新风量。因此本书根据铁路客运站的特点,采用变新风量的 BIN 方法分析其空调系统能耗。

1.2.6 国外建筑节能对策

1.2.6.1 日本节能工作的基本概况

1. 不断修订完善节能法

日本政府着手起草节能法(正式名称应为关于能源使用合理化法)并于 1979 年正式生效。随后,又在 1983 年、1993 年、1997 年、1998 年、1999 年、2002 年、2005 年先后七次进行了修改。日本节能法共计八章 99 条,主要内容是:第一章总则;第二章基本方针;第三章涉及工场的措施;第四章涉及运输的措施;第五章涉及建筑物的措施;第六章涉及机械器具的措施;第七章杂则;第八章罚则。由此,我们可以看到,日本节能法主要覆盖四个领域:一是工场领域;二是运输领域;三是建筑领域;四是机械器具领域。

新修改的《节能法》对办公楼、住宅等建筑物也提出了明确的节能要求,并制定了建筑物的隔热、隔冷标准。从 2003 年 4 月开始,新建或改建项目必须向政府有关部门提交节约能源的具体措施。另外,在 2007 年 3 月底之前,建筑面积在 2 000 m^2 以上的新建办公楼和住宅等,必须将建筑物的热、冷损失系数降低 20%以上,还提高了汽车、空调、冰箱、照明灯、电视机、复印机、计算机、磁盘驱动装置、录像机等产品的节能标准。到 2004 年度,录像机的能耗标准必须比 1996 年度降低 61.2%,冷暖空调机必须降低

50%。到2005年度,计算机的平均能耗必须比现行标准降低56%,磁盘驱动器必须降低72%,照明器具的平均能耗必须比1996年度降低20%。到2006年度,复印机的能耗必须比1997年度降低31%。到2010年度,轿车的平均能耗必须比1995年度降低22.8%。达不到国家规定标准的产品将被禁止上市销售。

2.确立科学高效的节能工作机制

根据日本节能法,该国目前为了推动节能法的有效贯彻实施,已建立了一整套较为完善的节能运行工作机制。第一,从政府层面讲,上有日本经济产业省,负责制定节能工作基本方针、节能政策、节能法规措施、提供节能补助金、优惠税制等支援措施。下有地方经济产业省(全国共9个),负责本行政区划内节能法的宣传、节能工作的咨询、第1和第2种能源指定工厂的指定、各种法定申报书的受理、定期报告等的审查以及现场检查等等活动。第二,建立了全日本的节能中心(ECCJ),负责执行节能法规定的制度、信息收集、节能诊断指导、普及教育、向消费者提供信息以及国际合作等相关任务。国家节能中心还下设7个分中心。第三,建立了能源产业发展开发机构(NEDD),负责有关节能技术的开发、对节能机构、设备的引进普及给予支援。第四,日本产业界还建立了日本经济团体联合会(简称经团联)。会员包括:钢铁、水泥、化学、家电、汽车、造纸、电力等。负责制定实施自主节能行动计划。第五,建立了节能服务公司(ESCO)负责节能诊断,节能改造的设计、施工、施工监理、引进后节能效果的检测和验证、引进后的设备和系统的维护、运行管理、事业资金的筹措和融资等。另外建立了完善的节能工作制度。第一,建立了能源指定工厂制度。根据日本节能法规定,对能源消耗大户,必须建立指定制度。即第1和第2种能源指定工厂制度。其中第1种能源指定工厂是指,能源年消耗总量换算成原油达到3 000 kL的工厂(包括宾馆、办公楼等事业场所)。第2种能源指定工厂是指,能源年消耗总量换算成原油达到1 500 kL的工厂(包括宾馆、办公楼等事业场所)。截止2007年3月末,全日本共有7 457家第1种能源指定工厂,6 094家第2

种能源指定工厂。根据节能法规定，工厂一旦被指定，就必须依法履行节能义务。包括能源管理人员的选任义务、提交能源使用状况的定期报告义务、中长期计划书的提交义务等等。第二，建立了能源管理师制度。按照日本节能法的规定，日本在节能工作中必须推行能源管理师制度。能源管理师实行全国统一考试(每年一次)，每次合格率不到30%。目前全日本共有约6 000名能源管理师。前面讲到的，第1或第2种指定工厂其中就有一项必须尽的义务，即必须选任能源管理者(或员)，管理工厂的节能工作，而能源管理者则必须从能源管理师当中产生。第三，推行节能产品领跑者制度。所谓节能产品领跑者制度，是指同类产品中耗能最低的产品作为领跑者，比如，根据汽车的耗油量标准及电器产品等节能标准，各种机器均必须超过现有商品化的同类产品中节能性能最好的产品。目前，日本已在汽车、空调、冰箱、热水器等21种产品实行了节能产品领跑者制度。第四，推行了节能标识制度，即按能耗级别在产品上加贴标识，以给消费者提供能源消耗信息。截至2006年4月，日本已对空调设备、电冰箱、电视机、电子计算机等13种产品实施了节能标识制度。

3. 推动节能水平不断提升

为推动日本节能工作的顺利开展，日本政府还采取了一系列措施和政策，鼓励用能单位积极节能。日本支持节能的财税政策主要是资金补助、基金支持、税收优惠及融资促进等政策。节能基金主要是通过征收石油煤炭税来支持节能事业。一是实施税制优惠。即对引进、安装国家指定节能设备的工厂，按设备购置费，从应缴所得税中扣除7%或实施特别折旧政策。二是低息贷款制度。对引进节能设备的单位实施低息贷款。工厂进行节能改造和实施节能技术开发项目，向商业银行贷款，政府将为项目贷款进行担保。三是补助金制度。对企业引进高效锅炉、高效热水器等节能设备国家提供补助。2008年又出台了新能源补助金制度，对节能和新能源项目给予补助(总计60项)，例如家庭安装太阳能，每家安装费用大约300万日元，日本经产省补助三分之一。四是政府优先采购节能产品。没有达到领跑标准，不能列入政府采购目录。五是建立表彰机制。对于节能工作出色的企业开展了 METI 大臣奖（由国家经产省颁发）、ANRE 长官奖（由资源能源厅颁发）、METI 地方局长奖（由地方经产局颁发）及 ECCJ 会长奖（由日本节能中心颁发）等奖项，起到了很好的推动作用。由于日本建立了一套较为完善的节能监管工作机制，使日本在节能工作中不仅取得了巨大成效，而且还走在了世界前列。

4. 推广节能产品

在制造环节，实行"领跑者"(Top Runner)制度。"领跑者"制度是以能耗效率最佳产品的值为基本设定目标标准值，将必须达到同一目标标准值的产品分为同一类，并根据产品技术进步不断修订标准值。根据节能法，制造商必须遵守标准，否则将受到警告、公告、命令、罚款（100 万日元以下）等处罚。到 2006 年 4 月，日本已将 24 种家电、汽车等产品列为"领跑者"对象。

在销售环节，实行"节能型产品销售商评价制度"。对营业面积 800 m^2 以上，家电产品销售额占总销售额 50%以上的商店每年进行评选，并公布"节能型产品普及推进优秀店"名单，授权悬挂全国统一的图形标志。每年还在大型的"销售商"中评选经济产业大臣奖和环境大臣奖等。

在消费环节，实行能效标识制度。从节能标识标签上消费者可以了解到能效等级、每年的能源消费量、节能标准达标率、能源运行费用、生产厂商、产品名称和型号等内容。随着产品的更新和进步，每年进行一次调查，当达到最佳标准的器具比标准制定时增加 30%时，重新评价能效最佳标准，每年 4 月 1 日进行多级评价标准变更。到 2006 年 4 月，有 13 种产品纳入了能效标识管理。

5. 国民良好的节能法律意识

节能法自 1979 年正式颁布以来，政府、中介机构、企业等都能够自觉遵守。政府部门，特别是经济产业省在自己的职责范围内，积极认真地宣传贯彻实施节能法，并且采取各种有利措施，制定一系列优惠政策鼓励国民节约能源，并且严格履行职责，加强监督和指导。中介机构(ECCJ)也想尽一切办法,协助政府推动节能法的有效贯彻实施,节能服务公司积极受理企业申请,帮助企业诊断能源利用过程中的问题,提出解决办法。广大企业事业单位,认真遵守节能法的各项规定,履行法律规定的各项义务。

日本国民整体良好的法制观念是节能法顺利实施和取得积极成果的保证。相比较,我国各级政府还要进一步加强引导用能单位提高法制观念,政府部门要遵守节能法,要广泛宣传,引起全社会的重视。此外,还应加速有关节能标准的制定工作,完善节能标准体系。加速推行能效标识制度,加大发布能效标识管理的产品目录范围,切实做好能效标识管理的产品的监管工作。

6.政府引导与节能政策的结合

一是积极引导全民节能,地方局经常发放节能环保宣传材料、公布优秀节能案例、就法律修订内容定期举办报告说明会、咨询和解答有关节能问题、节能信息及时在网站发布,日本节能中心已经公布了 2 000 多个节能优秀案例。二是日本政府为将节能工作真正落到实处,认真研究企业在节能工作中遇到的实际问题,对于用能定期报告中发现的问题,组织专家及时进行检查和指导,提出改进意见。在扶持政策方面,一是实施税制优惠。即对引进节能设备的工厂,实施特别折旧和实际税额的优惠政策。二是低息贷款制度。对引进节能设备的单位实施低息贷款。三是补助金制度。对引进节能设备提供补助金的制度。

7.企业节能工作不断创新

在日本节能工作中大力倡导节能可视化。三菱电机株式会社三田制作所开发的 SA1 可视化系统,可实现 24 h 远程控制、动态显示每条生产线的耗能情况,每条曲线可准确分析、检查用电情况是否正常合理。该系统由公司技术人员提出应用方案,本公司联合外部公司完成系统的开发和功能完善,体现了信息技术与工业生产装备用能监控的有机融合。住金管理股份有限公司是住友金属公司的全资公司,由住友金属公司所有 230 名节能主管人员组成,以开展国内外节能人员培训为核心业务,研发了先进的可移动培训装备，并销售节能教育器材，已经形成了良性的培训链条，很值得我国借鉴。

8. 实施建筑节能

从 1973 年到 2005 年，日本产业领域的节能成效明显，用能总量基本不变，但业务领域（商业建筑）的用能情况却翻了一番，引起了日本政府的注意。节能法中“涉及建筑物的措施”规定：建筑物面积 30 000 m^2 以上的为第 1 种能源管理指定事业者，15 000～30 000 m^2的为第 2 种能源管理指定事业者，与指定工厂的管理方式相同，第 1 种和第 2 种能源管理指定事业者均需要选任能源管理者（员），需要提交中长期计划书（只限第 1 种能源管理指定事业者）和定期报告书。1980 年，日本发布了“建筑物的节能标准”告示，目前的节能标准包括防止外墙和窗造成热损耗、有效利用与空调设备有关的能源、有效利用与机械通风设备有关的能源、有效利用与照明设备有关的能源、有效利用与热水设备有关的能源以及有效利用与升降机有关的能源等六个项目。根据节能判断标准，2004 年日本新建建筑达标率为 74%（其中新建住宅达标率为 32%）。除了节能判断标准，日本建筑界推出了一套环境性能评价标准，称为建筑物综合环境性能评价系统（CASBEE），以建筑物的室内环境、服务性能和地基内环境为分子，建筑物所耗的能源、资源、材料以及地基外环境为分母，其值越大，建筑综合环境性能越好。该系统采用生命周期评价法（Life Cycle Assessment，LCA），即从建筑的设计、材料的制造、建设、使用、改建到报废的整个过程的环境负荷进行评价，分为 CASBEE—计划，CASBEE—新建，CASBEE—既存和 CASBEE—改建。根据 CASBEE 标准，日本许多地方政府颁布了建筑物综合环境评价制度，并推行 CASBEE 评价认证和评审员登记制度。

9. 推广节能服务

日本大力扶持能源服务产业，利用专业的能源服务公司（Energy Service Company，ESCO）为业主提供包括节能诊断、解决方案、维护设备及运营管理等全套服务，能源服务公司通过与业主签订合同、收取服务费和分享节能效益获得收益。ESCO 事业有两种合同方式:一是节能量保证型合同,由业主负责筹集节能初期资金,节能设备的所有权归业主,适用于业主有较强的融资投资能力;二是节能效益分享合同,由 ESCO 公司负责筹集节能投资,节能设备所有权归 ESCO 公司,业主不需要进行初期投资,不承担投资风险。ESCO 事业 70 年代兴起于北美,日本于 90 年代引进,2003 年市场规模达到 557 亿日元,目前主要以办公楼、学校、医院等设施综合改造项目为主。据日本节能中心的研究,日本潜在市场规模约有 24 700 亿日元。

1.2.6.2 美国节能工作的基本概况

1. 立法

美国是一个市场非常发达的国家,同时法制比较完善,老百姓及厂商的法制观念和诚信意识很强。

美国 1978 年就制定了《能源政策法》,对各个方面提出了不同的标准,这些标准每隔几年(一般为 3～5 年)就更新一次,以充分考虑新技术的不断发展。美国的最低能效标准一般都以强制性的法律、法规的形式颁布执行。

2. 自愿性的节能标准与标识

美国政府除了推行强制的标准之外,还提倡自愿的节能标识。对于具有自愿性能耗标识的节能型产品,最为典型的是美国环保署(EPA)和美国能源部(DOE)联合推动的"能源之星"项目,获得"能源之星"标识的产品一般都超过该类产品相应的最低能源效率标准。

3. 经济激励

经济激励主要包括与补贴税收减免措施。对于新建节能住宅建筑,可以获得税收减免。2001 年 1 月 1 日至 2003 年 12 月 31 日期间建成的住宅,比 IECC 标准节能 30%以上的,每幢减免税收 1 000美元;2001 年 1 月 1 日至 2005 年 12 月 31 日期间建成的住宅,比 IECC 标准节能 50%的,每幢减免税收 2 000 美元。节能建筑设备也可获得税收减免的优惠。各种节能型设备根据所判定的能效指标不同,减税额度分别为10%或20%。比如,节能型洗衣机、热水器减免50～200美元;地热采暖、太阳能热水和采暖系统最多可减免1 500美元。

4.鼓励新型节能器具的设计与开发

除了促进开发,竞赛组织者还以年度目录等宣传手段,将新型节能器具介绍给消费者和经销商,通过鼓励生产与营销,拓宽节能灯具市场。

为了增强节能力度,该法案不仅对节能技术及新能源的研究开发项目提供贷款保证及其他补助,从2007年春季起将全国夏令时时间增加4周,它还计划在今后10多年的时间内提供多达145亿美元的减免税优惠,以鼓励民众采取节能措施。

5.积极推进节能建筑设计应用

美国称节能环保型建筑为“绿建筑”。美国建设绿建筑有一个较为完善的标准,即Legislation Energyand Environment Design(简称LEED),可译为《能源与环境设计规范》,这个规范由美国联邦政府制定。该规范包括六个方面的内容,并进行量化赋分,主要有:永续发展,14分;水的有效利用,5分;能源和大气,17分;材料和资源,13分;室内环境品质,15分;设计革新,5分,共69分。根据联邦政府的规定,政府投资建设的建筑都要求按照绿建筑标准来进行设计、建造,并鼓励房地产商、民间投资建造的建筑积极采用绿建筑标准。

建造建筑物立足于长远和可持续发展。首先,城市规划好了,就按照规划逐步建设,房子建设好了,做好日常维护,对老房子修修补补,但是建筑结构不改变;其次,建筑充分利用自然能源和资源。如对自然光能的利用。对自然光能的利用还体现在建筑采光上,美国许多绿建筑采取“变角度遮阳板+玻璃窗”、天窗等,夏季遮挡阳光,冬季最大程度让阳光透射进建筑物,有效地利用了光能。又如对通风的利用,有的建筑把休息区屋面设计成波浪型,使空气经过时被扰动形成微风,增加室内通风的舒适度。再如对当地自然资源的利用,纽瓦克中学、QUEENSBOTANICAL花园的地热装置也向建筑物提供电力和采暖用热，既环保又节能。

1.2.6.3 欧洲节能工作的基本概况

1. 德国

(1)节能从使用节能家电做起、节能从告别待机状态做起

德国联邦环境局估计，家庭用电至少有11%在电器待机状态下白白浪费掉。例如，许多音响、HIFI装置在开关处于“关闭”位置时就开始耗电了。要停止电流进入，必须关上电器并拔掉电源线。

(2)节能从能耗低的房子开始

德国住宅很重视节地、节能、节材、节水和环保，既提高了住房的舒适度，又推进了资源和能源的全面节约。采取的措施主要是改革生态环保税，提高建筑采暖用油等价格，同时对热电联产等新技术应用实施税收减免。

德国“关于新建筑物节能法”于1976年实施生效，要求新建筑物必须做隔热保温，违反此法律者罚款5万马克；1999年，德国开始实行生态环保税收改革，适当地提高了汽油和建筑采暖用油的税率，提高社会各界节约能耗的积极性，促进了各种节能技术的研发应用；2002年2月生效的德国《能源节约法》制订了德国建筑保温节能技术新规范，其特点是从控制建筑外墙、外窗和屋顶的最低保温隔热指标，改为控制建筑物的实际能耗。消费者在购买或租赁房屋时，建筑开发商必须出具一份“能耗证明”。2008年，德国将施行税收同环保挂钩的做法，即耗能大户企业只有执行能源管理系统，才能获得减少生态税的优惠，方案还包括，如果房间没有安装节能窗户，租房者可以要求降低房租等。

(3)节能多听听专家的建议

为了调动企业和个人投资节能领域的积极性，德国政府开展了许多资助项目。“现场顾问”资助项目中，房屋所有者可以享受工程师的咨询服务，选择如何更经济实用地采取房屋节能措施，而大部分咨询费将由政府承担。德国信贷对节能项目提供低息贷款。

德国联邦消费者中心联合会及其下属的各州分支机构也提供有关节能的信息和咨询服务。2000 年成立的德国能源局，主要工作涉及房屋供暖和保温、节电装置和照明、太阳能发电、风能等可再生能源以及电热耦合装置的应用。

2. 英国

英国为了鼓励节省能源，在提高能效方面有一系列的立法保障和政策引导。例如，鼓励商业和公共部门实施最佳能源措施；要求私人天然气和电力供应商做出能源效率承诺；建立非赢利性“节能企业”，通过伙伴关系促使私营和小型企业部门向可持续和有效使用能源方向发展；政府自 2001 年起，每年拿出 5 000 万英镑的“能源效率基金”，鼓励企业节约能源。

通过实施减免税鼓励使用节能设备和购买节能建筑。在社会的各个层面上有着各种各样不同的措施。比如，英国著名的惠特比公司为了降低公司运输部门的燃油消耗，特别推出奖励措施。每加仑燃油超过 40 英里行程的司机，奖励 2 英镑。每加仑燃油低于 40 英里行程的司机罚款 2 英镑。

节能从家庭做起，也是英国政府的一项重要举措。提高能源效率不仅是解决能源短缺的重要手段，也是一种良好的社会习惯。在这方面，英国通过政府的各项节能政策，能源与环境协调，交通节能措施以及改变人们生活方式等手段，形成了一种有效的节能氛围。

同欧洲其他许多国家一样，英国每年从 3 月底开始实行夏令时，把时间提前 1 小时，直至 10 月的最后一个周末。英国城市大型彻夜灯光照明现象很少见。夜晚漫步在伦敦街头，看不到大面积光华淌泻与楼体通明的景观，所有照明都以不影响人们正常生活节奏为准。

近几年来，为鼓励商业和公共部门实施最佳节能措施，政府开征了气候变化税；一直向公众普及和推广室外夜间照明节能知识，积极宣传和提倡使用低流光灯具。建议削减待机用电（1 瓦特节能运动）。把每个单元的待机用电削减至 1 W。

1.2.6.4 发达国家建筑节能政策的共同特点

发达国家从1973年能源危机时开始重视建筑节能，经过30多年的努力，新建建筑单位面积能耗已经减少到原来的1/3～1/5，其中节能政策的作用功不可没。其节能政策有以下几个共同点。

(1)建立完善的建筑节能管理体制。节约能源一直是发达国家的一项基本国策。在政府的高度重视和推动下，技术、政策、法规等多管齐下，逐步形成了“政府主导、市场主体、全社会参与”的良好格局。

(2)注重建筑节能立法。美国1978年就制定了《能源政策法》，德国1976年实施生效了《关于新建筑物节能法》；而日本制定的建筑节能法则要求建筑业主能自主进行节能应用，规定以“热损失系数”作为判断建筑物节能性的标准。

(3)采取经济政策鼓励建筑节能。在西方发达国家建筑节能做得比较好的国家，政府都有相应经济激励政策。如美国对新建节能建筑减税。

(4)加强节能与开发并重的科学研究，凡在国际节能规范(IECC)标准基础上节能30％～50％的新建建筑，每套可以分别减免税1 000美元和2 000美元；欧盟则提出了包括开征能源税、税收减免、补贴和建立投资银行贷款等规范性的财税政策。

(5)主要开展三个方面的研究工作：建筑节能技术研究，主要是建筑节能综合研究，建立“节能型”建筑体系；注重太阳能、地热等建筑新能源的开发利用；建设节能试点工程和样板建筑，如美国政府为取得制定节能政策的定量数据资料，由政府出面组织办公楼建筑和住宅建筑的节能型样板工程。

1.3 研究的主要内容与思路

1.3.1 研究的目标及主要内容

通过查阅大量文献，国内外目前对居住建筑和公共建筑中办公楼的能耗分析及节能对策等方面的研究相对较多，而对铁路客运站的研究相对较少，更缺乏系统、深入的研究。本课题旨在深入分析现代铁路客运站主要的能耗因素，探讨人的舒适度对能耗的影响问题，结合现代铁路客运站的建筑特点和人流环境特点提出一套具有针对性的综合评价体系与方法，及相应的节能对策。从理论和实践上，对现代铁路客运站的设计与运行期中考虑人的舒适度与节能协调性角度出发都需要进行更深入的研究。

研究的主要内容如下：

(1)分析现代铁路客运站的能耗类型，主要能耗部门和设备等情况。通过对全路的主要客运站进行调查分析，系统分析比较各铁路客运站能耗特点、能源类型及比例、能源结构以及耗能设备能耗情况，进行现代铁路客运站能耗类型结构的定量化研究，提出目前存在的问题，进而找到节能的突破点。

(2)客运站的聚集人数是研究客运站客运能力与建筑规模的核心，与客运站空调新风负荷密切相关也是空调、照明设备、电梯等其他设备选型的依据。通过对客运站的客流量的大量调查、统计，分析出一天内客运站内聚集人数的变化规律，建立客运站旅客聚集人数的数学模型。客运站新风量对 CO_2 浓度影响的模拟分析。新风量是影响室内空气品质的好坏和空调能耗的主要因素，CO_2 浓度指标可以作为室内空气品质的评价指标。通过建立一天内客运站内 CO_2 浓度模型，为改变新风量进行空气调节提供依据，进而达到空调的节能。

(3)采用了空调系统能耗系数 CEC(Coefficient of Energy Consumption for Air Conditioning)法，通过多种途径限定 CEC 值来达到控制空调设备能源消耗的目的。

(4)现代铁路客运站照明照度研究。通过实际测量各列车客运站的照度，结合对旅客进行问卷调查，参考各国照度节能的标准，对比我国现行的照度节能标准，找出照明上的节能空间。

(5)现代铁路客运站电梯研究。

(6)现代铁路客运站能效评价与节能对策研究。通过现代铁路客运站生产性能耗因素分析进行节能措施及管理对策的研究。

(7)现代铁路客运站能耗因素分析研究的社会经济意义:有利于建设资源节约型、环境友好型社会,落实科学发展观,走可持续发展道路;有利于实现“十一五”规划纲要提出的节能目标;有利于改善城市与区域的能源供给布局;有利于提升铁路企业和产业竞争力;有利于应对气候异常对现代铁路客运站能源运行的冲击。

1.3.2 技术路线

从建设和谐铁路的角度出发,应用管理科学方法和工程技术经济手段相结合的研究模式,对客运站能耗因素、类型、结构,节能管理措施等相关问题进行深入、翔实、系统的研究,为铁路规划、设计、建设、运营和提高铁路经营效益制定相关标准提供科学依据。

首先分析分析现代铁路客运站能耗因素分析研究的社会经济意义,确定项目研究的理论和现实意义。通过对全路的主要客运站进行调查分析,系统分析铁路客运站能耗的现状,提出目前存在的问题。分析现代铁路客运站应具有的社会功能和经济功能,并分析为了提供这些功能,现代客运站所涉及到的能耗类型。对现代铁路客运站能耗类型结构的定量化研究。最终确定现代铁路客运站生产性能耗因素分析与节能措施及管理对策。图 1-1 为总体研究技术路线。

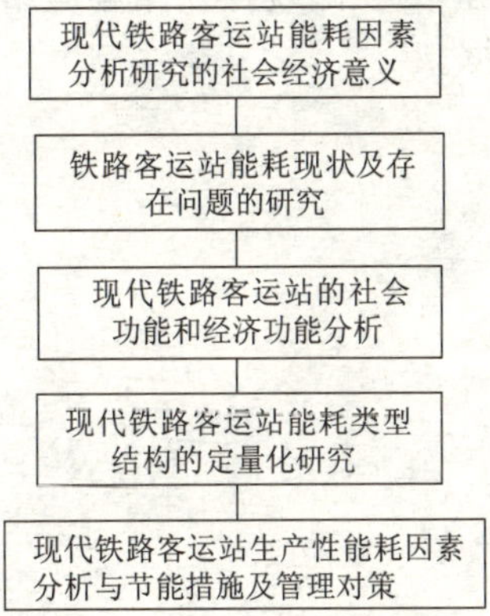

图 1-1 总体技术路线图

具体而言，选取具有代表性的铁路客运站，如北京、长沙、哈尔滨、上海、广州等客运站，在铁路客运站能耗现状、因素、类型、结构、客运站类型的调查与分析基础上，对其实际耗能系统的能效进行对比分析与评价。从整体而言，该体系包含 7 个层次，分别为关键设备能效评价、管路系统能效评价、空调系统能耗评价、室内环境评价，照明系统能耗评价，车站管理系统和建筑整体评价。按类型这些指标分为可测参数指标和综合评价指标。可测参数指标是以某些直接测试量作为评价指标，如供水温度、功率因数等。综合评价指标是指由测试参数计算之后得到的指标。在研究过程中，必然需要正确认识和把握这种多层次的复杂性，才能全面、综合地反映车站围护结构，众多铁路客运站能耗设施的能耗因素，能耗类型结构。通过对车站能耗各组成部分进行细致的解构分析，并在剖析不同能耗设备之间互动关系的基础上，对此复杂系统进行整合系统的定量化研究，探讨铁路客运站节能方面存在的问题，从而设计评价铁路客运站能耗和节能的指标体系。并针对铁路客运站的类型和能耗现状，对各项节能设备和措施进行评价，测定当前用能量，并对各种可供选择的节能措施的节能量进行预测，提出如何利用成熟的节能技术/节能产品来提高能源利用效率，降低能源消耗成本的方案、建议与管理办法。为进一步制定相应标准，落实节能、减排、降耗的指标，为铁路现代铁路客运站的规划、设计、建设和运营提供科学依据。

2 铁路客运站能耗状况及节能潜力分析

为了落实“十一五”期间铁路节能工作的具体内容，实现现代铁路客运站节能目标，针对目前铁路客运站高能耗的现状，必须找出合理的节能对策。为此，首先应该对铁路客运站能耗状况进行分析，分析能耗结构、特点、能耗设备以及能耗指标，进而找出其节能潜力，为完成铁路客运站节能降耗的任务打下良好的基础。

2.1 全国典型铁路客运站能耗结构、特点分析

从 2007 年 11 月开始，到 2008 年 10 月止，课题组选取北京站、北京西站、上海站、上海南站、哈尔滨站、广州站和长沙站等铁路客运站进行了能源消耗现状调查，并对调查资料进行了整理和统计分析，为项目研究提供了翔实的基础资料。

2.1.1 能源类型、比例

2.1.1.1 长沙站

2007 年长沙站消耗的能源类型及其所占比例见图 2-1。其中消耗量最大的为柴油，比例为总能耗的 81%；其次为电能，占总能耗的 17%；汽油所占比例较小，为 2%左右。

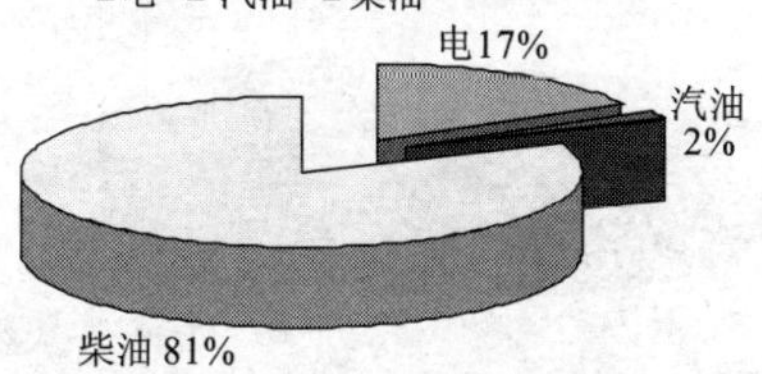

图 2-1 长沙站 2007 年能源消耗类型比例图

长沙站不同能源类型流向见图 2-2。最大的能源类型是柴油，中央空调系统以柴油为主要燃料。

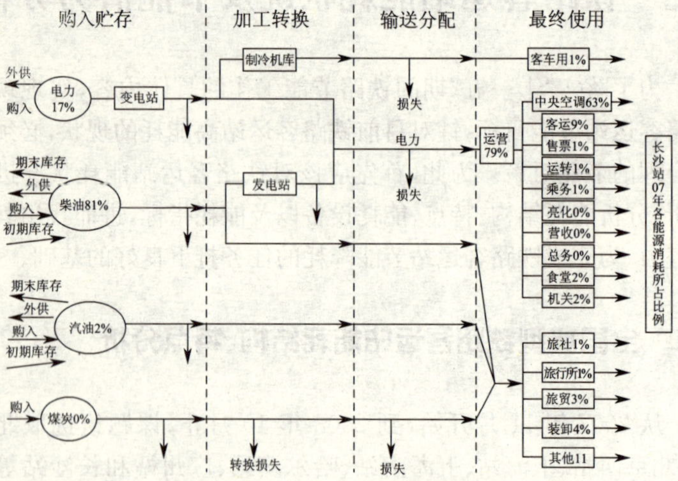

图 2-2 长沙站不同能源流向图

2.1.1.2 上海站

2007 年上海站消耗的能源类型及其所占比例见图 2-3。其中消耗最大的是煤气，比例占总能耗的 60%。煤气消耗量大的原因是上海站完成了锅炉清洁型（煤气）燃料更新，中央空调主要的能源消耗是煤气。其次是电的用量，所占比例为 32%。再次是天然气的使用量，所占的比例为 8%。其余的汽油、柴油所占比例都极小。

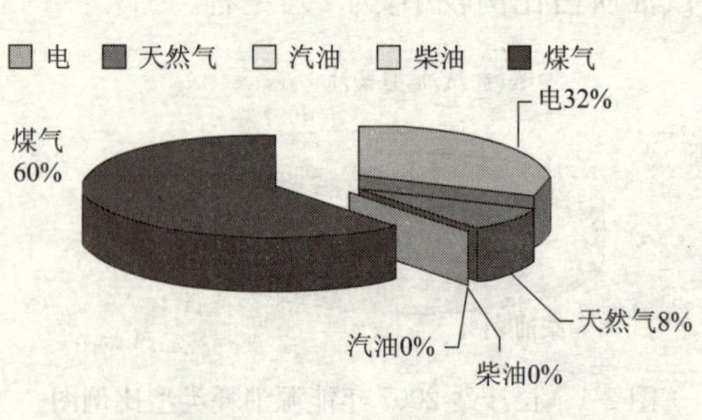

图 2-3 上海站 2007 年能源消耗类型比较图

上海站不同能源类型流向见图 2-4。最大的能源类型是煤气，主要用于中央空调系统。其次是用电，主要用于工艺系统，再次是天然气，主要用于锅炉。

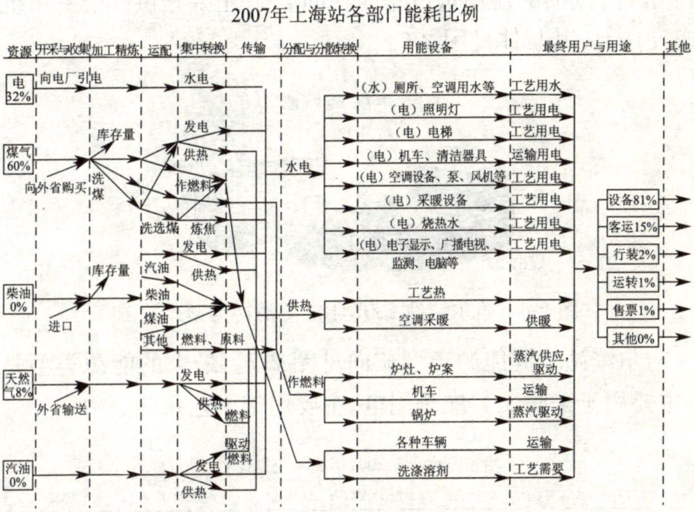

图 2-4 上海站不同能源流向图

2.1.1.3 北京西站

2007 年北京西站消耗的能源类型及其所占比例见图 2-5。其中消耗最大的是蒸汽，占了总能耗的 78%左右；其次是电，占了总能耗的 22%左右，而汽油和液化气的使用量几乎为零。由于北京西站主要采用蒸汽采暖，因而蒸汽的用量较大。

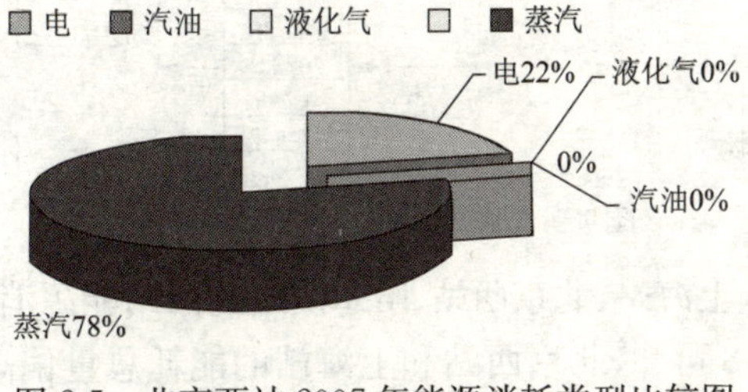

图 2-5 北京西站 2007 年能源消耗类型比较图

2.1.1.4 哈尔滨站

2007 年哈尔滨站的能源类型主要是煤炭、电及汽油。哈尔滨站采用煤炭采暖，因而煤炭使用量占全部能源的 62%，电的使用量占 36%，汽油的使用量占总能耗的 2%（主要是供办公室系统的汽车使用）。其具体见图 2-6。

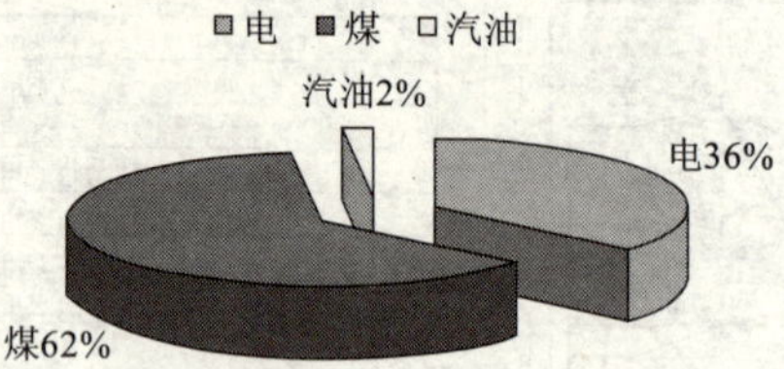

图 2-6 哈尔滨站 2007 年能源消耗类型比较图

哈尔滨站不同能源类型流向见图 2-7。最大的能源类型是煤炭，主要用于采暖。其次是用电，主要用于工艺系统。

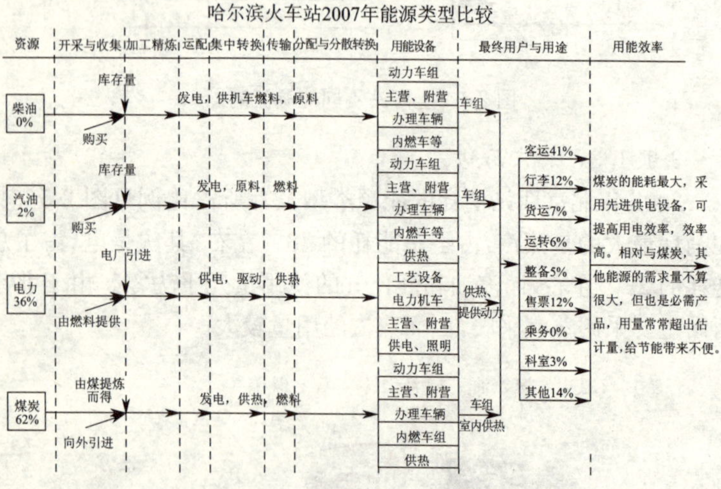

图 2-7 哈尔滨站不同能源流向图

长沙站、上海站、北京西站、哈尔滨站的四站能源消耗比较见图 2-8。由图 2-8 可知，北京西站和上海站的能耗总量偏高，长沙站和哈尔滨站的能耗量基本相当，且明显低于北京西站和上海站。由于各站使用的主要设备存在差别，因而各站的主要能耗量不同，如长沙站的中央空调系统以柴油为主要燃料，因而柴油的耗量较多。

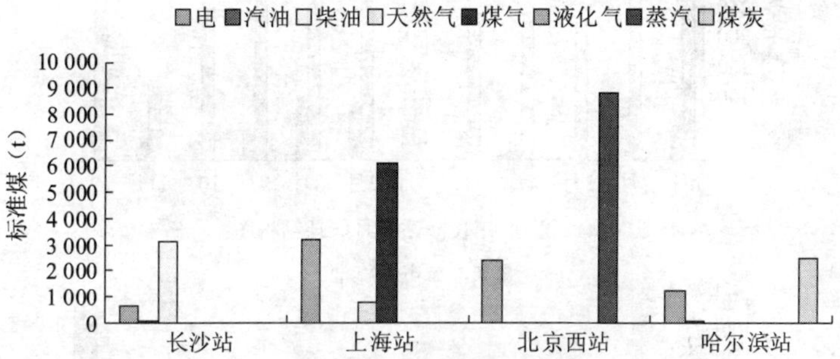

(a) 各客运站能耗及其组成对比图

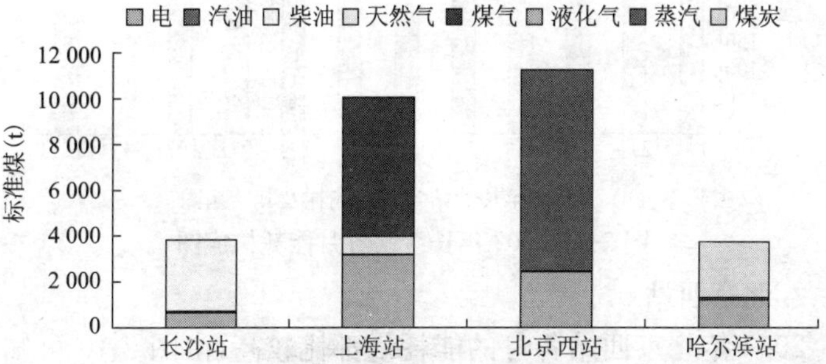

(b) 各客运站总能耗及其组成对比图

图 2-8 各客运站能源消耗比较图

2.1.2 能耗结构

2.1.2.1 不同月份的能耗

1. 长沙站

2007 年长沙站各月份能耗构成见图 2-9。图中直观的给出了不同月份各种能源的消耗量。数据显示，长沙站下半年能耗偏大，而且各月能耗变化不太明显；上半年能耗量基本较小，1 月、2 月例外，这是因为春运期间及寒假期间客流增多，火车站工作量加大，能耗有所增加。4 月、5 月能耗较低，主要是中央空调使用少的缘故。

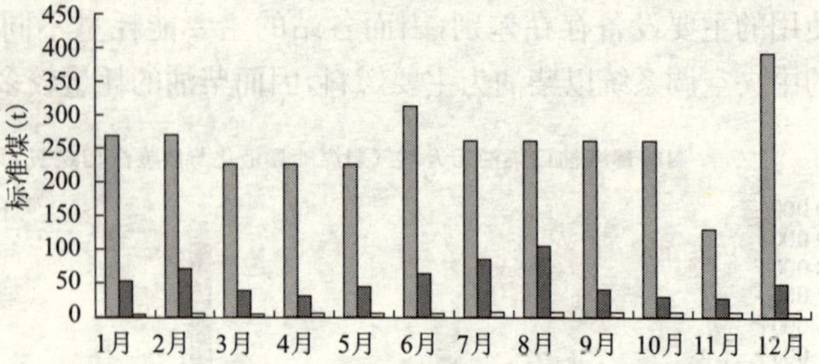

(a)　2007 年长沙站各月能耗结构图

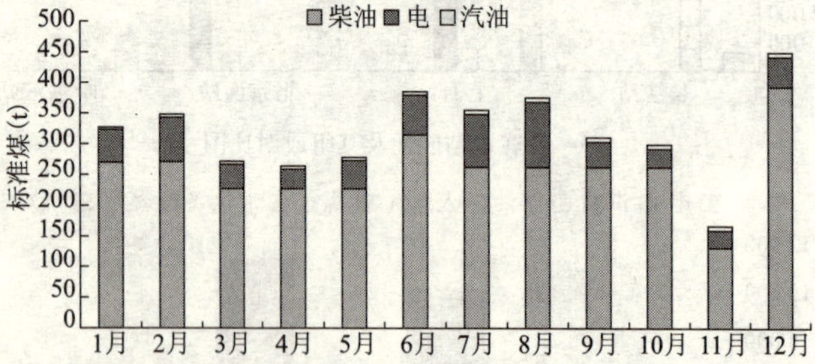

(b)　2007 年长沙站各月总能耗及其结构图

图 2-9　2007 年长沙站各月能耗构成图

2. 北京西站

2007 年北京西站各月的能耗量都比较高，由图 2-10 可知，各月一般都在 200 t 标准煤左右。其中 9 月的能源消耗量最低，主要是 9 月份气候宜人以及这个月份的客流量相对较小。1 月、2 月、3 月天气寒冷，需要使用蒸汽采暖，因而能耗量急剧增加。

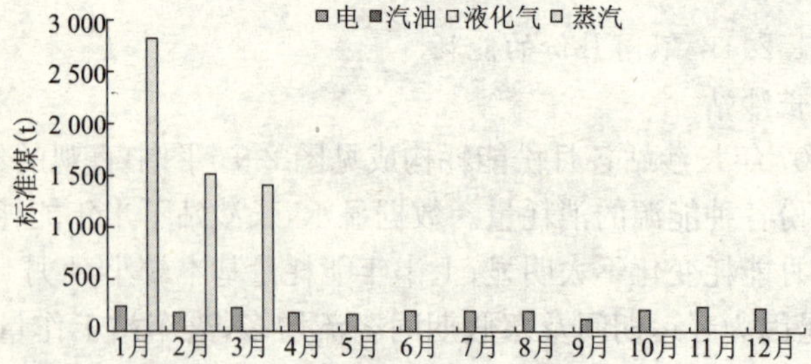

(a)　北京西站 2007 年各月能耗结构图

图 2-10

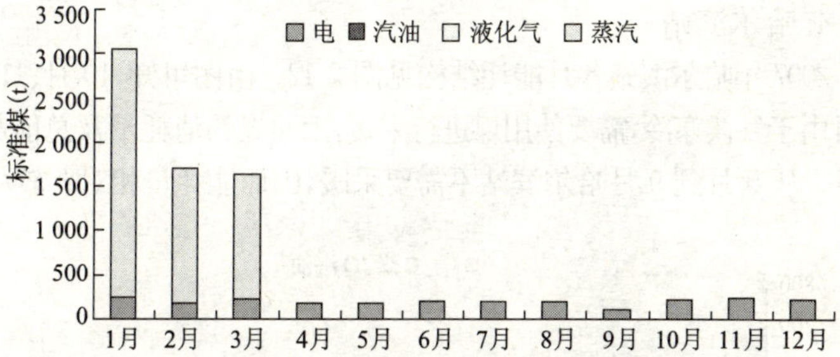

(b)　北京西站 2007 年各月总能耗及其结构图

图 2-10　北京西站 2007 年各月能耗构成图

3. 上海站

2007 年上海站能源类型随月变化比较情况见图 2-11。由图 2-11 可知，煤气的使用量全年都很高，尤其是 12 月、1 月、7 月、8 月均在 800 t 标准煤左右，原因是上海站锅炉煤改气，中央空调消耗的主要能量类型也是煤气。

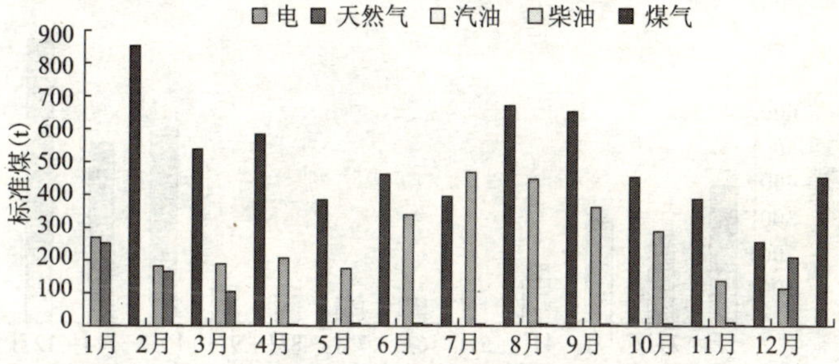

(a)　2007 年上海站各月能耗结构图

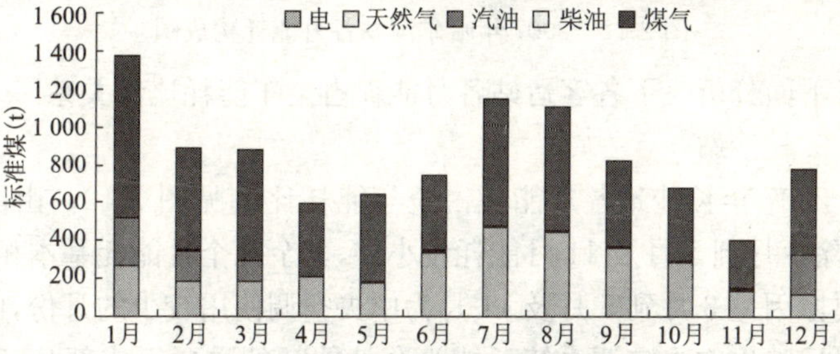

(b)　2007 年上海站各月总能耗及其结构图

图 2-11　2007 年上海站各月能耗构成图

4. 哈尔滨站

2007 年哈尔滨站各月能耗结构见图 2-12。由图可知,10 月、11 月、12 月由于气候寒冷,需要使用煤进行采暖,因而煤的消耗量及总能耗量较高。从 5 月到 9 月哈尔滨站不需要采暖,因而能耗量相对要较小。

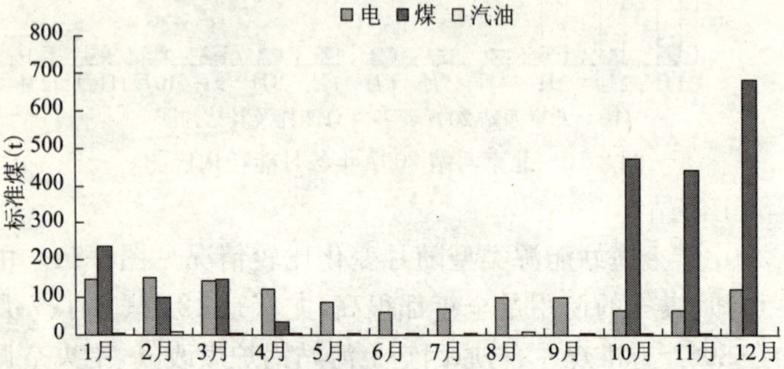

(a)　2007 年哈尔滨站各月能耗结构图

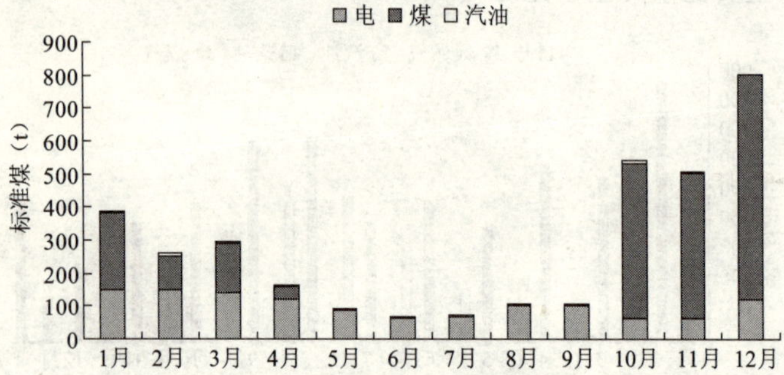

(b)　2007 年哈尔滨站各月总能耗及其结构图

图 2-12　2007 年哈尔滨站各月能耗构成图

下面分析一下各客运站各月能耗占全年能耗比例关系。

5. 长沙站

2007 年长沙站各月能耗占全年能耗比例见图 2-13。由图可知,除 3 月到 5 月及 11 月能耗较小外,其余几个月能耗基本相当。主要原因是 3 月到 5 月及 11 月为中央空调使用较少的月份,由此也可反映出中央空调系统耗能为全站能耗的重要组成部分,其能耗大小对于全站的能耗有着至关重要的影响。

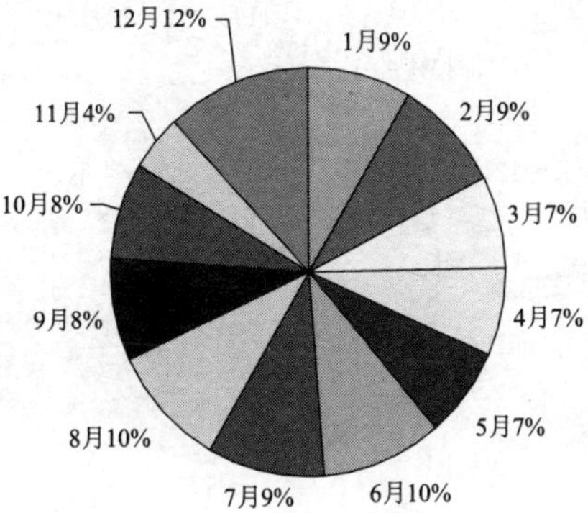

图 2-13　2007 年长沙站各月能耗占全年比例图

6. 上海站

2007 年上海站各月能耗量占全年总能耗比例见图 2-14，其中 1 月、7 月、8 月的能耗比例比较高，均达到 10％以上，原因是气候较寒冷或炎热，需要空调供暖和制冷，所以能耗较其他月明显偏高。

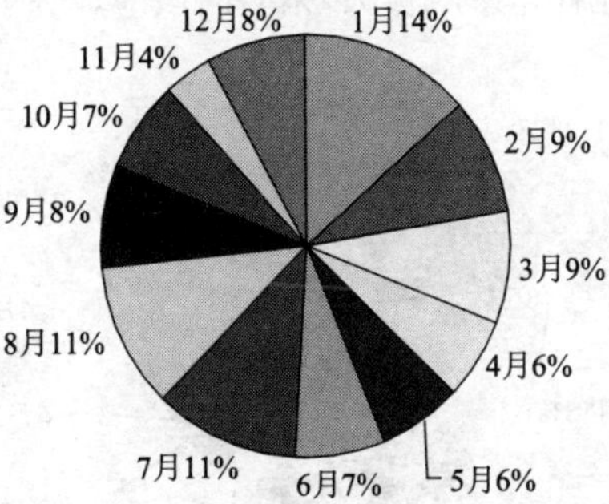

图 2-14　2007 年上海站各月能耗占全年比例图

7. 北京西站

2007 年北京西站各月能耗量占全年总能耗比例见图 2-15。其中 1 月、2 月、3 月的能耗量较其他月份明显偏高，这是由于在这 3 个月中北京西站要用蒸汽进行采暖而且这段时间在春运期间，客流量极大。9 月的能耗较低是因为该月气候适宜，空调系统耗能少，该月份的客流量也不多。

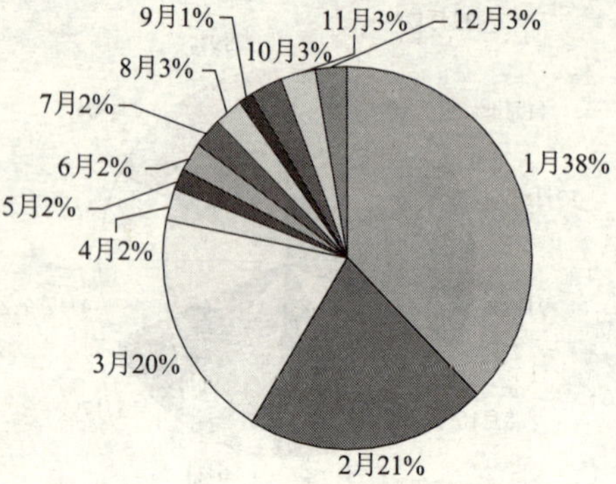

图 2-15　2007 年北京西站各月能耗占全年比例图

8. 哈尔滨站

2007 年哈尔滨站各月能耗量占全年总能耗比例见图 2-16。由图可知，10 月、11 月、12 月、1 月、2 月这几个月为采暖时期，能耗量较其他月份明显较大。对哈尔滨站，其他各月的能耗量基本差不多，占全年的总能耗量也不大。由此可见，采暖季节的能耗量，对全年的总能耗量影响极大，采暖时段应成为节能考虑的重点。

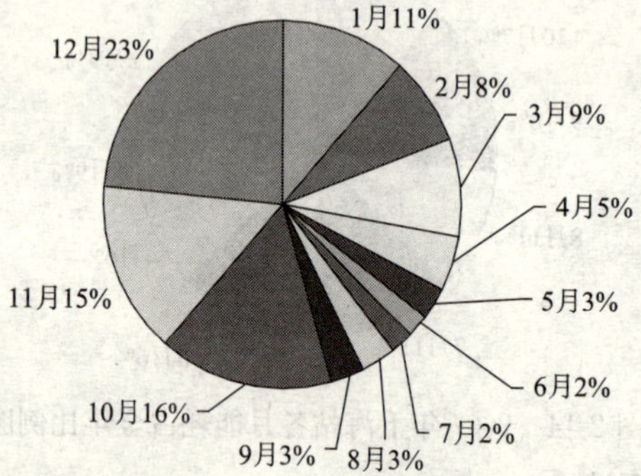

图 2-16　2007 年哈尔滨站各月能耗占全年比例图

长沙站、上海站、北京西站、哈尔滨站四站各月的能耗对比见图 2-17。其中北京站在 1 月、2 月、3 月的能耗最大，其他各月能耗较小；上海站各月的能耗相对其他站都比较大。哈尔滨站和长沙站的能耗相对北京和上海要小很多。

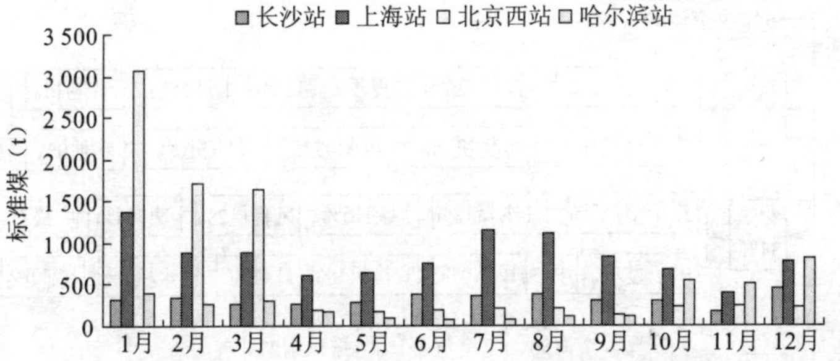

图 2-17 长沙站、上海站、北京西站、哈尔滨站各月份能耗对比图

2.1.2.2 不同部门的能耗

1. 长沙站

2007 年长沙站各部门能耗比例见图 2-18。由图 2-18 可知，运营是能耗大项，占总能耗的 79%，为 2 687.097 t 标准煤。运营中包括客运、售票、运转、乘务、亮化工程、营收、总务、食堂、机关、中央空调。中央空调为运营的能耗大项，为 1 593.338 t 标准煤，占了全站能耗的 63%；其次为客运，能耗量为 553.967 t 标准煤，占全站能耗的 9%；再次是售票和食堂，能耗分别 92.158 t 标准煤和 64.872 t 标准煤，各占全站总能耗的 2%左右。由此可见，中央空调、客运这两个部门应成为节能考虑的重点。

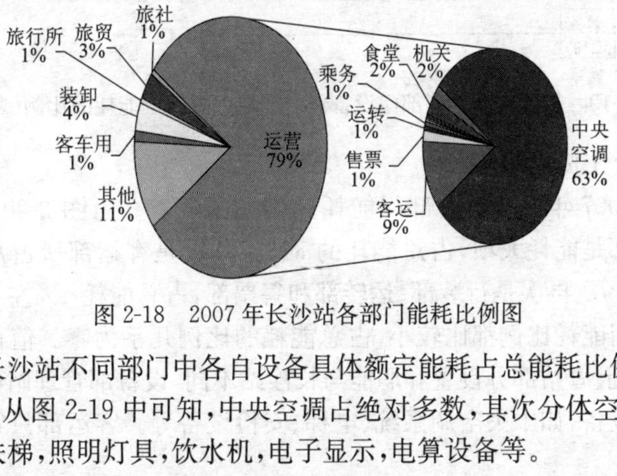

图 2-18 2007 年长沙站各部门能耗比例图

长沙站不同部门中各自设备具体额定能耗占总能耗比例见图 2-19。从图 2-19 中可知，中央空调占绝对多数，其次分体空调，然后是扶梯，照明灯具，饮水机，电子显示，电算设备等。

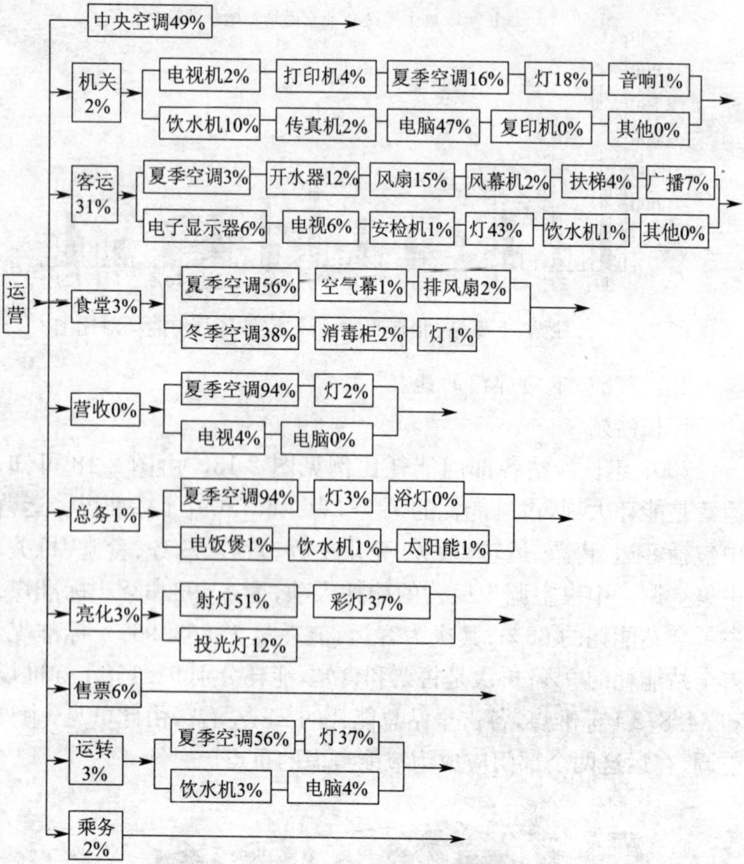

图 2-19 长沙火车站各部门设备额定能耗占总额定能耗的比例(夏季)

2. 上海站

2007 年上海站各部门能耗比例见图 2-20。由图 2-20 可知，设备部是能耗大项，占总能耗的 81%，其次是客运部所占总能耗的 15%。再次是行装部、运转部和售票部，占总能耗 4%左右。其他部门能耗比例都比较小，占总能耗的比例几乎为零。值得一提的是，上海站部分设置和职能与长沙站不同，设备部管理站内大型能耗设备，如中央空调系统、电梯、安检设备等。客运部只管理各个候车大厅、候车室,它的能耗设施主要是候车厅的照明。至于行装部、运转部和售票部能耗主要来自本部门的照明和电算设备。

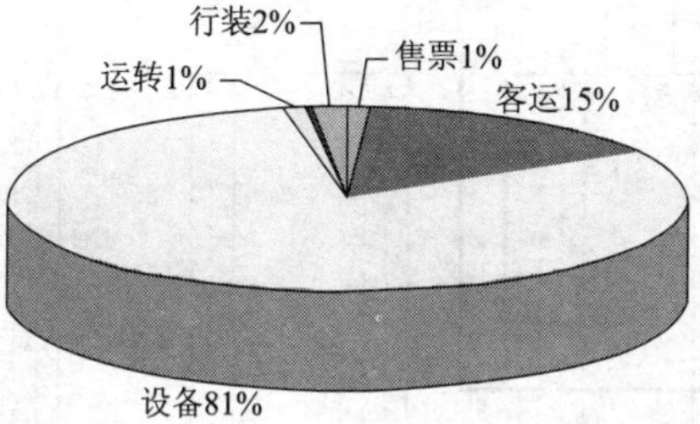

图 2-20 2007 年上海站各部门能耗比例图

3. 哈尔滨站

2007 年哈尔滨站各部门的能耗比例见图 2-21。由图 2-21 可知,客运部门的能耗最大,占总能耗的 41%;售票和行李部门的能耗也相对较大,能耗比列各为 12%;乘务部门的能耗极低,占总能耗的比例几乎为零。其他一些小部门虽然各自能耗不大,但这些部门总的能耗却较大,占总能耗的 14%,特别是在其他能耗中包括了耗能较大的两个设备,即电子大屏幕和电梯,它们的能耗占到了总能耗的 3%左右。由此可见,应该将客运、售票、行李部门作为节能考虑的重点。

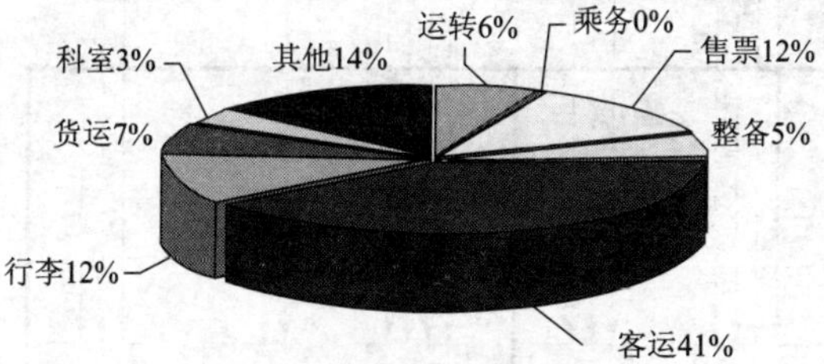

图 2-21 2007 年哈尔滨站各部门能耗比例图

2.1.3 铁路客运站能源系统图

长沙站能源系统图见图 2-22。

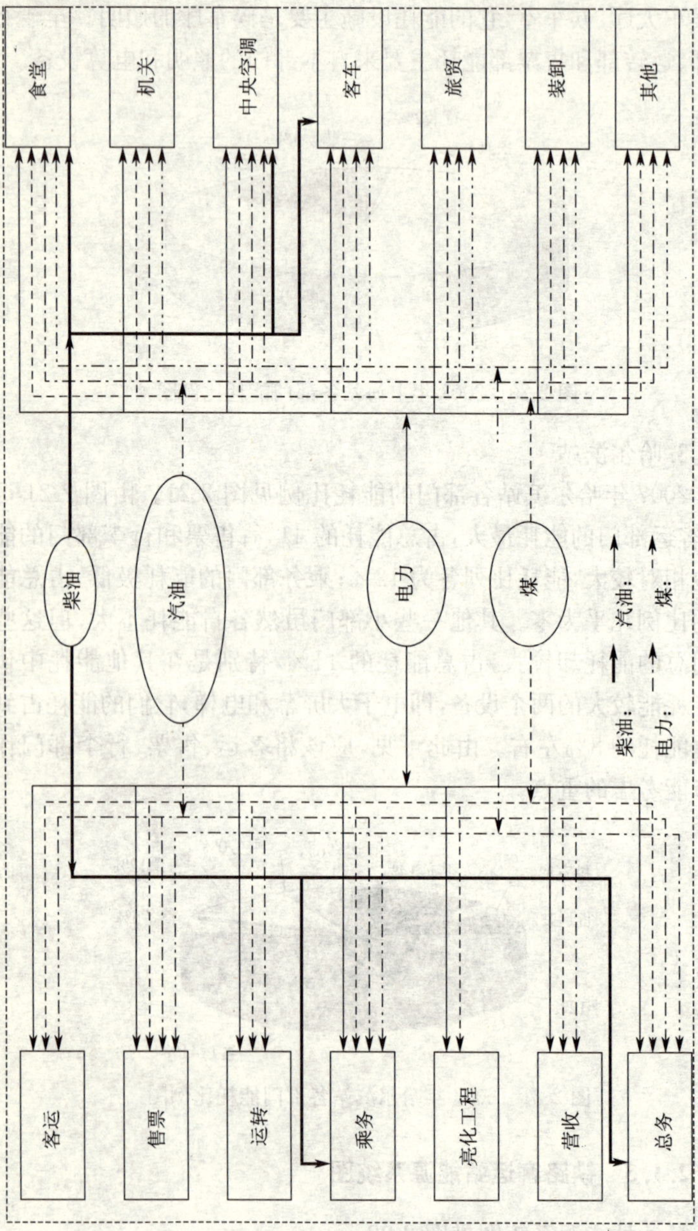

图2-22 长沙铁路客运站能源系统图

2.1.4 用能特点

通过对长沙站、上海站、哈尔滨站以及北京西站能源类型、比例、能耗结构以及能源流向系统图分析可知，不同客运站使用的能源类型不同，并且所占比重差异较大；从能耗结构而言，不同月份能耗不同，并且不同客运站差异较大；从能耗部门而言，主要集中在中央空调和照明系统。

2.2 能耗设备调查及分析

由大量的调查研究可知，对于火车站等大型公共建筑，其主要能耗设备是节能的重点。鉴于此，对长沙站、上海南站和哈尔滨站进行了相关设备功率统计调查及其相关能耗分析。

2.2.1 能耗设备调查

2.2.1.1 哈尔滨、长沙、上海南站的设备功率、耗能情况

哈尔滨、长沙和上海南站主要设备额定功率情况，以及各站及部门实际运行时间得到的年能耗总量汇总列入表 2-1。从比较需要出发，表 2-1 统一了单位。例如，哈尔滨火车站供暖原煤量 50 kg/(m^2 · a)，一共全站总供暖面积为 2 800 m^2，将其以标准煤为中介转化为功率的单位，以便与其他设备能耗统一，并将供暖所耗能量加入到中央空调之中。同样，将长沙站中央空调消耗柴油的用量转化功率单位。

由于各火车站的中央空调系统都是能耗大项，所以把各站的中央空调系统统计分析如下：

(1)长沙站中央空调系统负责主楼(除了第三候车室外)和售票大楼(包括一、二楼)的夏季制冷和冬季制热。其能耗设备包括：风机盘管(空调系统末端)24 台 25 W(票房)，9 台 25 W(客服)，45 台 20 W(其他)，共有风柜机 12 kW 的 4 台，13.5 kW 的 4 台，10 kW的 2 台，冷却塔 18.5 kW 的 2 台，6 台 75 kW 的水泵，2 台

70 kW 的特灵牌主机。

表 2-1 哈尔滨、长沙、上海南站的设备功率、耗能情况

地区	设备名称	总功率(W)	年能耗总量(kW·h)	百分比(%)
哈尔滨	分体空调	197 160	501 671	3
	中央空调		9 883 723	68
	微机、打印机	45 300	547 366.312	4
	热水器	91 780	233 544.2	2
	电风扇	161 000	9 311	0
	电视	176 400	3 755.672	0
	电子大屏幕	59 000	487 932	3
	电梯	105 000	460 500	3
	照明	733 360	2 550 935.47	17
长沙	中央空调		541 695.7	69
	照明	4 000 120	12 003.6	15
	开水器	22 800	684	0
	分体空调	1 381 920	4 457.6	5
	扶梯	528 000	15 840	2
	电子显示器	423 840	12 715.2	2
	电脑	298 896	8 966.88	1
	风扇	267 520	8 025.6	1
	饮水机	264 600	7 938	1
	电热水器	228 000	6 840	1
上海南站	中央空调		15 744.98	88
	照明		1 052.723	6
	电梯		560.9	3
	电热开水炉		600	3

目前长沙站夏季白天开双机 16 h，耗电 4 400 kW·h，消耗柴油2.67 t。晚上开单机 8 h，耗电 1 136 kW·h，消耗柴油 0.66 t。冬季机时间与夏季相反。制冷、制热每年保养各 1 个月，即每年开

机10个月。

(2)上海南站客运设施概况(表2-2):

表2-2 上海南站客运设施概况

设备类型	制冷设备		锅炉设备
	离心式制冷机组	涡旋式风冷热泵机组	燃气蒸汽锅炉
型号数量	19ZR750 510 kW×4台	30RQ 145 kW×2台	WNS6-1.25-Q×2台(蒸发量6 t/h、工作压力1.25 MPa;天然气耗量460 m^3/h)

水泵、风机等动力设备。其中水泵房15个,冷冻机房23个,真空排污6个,冷却泵5个,风机房38个,9.9 m 8个(包括软席和票房),14 m风机房11个,10 m通风通道6个,公安段屋顶12个,锅炉房4个,售票楼6个,总计功率4 040.14 kW。

(3)哈尔滨火车站中央空调设备概况(表2-3):

表2-3 上海南站客运设施概况

设备及数量	设备参数
远大溴化锂机2台	制冷量1 160 kW,4.187×10^6 kJ 冷水200 t,耗电11.4 kW 供热量3.349×10^6 kJ,冷却水327 m^3/h 冷却水出口37.5 ℃
冷冻水泵3台	流量2 000 m^3/h,扬程32 m,功率22 kW
冷却水泵3台	流量340 m^3/h,扬程24 m,功率37 kW
冷却塔2台	350 t
空调器6台	风量6×10^4 m^3/h,功率30 kW
风冷机组6台	室外机:制冷量210 kW,功率1 6188 W 室内机:制冷量210 kW,风量3.2×10^4 m^3/h

2.2.1.2 长沙站、上海南站及哈尔滨站主要设备能耗情况

调查长沙站所有设备额定功率和设备的开启情况,统计长沙火车站各设备的额定能耗,一些设备的额定能耗的比例几乎为零,在此忽略不计,具体见图2-23。

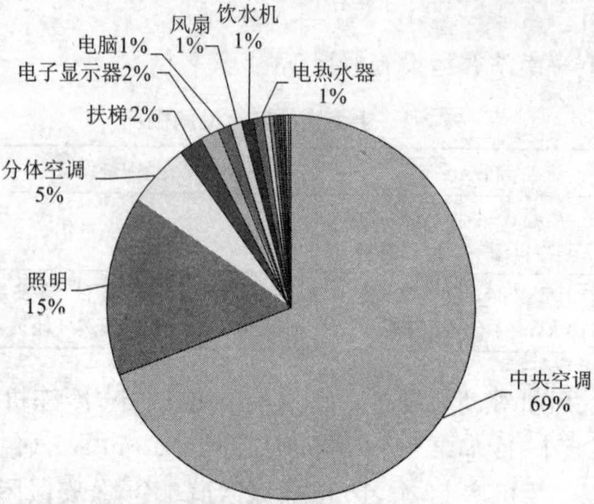

图 2-23 长沙火车站主要设备能耗比例图

由图 2-23 可以看出，在长沙火车站的设备中，中央空调的能耗占了全站所有设备额定总能耗的一半以上，占到总能耗的 69%左右。由此可见，中央空调无论是额定能耗量，还是实际能耗量都是火车站能耗中主要的部门和设备，从节能减排的角度而言，也是应该予以重点考虑的方面。

其次是照明的额定能耗，占总能耗的 15%左右，照明除了用于候车室、售票室外，还有办公室、大厅、走廊、彩灯等。照明的节能潜力比较大，可以从节能灯具、照明功率等角度出发考虑。

再次就是分体空调，主要用于办公室、会议室等地，其额定功率一般比较大，一般的值班室等都是全天开启的，会议室等开启时间比较少，但整体的额定能耗比较大。分体空调额定能耗所占比例有 5%左右，不可忽视。

扶梯的能耗在长沙站有两台，所占比例只有 2%左右，由于平时严格控制开启时间，所以相对能耗比较小。但在北京站、北京西站、上海站等大型火车站的电梯台数多，开启时间长，能耗较大，所以电梯的节能也是重点考虑的方面。

上海南站的主要设备的能耗见图 2-24。图中所示，中央空调是整个车站的主要能耗设备，其比例占到总能耗的 88%。其次是照明设备的能耗，占全站总能耗 6%。相对其他火车站而言，上海站的照明能耗要小的多，这是因为该站采用照明智能控制系统，照明方面相对其他站比较节能。另外，电梯和电热开水炉的能耗也都占到了总能耗的 3%左右，在考虑节能时，应予以关注这些设备的能耗。

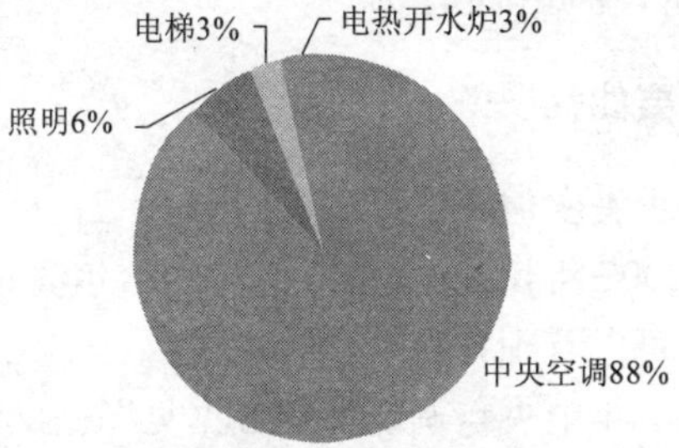

图 2-24 上海南站主要设备能耗比例图

哈尔滨站主要设备能耗比例图见图 2-25。由图 2-25 可以看到：哈尔滨火车站的额定能耗比例与长沙火车站有所不同。哈尔滨火车站的主要能耗设备是中央空调，占到总能耗的 68%左右，其次是照明占到 17%左右。原因是哈尔滨火车站的中央空调只是在夏季供冷，由于哈尔滨地区的夏季炎热月份并不是很长，所以中央空调的开启时间相对长沙站的夏季开启时间要少得多。除了中央空调和照明两个耗能大项外，其次就是微机和打印机及分体

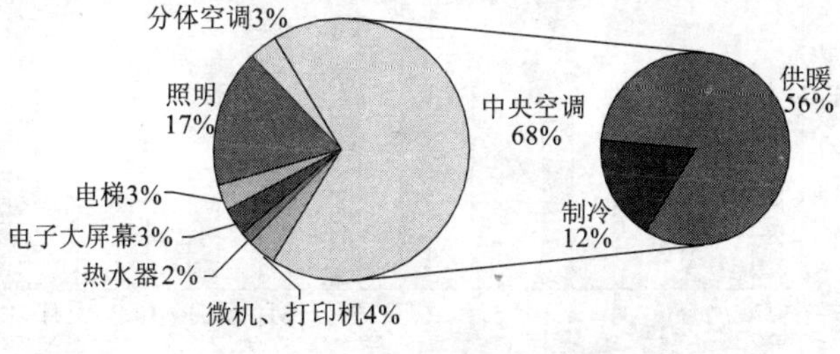

图 2-25 哈尔滨火车站的主要设备能耗比例

空调，主要用于办公室及售票室，台数多，使用时间长，所以能耗相对较高。哈尔滨火车站电子大屏幕和电梯均占总额定能耗的3%左右，也是不可忽视耗能设备。

从长沙站、上海南站及哈尔滨站的设备能耗分析数据中可以很清晰的了解到：无论是南方还是北方的火车站，其主要能耗设备是中央空调和照明。所以下面针对这两个方面先进案例，进行详细的调查与分析，说明节能潜力。

2.2.2　主要能耗设备

2.2.2.1　中央空调系统

通过分析2007年长沙站、上海南站和哈尔滨站中央空调能耗时间分布规律，可以看到各自能耗特点。

长沙站2007年中央空调能耗的数据见图2-26。由图可见，长沙站12月份能耗最大。长沙站冬天采暖用的是空调，而一般长沙12月份的气温最低，则空调耗能量必然最大；长沙站12月、1月、2月、6月、7月、8月份6个月的中央空调能耗较高，每月耗能都在100 t标准煤。原因是夏季炎热中央空调开启时间较长，冬天天气较冷需要空调采暖。长沙站每月空调能耗较为平均，这是由长沙的气候特点造成的，夏天热，冬天冷且冷暖变化较快，所以每月空调能耗较为平均。

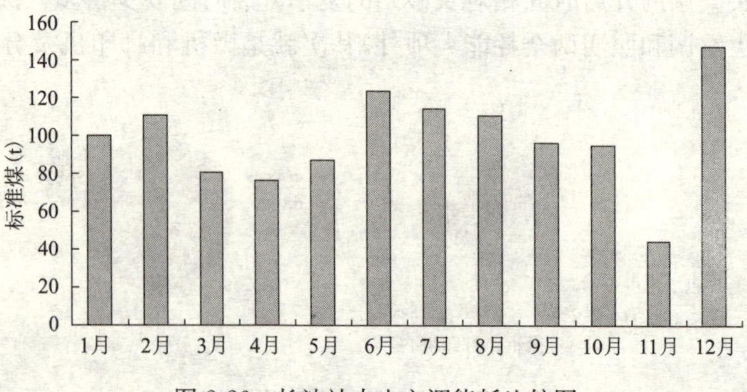

图2-26　长沙站中央空调能耗比较图

上海南站 2007 年中央空调能耗的数据见图 2-27。由图可见，上海南站 6 月到 9 月这 4 个月的中央空调能耗较高，大概每月耗能有 600 t 标准煤。原因是夏季炎热中央空调开启时间较长。并且由于上海南站采用通透的大空间与玻璃屋面设计，耗能量必然有所增加。4 月和 11 月由于天气怡人，空调没有使用。冬季从 12 月起到 3 月，每月平均能耗大概 200 t 标准煤，仅是夏季能耗的 1/3。原因同样与其建筑有关：上海南站的主站屋为具有良好保温隔热性能的透光屋面，充分利用自然光，在白天，直径达 270 m 的屋盖下的大厅几乎不用人工照明。通过屋面体系的材料组合，使白天室内产生漫射天光的效果，为旅客带来良好的视觉心理感受和独特的车站空间体验。屋面外遮阳的遮阳角度经过仔细计算，使在冬天太阳高度角较小时能使部分阳光射入室内。因此，在冬天则可以利用自然阳光，明显减少采暖负荷。

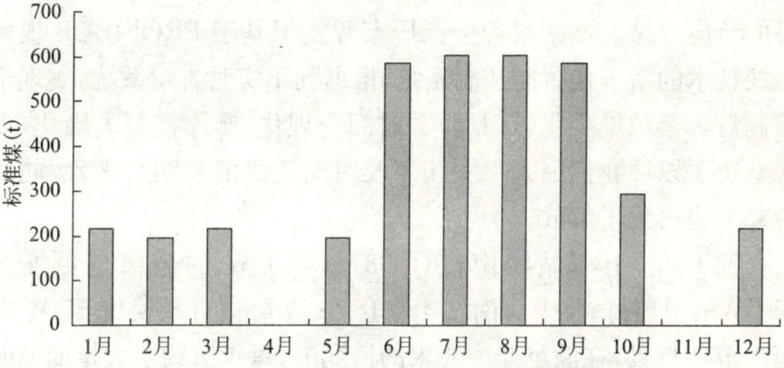

图 2-27 上海南站中央空调能耗比较图

哈尔滨站 2007 年中央空调能耗的数据见图 2-28。由图可见，哈尔滨站 10 月到 12 月这 3 个月的中央空调能耗最高，大概每月耗能有 300 t 标准煤。5 月到 9 月中央空调能耗最低。原因是哈尔滨冬季气温很低采暖能耗很大，中央空调开启时间较长，而其他季节气温较高，尤其是哈尔滨夏季气温较为宜人，开空调主要是通风，空调能耗较少；所以哈尔滨站冬季空调能耗最大，夏季空调能耗最小。

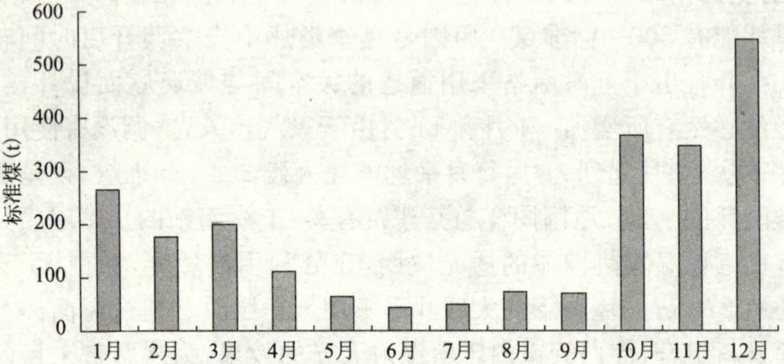

图 2-28　哈尔滨站中央空调能耗比较图

2.2.2.2　照明系统

上海站照明智能控制系统值得其他各站学习和借鉴。上海站运用“照明智能控制系统”,绿色光源得到了充分的应用,取得了明显的节电效果。该站联合生产厂家开发了基于 PROFIBUS 现场总线技术的新一代智能控制系统,根据列车实时告示系统,实现了控制灯具盏数最少化、灯具开关时间合理化、操作控制人性化,彻底解决了以往我们因人工关闭不及时而造成的长明灯现象,同时劳动力也得到了解放。

2007 年,上海站将南进厅 98 套 250 W 的金卤灯更换为 110 W的节能灯;将上海南站 450 套 70 W 金卤灯更换成 55 W 的新型节能灯具,在满足照度要求的情况下,每年节约了大量的照明用电。2007 年,工作量增加 12.6%,扣除南站 2007 年 1～6 月份电耗 532.81 万 W · h,节电率达 5.98%。

上海站夜灯开启时间一般是晚上 18:00 到凌晨 5:00 左右。上海站照明控制系统与列车到站及发车时间系统相连,根据到站和发车时间开关灯,一般在列车到达前 15 min 开灯,列车发车后 10 min 关灯,充分提高了灯具人均的利用率,同时节约了大量能源。阴雨天,照明控制系统会按照夜间照明方式开启灯具,达到及时有效的人员亮度要求。上海站的照明智能控制系统科学合理，并且节能有效，可以向全国各地火车站推广，具有很好的节能的前景。

2.2.3 能耗设备分析讨论

从统计的能耗设备资料可看出，中央空调的末端大多分布在办公楼、候车室、候车大厅和售票处。除办公楼属人流比较固定，人流密度较小的区域外，候车室、候车大厅和售票处均属人员密度大、人流量及其变化大的区域。这一特点在客运高峰期——春运、黄金周和寒暑假，就会表现得更为突出。

此外，候车室和候车大厅的高度均较高。由于人员密度大，使得由人体散热及人员活动引发的空调冷（热）负荷保持在一个较高的水平。因为人流量大，促使建筑内边界与外环境的热量交换加剧，造成由人体散热及人员活动引发的空调冷（热）负荷的波动加大。而较大的空间有利于空气自然对流的发展，这对于空气调节的气流组织也有很大影响。在车站全年能耗统计中就已发现中央空调的能耗占全站能耗的很大一部分。因此，应当结合火车站的建筑特点，合理的进行空气调节，提高设备的工作效率，以降低能耗。

照明在车站能耗中排第二位，照明设备的节能也是尤为重要的。对于照明的节能，一般可以从以下方面考虑：第一，灯具及光源的选择；第二，照明控制；第三，自然采光。具体的关于照明的节能对策及评价后面第 8 章有详细介绍，在此不赘述。

2.3 结　　论

本章对现代铁路客运站能耗状况及节能潜力进行了分析，得出了以下结论：

（1）现代铁路客运站主要能源类型包括电、柴油、煤、汽油、天然气、液化气、煤气等。由于铁路客运站的地域差别及使用设备不同,其能耗的类型及比例不尽相同。

(2)现代铁路客运站的主要能耗部门大体相同,客运是第一大能耗部门,运站和售票紧接其后。

(3)现代铁路客运站的主要能耗设备有中央空调系统、照明系统。在一些较大型或者较高级别的客运站中,其主要能耗设备还包括电梯。

(4)虽然各站分属不同气候区,但是仍具有相同规律:由于采暖和制冷的需要,全年能耗最高的时间集中在最冷和最热的月份。

3 客运站聚集人数模拟分析

客运站设备能耗中，中央空调占 60%～80%、照明占 6%～17%、电梯占 3%左右。这三部分的值都会因发送旅客量不同而改变。为使旅客保持舒适，加入新风，会产生新风负荷；因输送旅客也会带来相应的电梯能耗。若了解了候车室内滞留旅客的变化趋势，对各设备开启情况进行适当控制即可实现节能。

目前，人们对候车时间研究的方法很少，因为旅客的候车时间和客运站与居民区距离的远近、市内交通条件等因素有关，同时旅客的候车时间不易采集，一些文献简单地介绍了候车时间的正态分布模型，但与我们实际调查所得数据相差很大，所以本章在精确统计旅客候车时间的基础上，采用灰色模型对其进行模拟，得出了较正态分布更准确的模型。

3.1 现场调查与结果

在长沙火车站进站口检票人员的配合下，本课题组于 2008 年 7 月 5 日对长沙站进行现场调查，通过查验 2 340 名旅客的车票确定其车次，并同时记录该旅客的进站时间，即可得出旅客提前到达候车室的精确时间，见图 3-1。

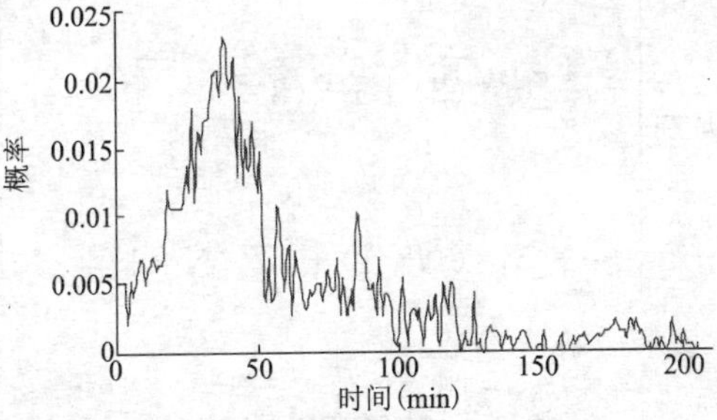

图 3-1 长沙站旅客实际候车时间

由调查结果可以算出旅客平均候车时间为 63.98 min，提前 38 min 的旅客所占比例最大，也有一部分旅客提前 2 h 以上到达候车室。由于此次调查样本数较多，达 2 340 份，具有一定普遍性，因此调查结果对其他各城市客运站有一定的参考意义。

3.2 模型建立与结果分析

3.2.1 候车时间灰色动态模型

灰色动态模型 GM(1,1)常用于人口预测、劳动力预测、产量预测及各行业产值等经济指标的预测等，它采用不同的处理方式，可使生成数据呈现出明显的指数规律，这既减小了原始数据的随机性影响，又为建模提供了中间信息，从而可对系统进行预测。其建模步骤如下：

令原始数据系列为 $X^{(0)}=\{x^{(0)}(1),x^{(0)}(1),\cdots,x^{(0)}(N)\}$，对原数据进行一次累加得到 $X^{(1)}$，其中

$$x^{(1)}(t)=\sum_{k=1}^{t}x^{(0)}(k)$$

GM(1,1)模型的微分方程为

$$\frac{\mathrm{d}x^{(1)}}{\mathrm{d}t}+ax^{(1)}=u$$

式中，a,u 为待定系数，一般取 $a=0.5$，灰参数 $\hat{a}=[a,u]^{\mathrm{T}}$。

构造累加乱阵 B 与常数项向量 Y^{N}，即

$$B=\begin{bmatrix}-\frac{1}{2}[x^{(1)}(1)+x^{(1)}(2)] & 1\\ -\frac{1}{2}[x^{(1)}(2)+x^{(1)}(3)] & 1\\ \vdots & \vdots\\ -\frac{1}{2}[x^{(1)}(N-1)+x^{(1)}(N-1)] & 1\end{bmatrix}$$

用最小二乘法解灰参数

$$\hat{a}=\begin{bmatrix}a\\u\end{bmatrix}=(BTB)^{-1}B^{\mathrm{T}}Y^{\mathrm{N}}$$

$$Y^N=[x^{(0)}(2),x^{(0)}(3),...,x^{(0)}(N)]^T$$

将灰色参数代入时间函数

$$\hat{x}^{(1)}(t+1)=\left[x^{(0)}(1)-\frac{u}{a}\right]e^{-at}+\frac{u}{a}$$

其中 $x^{(0)}(m)$表示依次分别选用 $m(m=1,2,\cdots,n)$，通过比较从中选择误差最小的 m 值，建立数学模型，一般情况下取 $m=n$ 可获相当满意的预测精度。

对 $\hat{x}^{(1)}$ 求导还原得到：

$$\hat{x}^{(0)}(t+1)=-a\left[x^{(0)}(1)-\frac{u}{a}\right]e^{-at}$$

或 $\hat{x}^{(0)}(t+1)=\hat{x}^{(1)}(t+1)-\hat{x}^{(1)}(t)$

计算 $x^{(0)}(t)$与 $\hat{x}^{(0)}(t)$之差 $\varepsilon^{(0)}(t)$及相对误差 $e(t)$：

$$\varepsilon^{(1)}(t)=x^{(0)}(t)-\hat{x}^{(0)}(t)$$

$$e(t)=\frac{\varepsilon^{(0)}(t)}{x^{(0)}(t)}$$

模型诊断及预报：

为了分析模型的可靠性和有效性，必须对模型进行诊断，目前较通用的诊断方法是对模型进行后验差检验，即先计算观察数据离差 S_1 与残差的离差 S_2。

$$S_1^2=\sum_{t=1}^{m}[x^{(0)}(t)-\overline{x}^{(0)}]^2$$

$$S_2^2=\sum_{t=1}^{m-1}[\varepsilon^{(0)}(t)-\overline{\varepsilon}^{(0)}]^2$$

再计算后验比 C 及小误差概率 P 为：

$$C=\frac{S_1}{S_2}$$

$$P=[\,|\varepsilon^{(0)}(t)-\overline{\varepsilon}^{(0)}|<0.674\,5S_1]$$

根据后验比 C 和小误差概率 P 对模型进行诊断：

根据表 3-1，如果模型精度达合格以上，说明该模型可靠和有效，可用于预测，这时可根据模型对系统行为进行预测。如果模型精度不符合要求，可对参差进行重新模拟以提高模型精度，然后再进行预测研究。

表 3-1 GM(1,1)模型预测精度等级

等级	好	合格	勉强	不合格
P	>0.95	>0.8	>0.7	<0.7
C	<0.35	<0.5	<0.65	>0.65

3.2.2 候车时间分布拟合

在此仅利用其模拟模型，现将图 3-1 中的原始数据作如下处理：以概率最大点(38,0.022 967 3)为分界点，将数据分为两部分采用灰色系统 GM(1,1)模型进行生成处理，利用 DPS 软件可以得到调查数据进行初步拟合，见图 3-2。

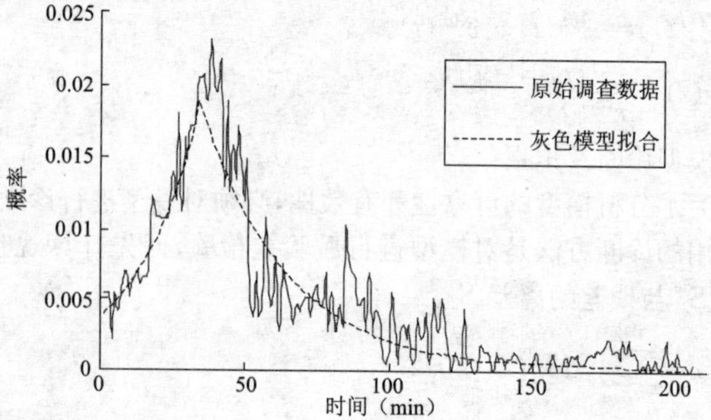

图 3-2 利用灰色模型对调查数据进行初步拟合曲线

图 3-2 中所得灰色模型左右两部分各为指数函数，对该函数进行验证，可以得到其后验比 C 和小误差概率 P，结果见表 3-2。

表 3-2 GM(1,1)模型拟合结果及验证

	模型	后验比 C	小误差概率 P
左半部分	$x(t+1)=0.082\,025e^{0.046\,667t}-0.077\,025$	0.289 5	0.972 2
		很好	很好
右半部分	$x(t+1)=-0.504\,408e^{-0.031\,898t}+0.525\,848$	0.319 9	0.955 4
		好	好

有关参考资料表明，对后验比 C 和小误差概率 P 进行诊断时，若 $C<0.35$ 且 $P>0.95$ 时，诊断等级为“好”。由模拟结果分析可以看出左半部分和右半部分的拟合中 C 和 P 等级为均符合要求，分别为“很好”和“好”，因此该模拟结果合格，可用于下一步拟合。

采用 Matlab 高斯公式对图 3-2 中所得数据进行拟合，可以得到新方程的函数形式如下：

g(x)=a1*exp(-((x-b1)/c1)^2)+a2*exp(-((x-b2)/c2)^2)
　　+a3*exp(-((x-b3)/c3)^2)+a4*exp(-((x-b4)/c4)^2)
　　+a5*exp(-((x-b5)/c5)^2)+a6*exp(-((x-b6)/c6)^2)
　　+a7*exp(-((x-b7)/c7)^2)+a8*exp(-((x-b8)/c8)^2)　(3-1)

修改待估计参数的上下限点，即就可以得到 Coefficients (with 95% confidence bounds)下函数各系数的值。由高斯公式拟合而来的具体曲线见图 3-3。

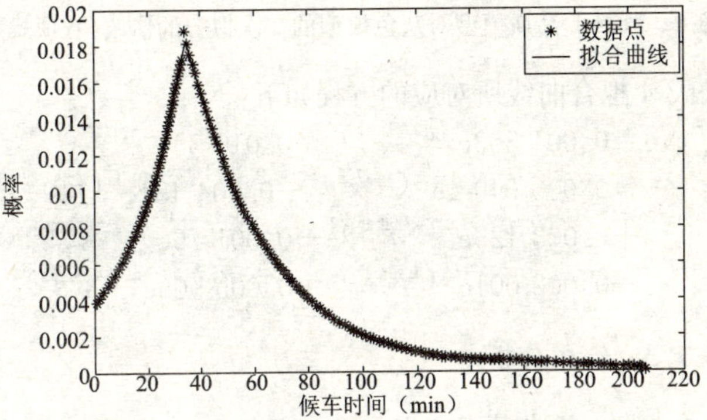

图 3-3　高斯方程对灰色模型的二次拟合(八项式)曲线

图 3-3 拟合曲线所对应的方程如下：

$$
\begin{aligned}
g'(x)=&0.002\,269\mathrm{e}^{-\left(\frac{x-34.42}{3.591}\right)^2}-0.00\,009\mathrm{e}^{-\left(\frac{x-37.52}{2.114}\right)^2}\\
&+0.000\,438\,8\mathrm{e}^{-\left(\frac{x-48.44}{4.737}\right)^2}+0.001\,044\mathrm{e}^{-\left(\frac{x-59.16}{5.696}\right)^2}\\
&+0.066\,38\mathrm{e}^{-\left(\frac{x-36.23}{13.06}\right)^2}+0.000\,602\,8\mathrm{e}^{-\left(\frac{x-52.07}{1.319}\right)^2}\\
&+4.23\mathrm{e}^{-\left(\frac{x+354.2}{165.3}\right)^2}-0.073\,89\mathrm{e}^{-\left(\frac{x+38.27}{48.22}\right)^2}
\end{aligned}
\qquad (3\text{-}2)
$$

图 3-3 中图形虽然拟合度总体上很好，但是整个曲线并不十分平滑，并且在图形的后半部分拟合度并不理想，因此在 Matlab 里对高斯方程的系数进行一定修改，得到如图 3-4 所示几乎完美的拟合曲线。

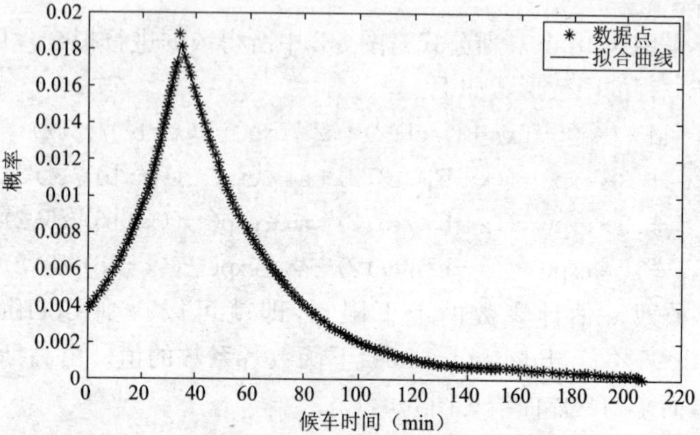

图 3-4　Matlab 高斯模型对灰色模型的二次拟合的修改（八项式）曲线

图 3-4 拟合曲线所对应的方程如下：

$$
\begin{aligned}
g''(x)=&0.001\,363e^{-\left(\frac{x-34.45}{2.03}\right)^2}+0.010\,35e^{-\left(\frac{x-39.94}{14.12}\right)^2}\\
&-0.000\,649\,4e^{-\left(\frac{x-27.2}{5.496}\right)^2}-0.004\,484e^{-\left(\frac{x-45.89}{10.29}\right)^2}\\
&+0.003\,125e^{-\left(\frac{x-30.46}{25}\right)^2}-0.001\,76e^{-\left(\frac{x-40.89}{6.652}\right)^2}\\
&+0.002\,001e^{-\left(\frac{x-54.09}{101.9}\right)^2}+0.005\,905e^{-\left(\frac{x-43.26}{40.76}\right)^2}
\end{aligned}
\tag{3-3}
$$

3.2.3　结果分析

3.2.3.1　候车时间分布

从图 3-4 可以看出，候车时间在 20～60 min 的旅客较多，通过式(3-3)可以计算出其所占比例：

$$\int_{20}^{60} g''(x)\mathrm{d}x = 0.533\,59 \tag{3-4}$$

候车时间在 200 min 以内的旅客所占比例为：

$$\int_{0}^{200} g''(x)\mathrm{d}x = 0.956\,74 \tag{3-5}$$

由此说明，候车时间在 200 min 以上的旅客所占比例很少，与调查结果相符。在进行聚集人数模拟时，提前时间在 200 min 以上的旅客可忽略不计。

3.2.3.2　与对数正态分布模型比较

相关文献提出旅客提前候车时间的概率分布近似服从对数正态分布模型，模型方程如下：

$$f(x)=\begin{cases}\dfrac{1}{\sigma x\sqrt{2\pi}}\exp\dfrac{-(\ln x-\mu)^2}{2\sigma^2}, & x>0\\ 0, & x\leqslant 0\end{cases} \tag{3-6}$$

$$\mu=\frac{1}{n}\sum_{i=1}^{n}\ln x_i \tag{3-7}$$

$$\sigma^2=\frac{1}{n}\sum_{i=1}^{n}(\ln x_i-\mu)^2 \tag{3-8}$$

式中，$f(x)$为提前 x 分钟候车的旅客所占概率；μ 为正态分布的均值；σ^2 为正态分布的方差。

将本课题组的调查结果结合此模型计算可得：

$\mu=4.340\ 48$，$\sigma=0.952\ 896$

原始调查数据与对数正态分布模型和灰色动态模型的结果见图 3-5。

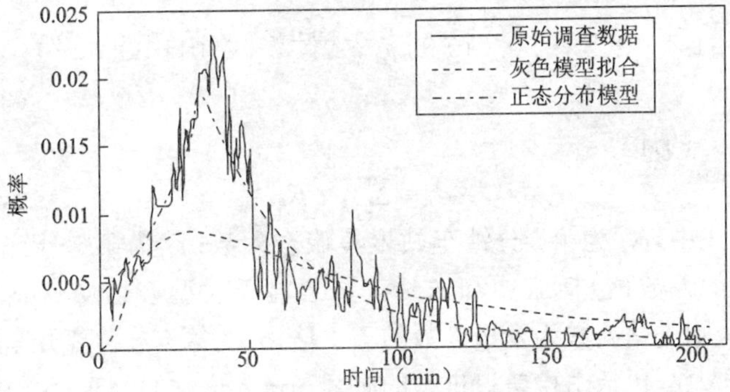

图 3-5　灰色模型与对数正态分布模型的结果比较

从图 3-5 可以看出：灰色动态模型与对数正态分布曲线形式上

相似，但对数正态分布与实际结果存在较大差别，尤其是在人数聚集高峰处；调查结果显示，几乎没有旅客提前 200 min 以上进入候车室，但在对数正态分布曲线的末端，曲线仍不接近于零。为验算此模型，将 x 取值为(0～200)，对式(3-3)中所得曲线进行积分得

$$\int_0^{200} f(x)\mathrm{d}x \approx 0.85 \tag{3-9}$$

表明候车时间在 200 min 以内的旅客只占总发送旅客的 85％，还有一部分旅客候车时间在 200 min 以上，不能很好地反应实际情况，误差较大。

3.3 聚集人数计算模型建立

候车室聚集人数随着一天中各列车的离站和到站情况不断发生重复性变化。在某列车到来前，将乘坐该列车的旅客会提前两小时陆续到来，各列车相迭加就会造成候车室内聚集人数变化。根据旅客到达候车室时间分布概率模型和车站各次列车发车的时刻及每列车发送乘客数量 S_k，可以计算每分钟车站留存的旅客数，从而得到聚集人数分布模型：

$$N_i = N_{i-1} + f_i - d_i \tag{3-10}$$

其中，f_i 的计算：

$$f_i = 1.1 \cdot \sum S_k \cdot \left[0.010\,833\mathrm{e}^{-\left(\frac{x-34.44}{9.338}\right)^2} + 0.011\,505\mathrm{e}^{-\left(\frac{x-40.52}{44.89}\right)^2}\right] \tag{3-11}$$

d_i 的计算：

$$d_i = \sum v_k \cdot R_k \tag{3-12}$$

式中，N_i 为第 i 分钟车站聚集旅客人数；f_i 为第 i 分钟到达车站的人数(包括旅客和送站人员)，对于大型客运站送站比取 10％，则进站人数为发送人数的 1.1 倍；d_i 为第 i 分钟离开车站的旅客人数，包括由检票口进站的旅客和送人进站的旅客；S_k 为第 k 列车的旅客发送量；v_k 为第 k 列车第 i 分钟检票的速度；R_k 为第 k 列车开启的检票通道数。

对于检票计算中的部分参数，现作如下规定：

(1)检票开始时间

始发车提前 40 min 检票候车；过路车提前 15 min 检票上车。

(2)检票速度

每个检票通道速度为 35 人/(min · 通道)。

在检票的最后一分钟，若尚未检票旅客数≤(35×通道数)，则此时刻的 d_i 为未检票旅客的数量。

(3)检票通道数

检票通道数目由发送旅客人数和送站比例决定：

500 人以下，1 个检票通道；

500～1 000 人，2 个检票通道；

依此类推……

3.4 旅客进站实例分析

以北京西站始发车 D573、6095、D133 和过路车 K606 为例对旅客实际到达候车室情况进行分析，图中相同颜色和相同符号的点表示对应的旅客进站曲线及发车时刻点。

(1)图 3-6 和图 3-7 显示，对始发车 D573，普通工作日和节假日高峰时旅客到达候车室的趋势完全一致，30 日的曲线相当于在 24 日的曲线的基础上拉伸而得的，其拉伸倍数为人数之比。

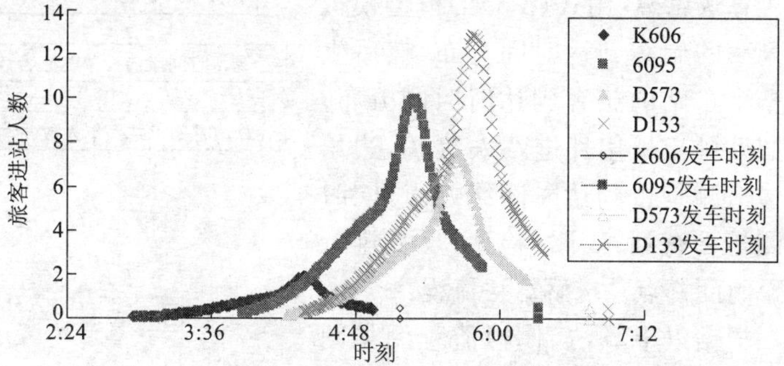

图 3-6　24 日部分列车旅客进站分布及对应的发车时刻

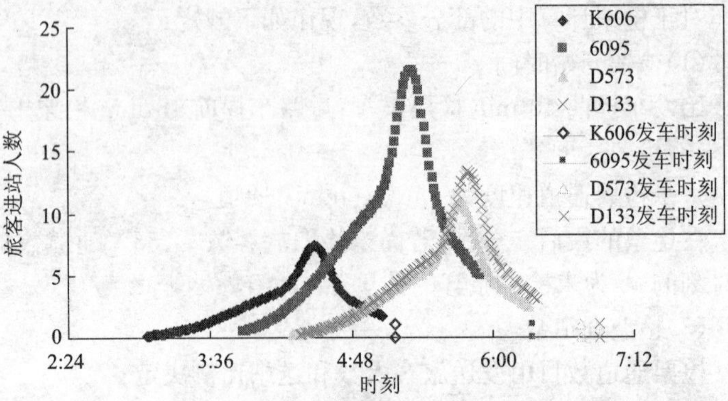

图 3-7　30 日部分列车旅客进站分布及对应的发车时刻

(2)模型已说明:所有旅客在检票结束之前的 200 min 内陆续进入候车室;对某列车,每天检票开始时刻固定,由于检票持续时间不同,检票结束时刻不同,因此根据模型说明,则模拟时旅客进站的起始时刻会稍有差别,见图 3-6 和图 3-7。

(3)对于过路车 K606,24 日旅客发送量为 77 人,模拟结果可知,很多时刻进站模拟人数都小于 1,则表明对于此类型列车,前后旅客进站的间隔时间相对较长,实际情况与模拟并不一致,前者不具连续性。

3.4.1　模拟算法及流程

算法思想:用式(3-3)的模型模拟每列车的旅客到达时间分布,然后生成整个车站的旅客到达时时间分布;按照计算步长累计进站人数 f_i,边累计边检测是否到达时间终站点,同时检测是否有列车开始检票,反复进行直至时间终点。求解算法流程:

根据以下算法,模拟流程图见图 3-8。

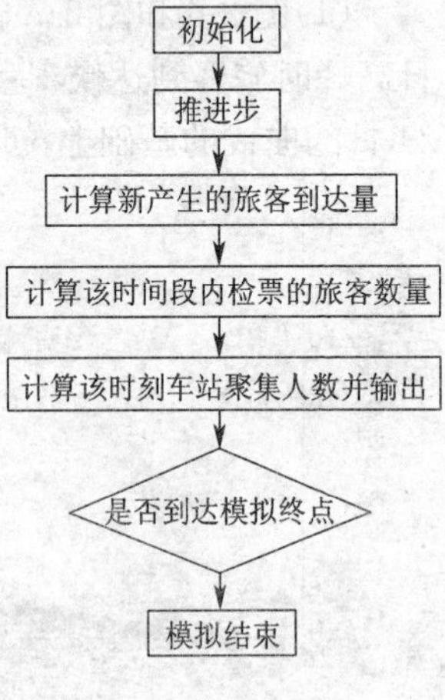

图 3-8　模拟流程图

(1)数据输入,数据包括车站列车发车时刻、每列车发送人数 S_k、送站人员比例 θ_k 等。

(2)变量初始化,$i=0$,$f_i=0$,$N_i=0$,$v_k=0$,$R_k=0$。

(3)根据模型对各列车进行客流模拟,生成车站的旅客到达时间分布。

(4)$i=i+1$,检测旅客到达事件和检票事件,为(3)中相应变量赋值,根据式(3-10)进行第 i 时刻聚集人数 N_i 的计算,并输出计算结果。

(5)$i=1\,440$(1 天)时程序运行结束,退出。

3.4.2 聚集人数计算实例

因每天候车室内人员发送旅客数目不稳定,以北京西站为例,取具有代表性的 2008 年 4 月 24 日至 2008 年 4 月 30 日这一个星期的数据为基础进行分析图 3-9～图 3-14,其中,2008 年 4 月 24 日这一天的数据为平常工作日的一般数据,而 2008 年 4 月 30 日正处于五一黄金周内,这一日发送旅客数量为五一黄金周内最高数目,对于分析节假日客流情况具有较强代表性。

通过分析每天的客流情况,我们可以了解到每天的客流情况,从而预知到一年中的客流分布;在一天中,人流高峰会在不同时间出现,如果我们能了解到人员变化规律,从而指导空调新风量变化,它直接关系到空调能耗高低。

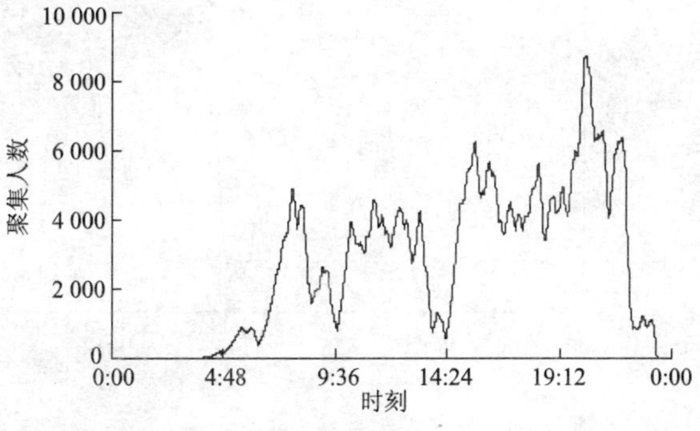

图 3-9 北京西站 4 月 24 日实际旅客提前候车时间

2008 年 4 月 24 日这天共发送旅客 99 501 人,算上送站旅客共有109 450人陆续进入候车室,给空调系统带来人员负荷。在 0:00～5:00 没有发送列车,此时几乎没有旅客进站,以 5:10 后有列车开始发送,旅客才逐渐增加。

上午 9:00 之前旅客量相对较少,但是此时也会形成一个较小的聚集人数高峰。随后,在 9:30～14:00 之间连续都有列车发送,从而造成聚集人员增多并稳定在 3 800 人左右,此时间段内聚集人数最高可达 4 500 人次。在 15:00 过后,会再次进入更高的人流高峰,直至 23:07 该日最后一趟列车发送完毕,其中 16:00～19:00 之间聚集人数将稳定在 5 000～5 500 人;而之后将出现一日中的最高聚集人数,该日最高聚集人数出现在 20:21,可达 8 726人,给空调系统造成很大负担。

在一天中,室内人员不断变化,通过计算人员密度,即可得出人均新风需求,从而得到空调系统新风负荷。在计算时,根据公式要求,应该选用温度较稳定的一段时间。2008 年 4 月 25 日发送旅客109 840人,加上 10%送站人员共有 120 824 人陆续进入候车室,虽然每天每次列车发送的旅客人数稍有变化,每天的车次也不完全一样,可能会造成旅客人员分布会有一定区别,但是基本数据变化不大。

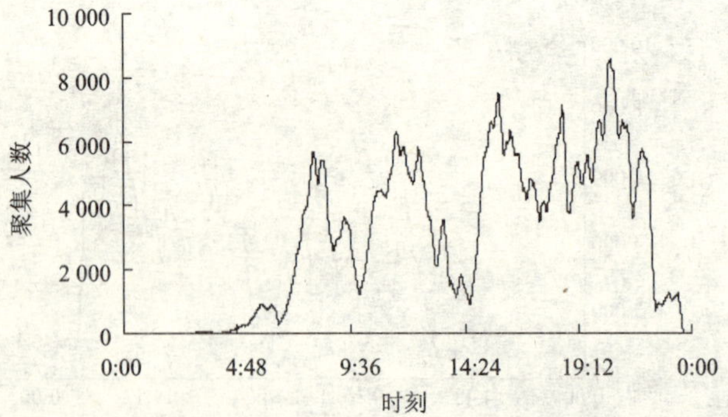

图 3-10　北京西站 4 月 25 日实际旅客提前候车时间

如2008年4月25日图所示,在此基础上9:30～14:00之间的聚集人数比2008年4月24日高,聚集人数峰值上升,可达6 120人,均值在5 200人左右。并且在下午至晚上的这一段候车聚集高峰期内,出现的浮动波峰均要高于2008年4月24日。

一天中的最高聚集人数出现在20:36,达8 547人,稍微低于2008年4月24日。虽然每列车的发送旅客量增加,且导致均值增加,但是,最高聚集人数并没有多大影响。可预见随着五一黄金周的来临,旅客数量将不断增加。当然,与之相应的空调负荷也会随旅客人数的增加而增加,导致空调能耗增大。

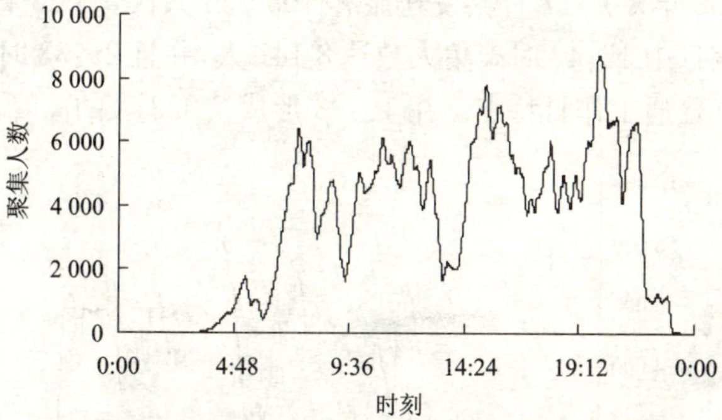

图3-11 北京西站4月26日实际旅客提前候车时间

2008年4月26日的聚集人数曲线与2008年4月25日的几乎一致,可以预知在平常工作日里客运站聚集人数曲线基本一致。虽然可能会由于某次列车的变动在人数上会有些浮动,但是上限值和下限值基本是定值。

2008年4月26日共发送旅客110 529人次,与前两天相比图中的各个峰值均有上升。9:00～14:00时间段内客运站旅客量几乎一直保持在5 400人左右。在20:05出现达8 537人的最高聚集数。这一天中,聚集人数长时间处于较高值,现场旅客感觉空调系统制冷能力稍有不足。

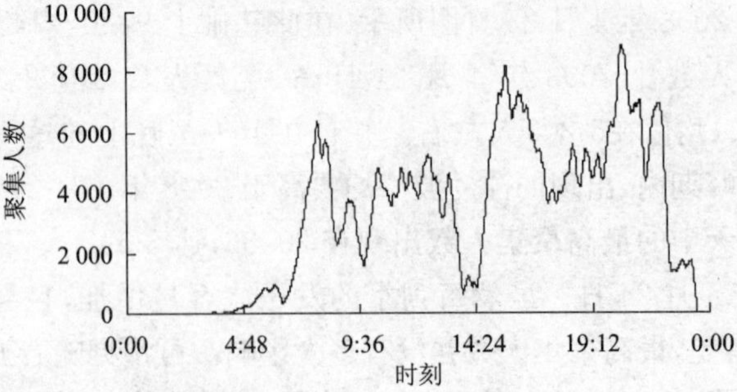

图 3-12 北京西站 4 月 27 日实际旅客提前候车时间

2008 年 4 月 27 日共发送旅客 105 755 人次，与 26 日曲线很相似，该日中 15:42 时聚集人数达 8 147 人，并且 20:33 时达8 527 人，具有普通工作日特点。在 15:33 形成 7 923 人的高峰。

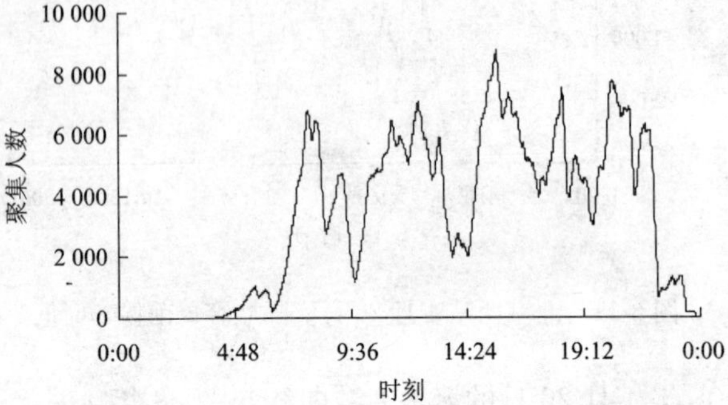

图 3-13 北京西站 4 月 29 日实际旅客提前候车时间

2008 年 4 月 29 日的图形与前几日稍有差别，当日共发送旅客118 961人次，与别的工作日不同的是并没有出现很明显的一日高峰，每个波峰值都差不多。大部分峰值都大于 6 000 人次，比一般工作日高 1 000 人左右。

由于五一黄金周的特点，增加了一部分列车，以应对节假日人员流动增加的实际情况。从图 3-13 中我们可以看出，下午时间人流稳定于 6 300 人左右，造成当日人流拥挤。而在平时于 8:10 左右形成的人流高峰在此没有明显的体现。

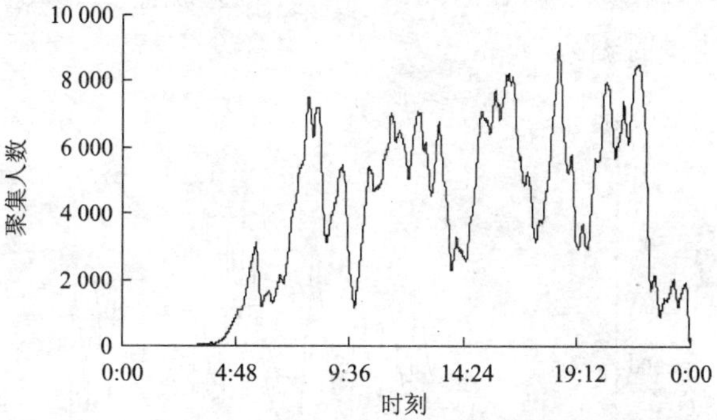

图 3-14 北京西站 4 月 30 日实际旅客提前候车时间

2008 年 4 月 30 日为黄金周内发送旅客量最大的一天，达 145 408人。若加上 10%的送站比，共有 159 949 人陆续进入候车室，给空调系统造成很大的人员负荷。当日发送人数均值偏高，但是也未出现明显的最高聚集人数。

该日情况与 29 日情况类似，虽未出现明显的最高聚集人数，但是可以明显看到各时刻发送人数较平常日明显偏高。上午7:57 就出现了 7 258 人的聚集人数，而普通工作日一般只会达到 5 000 人左右。在 10:30～13:30 会出现多个峰值，均值为 6 500 人左右。而平时一般为 5 500 人左右。因此，这 159 949 人就造成了整个客运站一直处于人员较密集的情况下，带来较大空调负荷，如果这时不增加新风量，将会造成各候车室内空气品质恶劣，影响旅客舒适度。

3.4.3 北京西站聚集人数分析

3.4.3.1 候车室聚集人数分析

24 日北京西站旅客聚集曲线见图 3-15，但是单个候车室旅客流动情况与此并不一致，依各候车室特点及功能而异。对动车组候车室和普通候车室（第四候车室）分析可得曲线如下：动车组候车室舒适度要求更高，旅客聚集相对更松散；对于普通候车室，旅客密集度高，其中，上午 9:00，下午 15:00 及晚上 21:00 左右为旅客最集中的时刻。

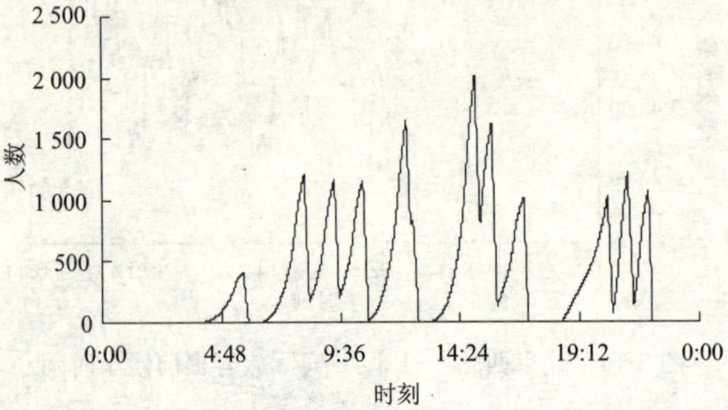

图3-15 北京西站动车组候车 4 月 24 日旅客提前候车时间

图 3-16 是由多个候车室累加而成的各时刻站内聚集人数，因此受各候车室人数变化影响。

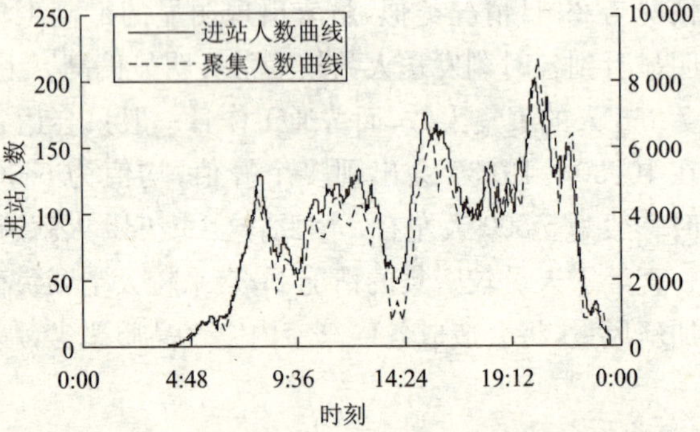

图 3-16 北京西站 4 月 24 日旅客流动情况曲线图

3.4.3.2 进站人数分析

图 3-16 为 24 日进站旅客和聚集在候车室内的旅客流动情况曲线。由图分析可得：

(1)两曲线变化趋势一致，由于进站旅客增加多少，聚集在候车室内的旅客就会相应地增加多少，因此两曲线变化规律相同。

(2)当进站旅客人数减少时，通常为候车室内的检票过程。

(3)全天中，进站人数和聚集人数出现高峰值的时间相同，为10:00～13:00，15:00～16:00及20:00～21:00这三个时间段。

3.4.3.3　总体趋势分析

对于北京西站，在普通工作日内，每天发送车次无太大差别，因此每天的聚集人数变化曲线几乎相同。见图3-17。在普通工作日中，每天凌晨0:00～5:00几乎无人进入候车室，5:30之后才陆续增加。一天中，一般来说会有四个时间段会形成较大人流高峰，分别为：

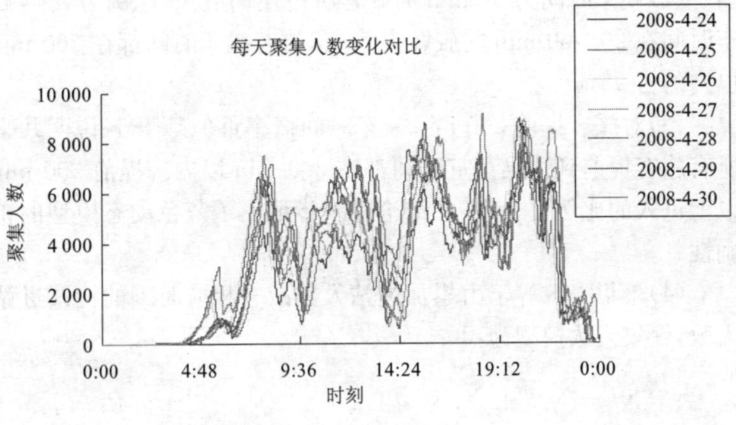

图3-17　北京西站一周内聚集人数汇总

(1)6:40～10:00内会在8:15左右形成一个5 000人左右的最大值，此时间段内聚集人数在4 000左右。

(2)10:00～14:30内会在11:50左右时聚集人数会再次达5 000人，但是由于此时间段内发送车次较前者多，因而此值延续的时间较前一时间段更长。

(3)15:00～19:00内人员更密集，在16:00时人数会高达约

6 000人，一般来说，此时间会维持约 1.5 h。

(4)19:00～22:40 时间段内会形成全天最高聚集人数，对于北京西站此值一般维持在 8 500 人左右。

(5)在节假日内，各列车发送旅客量增加，全天各高峰时段的时间长度将增大，从而造成全天候车室都比较拥挤的状况，但是节假日的到来并不会对最高聚集人数产生太大影响。

3.5 结论和建议

本章主要对旅客进站时间概率分布模型和候车室聚集模型进行了研究，可得出如下结论：

(1)旅客提前到达候车室的平均时间为 63.98 min。

(2)候车时间为 38 min 的旅客所占比例最大，比例为 2%，候车时间在 20～60 min 的旅客占 53%，旅客候车时间都在 200 min 以内的占 95%。

(3)对旅客提前 200 min 候车时间概率近似等于 1，说明几乎所有旅客提前到达候车室时间都在 200 min 以内。提前 200 min 以上进入的比例可忽略，此结论进一步证明了灰色动态模型的正确性。

(4)聚集人数等于由累加进站人数减去相应时刻的检票进站人数，聚集人数模型为：

$$N_i = N_{i-1} + \sum_{k=0}^{L'} S_k \times 1.1 \times f(x) + \sum_{k=0}^{L''} v_k \times R_k$$

(5)普通候车室平常日会出现聚集高峰。节假日总体趋势与平常日一致，只是与平常日高峰值出现频率多的情况相比较，节假日里任意时刻聚集人数都偏多，峰值并不明显。

(6)动车候车室会均匀地出现候车峰值。大多高峰值出现在早上，是由动车夕发朝至的特点造成的。

随着候车室内聚集人数的变化，候车室内二氧化碳浓度和空调冷热负荷也会表现出相应的变化规律，为了保证旅客有一个舒适的候车环境，候车室内新风量和空调负荷也应作相应的变化。对于空调系统，夏季新风能耗占空调系统能耗的30%～40%，而冬季则更高，一般至少占50%。在已知候车室聚集人数的基础上，可以根据人均新风量得出新风量总值。那么，人均新风量需维持在一个什么样的水平，才能基本保证旅客的舒适度呢？因此，我们有必要从旅客舒适性要求的基础上，探讨空调系统处理新风到室内空气状态点所需能耗值。

4 旅客舒适度研究

4.1 热舒适性研究

目前世界上较为广泛接受的评价室内热舒适性的标准有两个:美国供暖、制冷与空调工程师协会标准(ASHRAE Standard 55—1992)和 ISO 7730。他们持有的共同观点是环境参数不随时间改变,而且把人体看作是外界热刺激的被动接受者。然而,近年来越来越多的实验室研究和实地测试结果表明:人体的主观适应性等因素会对热舒适产生非常大的影响。据此,国内外许多学者提出了"人体热舒适适应性模型"这一概念,充分的考虑了人的主观能动性因素,并将室内舒适温度或可接受温度范围与室外气候参数(主要为室外平均温度)进行线性回归得出了相应热舒适模型。

综合国内外学者们的研究成果,在与人们较为相关的特定环境下研究甚少,目前仅仅有住宅、办公室和高校校园等,而更多的场所缺乏科学的热舒适标准。本课题选取中国的火车客运站作为背景是因为:首先,中国地域辽阔,气候条件较为多样,总体来说分为严寒地区、寒冷地区、夏热冬冷地区、夏热冬暖及温和地区五档,若采用固定的室内舒适温度作为设计标准必将浪费能源,同时很难保证满意的人体舒适度;其次,火车站候车室不同于一般的建筑环境,人员背景复杂,主要表现在:年龄、性别、职业等方面差别较大,着装各异,且来自全国各地的旅客对于同一环境具有不同的反应;再次,客运站候车室的人流具有暂时停留的特点:由室外进入室内,环境的反差使得热感觉有较大变化,而随后的热感觉亦将随停留时间的推移变化,故不能再用传统的热舒适指标去计算。综上所述,提出针对火车客运站这一特定环境的适应性模型可以更好的满足旅客们的热舒适度,同时具有节能的意义。

4.1.1　火车站候车室热环境的测量与现场调查

4.1.1.1　测量与问卷调查的时间与地点

分别在长沙站和上海站进行，分五天完成，每天测试选取四个时间点，每个时间点选取两个候车室进行测量和调查。

4.1.1.2　测量设备

测量中用到的主要的仪器有：(1)数字式温湿测量表，温度测量范围−20 ℃～60 ℃，精度为0.1 ℃；湿度测量范围是0～100% RH，精度为±1%RH；(2)热线风速仪，风速为0.05～1 m/s时，精度±3%；以上设备均符合ASHRAE测量的标准和精度要求。

4.1.1.3　调查问卷的设计

记录旅客的信息包括：(1)性别、年龄、长期居住地区等背景资料；(2)衣着量和活动状态；(3)采用ASHRAE七级标度指标(表4-1)分别记录旅客刚进入候车室时的热感觉和填写问卷时刻的热感觉。

表4-1　ASHRAE七级指标分度级别表

热感觉	冷	凉	微凉	适中	微暖	暖	热
投票值	−3	−2	−1	0	1	2	3

4.1.2　测量与现场调查结果

在各种热环境评价指标中，应用最广泛的是被编入国际标准ISO 7730的预测平均投票数，即PMV(Predicted Mean Vote)，故首先根据室内环境参数计算PMV值，见式(4-1)。

$$\mathrm{PMV}=(0.303\mathrm{e}^{-0.036M}+0.028)L \tag{4-1}$$

$$\begin{aligned} L=&(M-W)-3.05[5.733-0.7(M-W)-P_{\mathrm{a}}]\\ &-0.42(M-W-58.15)-0.0173M(5.87-P_{\mathrm{a}})\\ &-0.0014M(34-t_{\mathrm{a}})-3.96\times10^{-8}f_{\mathrm{cl}}[(t_{\mathrm{cl}}+273)^4\\ &-(t_{\mathrm{r}}+273)^4]-f_{\mathrm{cl}}h_{\mathrm{cl}}(t_{\mathrm{cl}}-t_{\mathrm{a}}) \end{aligned} \tag{4-2}$$

$$\begin{aligned} t_{\mathrm{cl}}=&35.7-0.028(M-W)\\ &-0.155I_{\mathrm{cl}}[3.96\times10^{-8}f_{\mathrm{cl}}[(t_{\mathrm{cl}}+273)^4 \end{aligned}$$

$$-(t_r+273)^4]-f_{cl}h_{cl}(t_{cl}-t_a)] \quad (4\text{-}3)$$

$$h_{cl}=12.1\sqrt{V_{air}} \quad (4\text{-}4)$$

$$P_a=\mathrm{RH}\times\exp(18.956-4\ 030.18/(t_a+235)) \quad (4\text{-}5)$$

式中，M 为人体新陈代谢率，W/m²；L 为人体热负荷，W/m²；W 为人体所做的机械功，W/m²；P_a 为水蒸气分压力，kPa；f_{cl}为服装面积系数，%；I_{cl}为服装热阻，clo；h_{cl}为对流换热系数，W/(m²·kPa)；t_{cl}为服装外表面温度，℃；t_a 为人体周围空气温度，℃；t_r 为环境的平均辐射温度，℃；V_{air}为风速，m/s；RH 为相对湿度，%。

由于平均辐射温度与空气温度相差不大且测试条件有限，令其等于空气温度。由问卷调查得到静坐与站立的人群比例，根据 ASHRAE Standard 55—1992 计算出总人群的新陈代谢率 $M=1.15$ met(1 met=58.2 W/m²)；由统计的衣服搭配及其比例利用相关公式计算出群体的平均衣服热阻 $I_{cl}=0.516$ clo(1 clo=0.155 m²·K/W)，$f_{cl}=1.1$；大部分旅客都是坐着候车，可以认为机械功 $W=0$；对每个候车室取五个测点再取平均值，得出室内平均风速，见表 4-2。

为了反映了旅客对于热环境的实际热感觉，采用 TSV(Thermal Sensation Vote)这一指标，其值等于每个时间点的各候车室中旅客的投票值的代数平均值。

比较 PMV 与实际情况下旅客的热感觉投票值(TSV)，将二者计算结果列入表 4-2。

表 4-2　各环境下测量与计算结果

测试时间	候车室	有效问卷数(份)	风速(m/s)	相对湿度(%)	室外温度(℃)	室内温度(℃)	PMV	TSV 最大值	TSV 最小值	TSV 标准差	TSV
7月4日7:00	C1	28	0.07	72.3	24.1	24	0.7	1	−3	1.36	−0.46
	C4	30	0.13	70.1	24.1	24	1.17	2	−1	0.45	−0.36
7月5日7:00	C3	24	0.12	70.5	24.4	25.4	−1.3	1	−2	0.68	0.08
	C4	26	0.18	61.8	24.4	24.3	1.24	1	−2	0.81	−0.29

续上表

测试时间	候车室	有效问卷数(份)	风速(m/s)	相对湿度(%)	室外温度(℃)	室内温度(℃)	PMV	TSV 最大值	TSV 最小值	TSV 标准差	TSV
7月6日7:00	C1	29	0.17	74.1	26.9	28.2	2.59	2	−1	1.61	0.35
	C3	24	0.14	67.6	26.9	26	2.77	0	−1	1.02	−0.84
8月9日7:00	S3	29	0.09	77.4	26.5	27	2.17	1	−2	1.49	0.39
	S4	32	0.1	75.4	26.5	22.8	0.76	0	−2	1.54	−0.64
8月10日7:00	S1	30	0.08	67.9	25.6	27.4	2.11	1	−2	1.39	0.72
	S4	29	0.13	72.7	25.6	24.2	1.25	3	−1	1.49	0.97
7月4日9:00	C1	35	0.17	59.9	27.8	27.4	2.54	2	−1	1.15	0.73
	C3	37	0.12	67.6	27.8	26.5	2.01	1	−1	1.52	0.04
7月5日9:00	C1	34	0.08	59.2	28.5	27.5	2.27	2	−1	1.36	0.38
	C4	30	0.15	62.3	28.5	28.2	2.72	3	−1	0.62	0.65
7月6日9:00	C1	39	0.15	62	30	26.4	2.9	2	−2	1.32	−0.87
	C3	36	0.13	71.9	30	27.7	2.33	2	−1	0.98	0.14
8月9日9:00	S2	34	0.09	58.8	29.8	27.9	2.41	3	−1	1.42	0.26
	S5	38	0.11	69.6	29.8	27	2.97	3	−2	1.83	−0.23
8月10日9:00	S7	31	0.14	71.3	29.2	29.5	2.3	2	−2	1.85	−0.21
	S9	36	0.14	38.2	29.2	27.5	3	2	−2	1.24	0.91
7月4日12:00	C4	32	0.12	58.5	30.7	28.2	3	2	−1	1.53	1.87
	C1	35	0.15	79.1	30.7	27.4	2.69	2	−1	0.71	0.12
7月5日12:00	C3	38	0.18	68.3	31.5	27.8	3	2	−2	1.73	−1.02
	C4	34	0.2	61.3	31.5	30.4	2.68	3	0	1.58	1.23
7月6日12:00	C1	39	0.14	75.2	32.2	28.4	3	3	−2	1.91	−0.44
	C4	31	0.09	68.4	32.2	29.3	3	2	−2	1.26	0.29
8月9日12:00	S4	37	0.1	59.9	32	27.3	1.66	2	−2	1.37	−0.4
	S5	32	0.12	70.2	32	27.6	1.97	2	−2	0.88	−0.26
8月10日12:00	S6	35	0.13	65.2	31.6	27.6	2.03	2	−1	0.69	0.14
	S9	39	0.09	67	31.6	27.4	2.48	3	0	1.26	0.1

续上表

测试时间	候车室	有效问卷数(份)	风速(m/s)	相对湿度(%)	室外温度(℃)	室内温度(℃)	PMV	TSV			TSV
								最大值	最小值	标准差	
7月4日14:00	C1	34	0.14	71.5	32.6	28.4	2.42	3	−1	1.37	0.12
	C3	36	0.11	78.3	32.6	28.3	2.75	3	−1	1.62	0.33
7月5日14:00	C4	31	0.13	76.6	32.9	27.6	3	2	−2	1.43	−1
	C1	35	0.14	75.4	33.9	27.6	3	2	−2	1.82	−0.68
7月6日14:00	C3	32	0.16	57.4	35.8	29.9	3	2	−1	1.39	1.19
	C4	38	0.15	69.1	35.8	28.8	3	3	0	1.42	1.95
8月9日14:00	S5	37	0.11	65.9	35	28.4	3	3	−1	1.61	0.96
	S6	36	0.17	73.6	35	32	3	3	−2	1.15	0.84
8月10日14:00	S7	37	0.15	72.7	34	28.8	3	3	0	1.25	1.32
	S8	32	0.14	74.4	34	27.9	3	3	−1	1.84	1.67

注:C1～C4 为长沙第一至第四候车室,S1～S9 为上海第一至第九候车室。

4.1.3 讨　论

从表 4-2 中可以看出,在火车站候车室这一特定环境下,PMV 指标明显高于实际热感觉投票值 TSV,平均高了 2.24。这充分说明了 PMV 指标对于火车站的热舒适评价误差较大。同时热感觉的最大值和最小值的差值普遍偏大,标准差也较大,这反映了不同的被调查者对于同一热环境的热感觉是有很大差异的。原因可分为两方面:被调查者具有完全不同的背景,例如年龄、性别、长期居住地区等,从而使得乘客具有不同的适应性;旅客的停留时间以及室内外温差在一定程度上影响乘客的主观热感觉。在 Parsons 等人的研究中,关于年龄、性别等因素有详尽的介绍以及成熟的结论,此处仅就后一方面进行探究。

4.1.3.1 热中性温度及旅客可接受的温度范围

热中性温度定义为:人们对所处的热环境觉得不冷不热的时候的温度,也就是热感觉投票为 0 时对应的操作温度。本次调查中居民热感觉投票与对应室内温度关系见图 4-1。

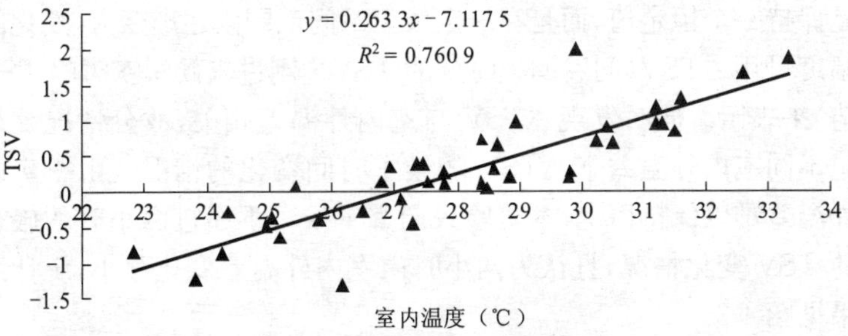

图 4-1　TSV 随室内温度的线性关系

将室内温度与 TSV 线性回归，可以得到回归方程：

$$\text{TSV}=0.2633t_a-7.1175 \tag{4-6}$$

令 TSV 为 0，计算出候车室热中性温度为 27 ℃。

可接受的热环境主要体现在一定范围或一定标准的“正确”或“适宜”的室内温度，这个温度范围比单一的预测中性温度要广。考察热感觉投票值的七点标度，当投票值位于－1 到＋1 时可认为环境为可接受的。ASHRAE 标准和 ISO 7730 标准中规定：80％的居民能够接受的环境为热舒适环境。图 4-2 中，以 80％为界限，可以求出受试者可接受的热环境的作用温度范围是 25.2 ℃～29.8 ℃。

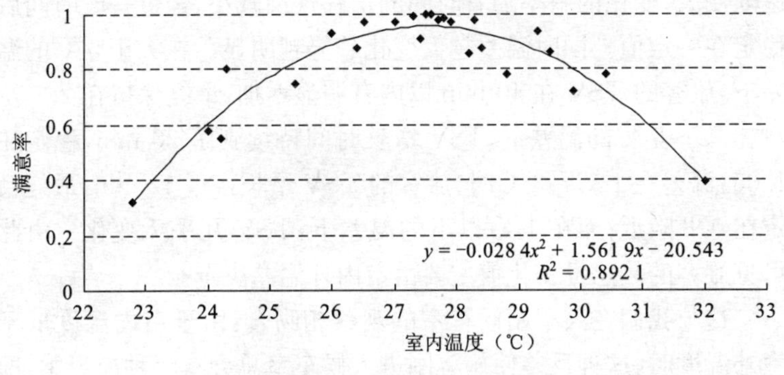

图 4-2　可接受的温度范围

4.1.3.2　停留时间以及室内外温差对热感觉的影响

对旅客的 TSV 进行统计时发现，在进入候车室后 TSV 并不是保持一个恒定值，而是在一定候车时间范围内逐渐变大，变化的幅度可用 ΔTSV（问卷调查时刻的 TSV－刚进入候车室时的 TSV 值）来表示。同时发现 ΔTSV 与室内外温差相关，故分情况统计了不同室内外温差下 ΔTSV 随候车时间变化的情况。由于室内外温差难以保持恒定，本实验只调查了候车不超过两小时的旅客的 TSV 变化情况，且认为两小时内室内外温差变化很小，统计结果见图 4-3。

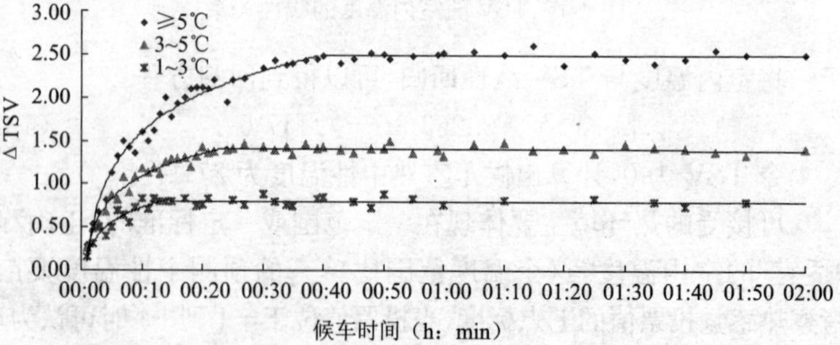

图 4-3　ΔTSV 与候车时间的关系

总体来说，在不同温差下 ΔTSV 的变化趋势相近，即 ΔTSV 逐渐变大，变化的斜率随着时间的推移逐渐减小，经过一段时间后稳定在一定值。同时温差越大变化趋势越明显。在大于 5 ℃的温差下，旅客的 TSV 在 40 min 以内有明显增加，最终保持在 2.5 左右；3 ℃～5 ℃的温差下，TSV 增长时间持续到了 20 min，稳定在 1.35；温差在 1 ℃～3 ℃时，旅客的 TSV 增长接近 12 min，最终稳定在 0.8 附近；而在 1 ℃以下的温差下，TSV 几乎无变化。由此可见旅客的热感觉变化值主要由室内外温差决定。

这与我们在火车站候车室的观察相吻合：由于室内温度低于室外温度时，这种反差使旅客刚进入候车室总会有一种凉爽感，即使室内温度并没有足够令人感觉舒适。然而经过一段时间后此凉爽感会逐渐消失，即旅客因为感觉越来越热而不舒适。室内外温差越大，感觉上的反差越大。由此可见即使是在同一热环境下，不同旅客体现不同的热感觉。

4.1.3.3 火车站候车室热舒适适应性模型的建立

以上分析可知传统的 PMV 指标已不能用于火车站候车室这一特定环境,所以有必要提出一个针对此类场所的热舒适适应性模型。所谓的适应性模型,即室内舒适温度与室外气温的线性关系。这要求首先要利用测试数据推导出受试者的舒适温度,然后将舒适温度与室外平均温度进行回归分析。

一般来说,舒适温度是通过将受试者的热感觉投票值与室内平均温度进行线性回归得到,但是由于本次调查的样本数量不够大,如果分别对每个时间点采取线性回归方法求舒适温度,得到的方程斜率以及相关系数偏低。在这样的情况下,本小节采取 Griffiths 提出的方法计算舒适温度。这个方法已被证明是最适合小样本数据进行舒适温度的计算。

Griffiths 的方法是将热感觉投票值与室内平均温度的线性方程的斜率定为 0.33 ℃,经过一系列演变,最终得到以下方程:

$$t_c = t_o - 3\text{TSV} \tag{4-7}$$

式中,TSV 为热感觉投票值;t_o 为室内操作温度;t_c 为舒适温度。

按照该方程求出舒适温度(t_c),再将其与室外温度(t_{out})进行线性回归,即得到火车站候车室的“旅客热舒适适应性模型”,其拟合结果见图 4-4。

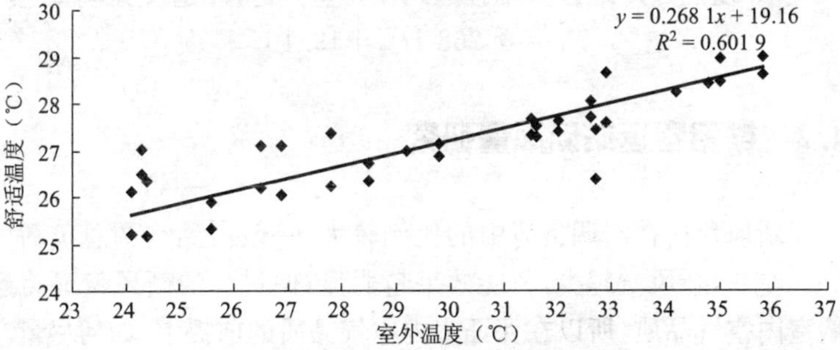

图 4-4 候车室热舒适适应性模型

线性回归方程：$t_c = 0.2681 t_{out} + 19.16$ $R^2 = 0.6019$

所得热舒适适应性模型与 Horace Mui 和 Auliciems 的研究成果较为接近，说明该式在工程运用上具有一定可行性。同时当室外温度为 26 ℃～36 ℃时，室内舒适温度为 26.2 ℃～28.8 ℃，明显高于 22 ℃～28 ℃的国家标准，说明候车室热舒适适应性有其特殊性，候车室的人处于一种对列车期待的心理暗示，这种心理暗示让人放松了对环境的要求，以至于表现出高于国家标准的热舒适性。用这个模型来管理车站中央空调系统具有节能的优势。

4.1.4 结　论

(1)在火车站候车室这一特定环境下，PMV 指标明显高于实际热感觉投票值 TSV，平均高了 2.24。

(2)候车室内热中性温度为 27 ℃，旅客可接受的温度范围为 25.2～29.8 ℃。

(3)进入候车室后，在一定候车时间范围内，旅客的 TSV 随候车时间增大而逐渐增大，随后逐渐趋于平衡。增大幅度由室内外温差决定。在 1 ℃～3 ℃的温差下，旅客的 TSV 在 12 min 以内有明显增加，最终保持在 0.8 左右；3 ℃～5 ℃的温差下，TSV 增长时间持续到了 20 min，稳定在 1.35；温差大于 5 ℃时，旅客的 TSV 增长接近 40 min，最终稳定在 2.5 附近。

(4)夏热冬冷地区火车客运站候车室热舒适"适应性模型"为：

$$t_c = 0.2681 t_{out} + 19.16$$

4.2 铁路客运站新风量研究

新风负荷在空调负荷中的比例较大，一般占到空调总负荷的 20%左右，新风量越少，节能效果越明显；但过少的新风量又将影响室内空气品质，所以在保证室内空气品质的前提下，如何尽量减少新风量，已成为世界各国共同关注的问题。目前国内外对办公楼、商场、宾馆等公共建筑的研究与实际工程设计中，其新风供给方式基本采用新风定量控制的传统模式，但对于铁路客运站候车室，由于其客流量随工作日(分为平常日、周末和节假日三种，其中节假日指除周末以外的国家法定假日)性质的不同以及一天中不同时刻的发车情况波动很大，传统新风供给方式不仅浪费能耗，而且可能影响室内空气品质。在铁路客运站候车室中，CO_2 气体是表征室内空气品质的重要指标，因而本节将建立与客流量相关的 CO_2 浓度模型，对室内新风量进行仿真计算。同时，通过对不同客运站多个候车室内的旅客进行现场调查，并对调查结果采用 Ridit 法进行分析与检验，探讨了旅客对新风量的主观反应及室内外 CO_2 浓度差烦恼度阈值。本节通过对候车室新风量的深入研究，为在满足候车室内空气品质前提下实现新风负荷的节能提供了依据。

4.2.1 候车室内外 CO_2 浓度差调研

课题组于 2008 年 4 月、5 月和 7 月分别对上海站、北京西站、哈尔滨站、和长沙站的候车室进行了室内外 CO_2 浓度测量。测量时采用均匀布点，每个候车室内布置 9 个测点，采用取平均值的方法进行数据整理。另外通过问卷调查的方式，就旅客对候车室内主观舒适性感受进行了测试，测试的具体时间及旅客的舒适性感受调查结果统计于表 4-3。

表 4-3 候车室现场测量及问卷调查统计表

时间 2008 年		客运站	被测候车室 CO_2 浓度(mL/m^3)	被测室外 CO_2 浓度(mL/m^3)	室内外 CO_2 浓度差(mL/m^3)	舒适性感受					被调查者合计
						差	较差	尚可	可	良好	
5 月 7 日	09:10	哈尔滨站	1 660	440	1 220	11	13	24	9	6	63
	11:10		1 840	450	1 390	10	11	28	11	5	65
	14:45		1 550	460	1 090	12	10	25	13	7	64
	20:40		2 000	460	1 540	9	13	27	9	4	62

续上表

时间 2008 年		客运站	被测候车室 CO_2 浓度(mL/m³)	被测室外 CO_2 浓度(mL/m³)	室内外 CO_2 浓度差(mL/m³)	舒适性感受					被调查者合计
						差	较差	尚可	可	良好	
4 月 16 日	09:10	上海站	1 360	420	940	5	7	32	11	7	62
	11:16		1 620	420	1 200	6	7	36	8	6	63
	14:35		1 210	430	780	4	6	30	14	9	63
	21:10		1 730	430	1 300	8	10	32	9	3	62
4 月 25 日	09:10	北京西站	920	410	510	3	3	28	15	15	64
	11:05		1 050	420	630	2	4	29	16	12	63
	14:40		810	430	380	1	4	23	20	14	62
	21:00		1 150	430	720	3	6	26	16	11	62
7 月 9 日	09:00	长沙站	1 170	360	810	2	6	30	14	12	64
	11:00		1 260	380	880	3	7	31	10	11	62
	14:30		1 190	380	810	3	6	29	13	13	64
	21:00		1 320	380	940	4	8	28	12	10	62
合计						86	121	458	200	145	1 007

采用模糊数学方法——Ridit 分析方法对表 4-3 中的调查数据进行分析与检验。被调查者给出“差”和“良好”这两级判断是高度自信的，将其自信度定为 1，“较差”和“可”的判断自信度较小。据此，用逐级估量法给出被调查者对候车室内 CO_2 浓度的主观感觉隶属函数为：

$$\mu_{\text{agony}}=1.0/\text{差}+0.75/\text{较差}+0.5/\text{尚可}+0.25/\text{可}+0/\text{良好} \tag{4-8}$$

候车室旅客对 CO_2 浓度的主观反应调查所反馈的信息不仅包括模糊性，而且还包含着随机性，而这种模糊性和随机性是可以相互渗透的。各 CO_2 浓度下的烦恼度概率即是模糊事件的概率，由式(4-9)计算。

$$P_{i,\text{agony}}=\frac{\sum\mu_{j,\text{agony}}n_{ij,\text{agony}}}{\sum n_{ij,\text{agony}}} \tag{4-9}$$

式中，$P_{i,\text{agony}}$ 为序号是 i 的候车室 CO_2 浓度的烦恼度概率；

$n_{ij,\text{agony}}$为序号是 i 的候车室 CO_2 浓度下第 j 级评价等级出现的频率数；$\mu_{j,\text{agony}}$为第 j 级评价等级烦恼度的隶属度。

将表 4-3 中有关的数据代入到式(4-8)、(4-9)中得到烦恼度概率，结果见表 4-4。

表 4-4　各种 CO_2 浓度下的烦恼度概率

时间 2008 年		客运站	被测候车室 CO_2 浓度(mL/m³)	被测室外 CO_2 浓度(mL/m³)	室内外 CO_2 浓度差(mL/m³)	CO_2 烦恼度概率
5 月 7 日	09:10	哈尔滨站	1 660	440	1 220	0.56
	11:10		1 840	450	1 390	0.54
	14:45		1 550	460	1 090	0.55
	20:40		2 000	460	1 540	0.56
4 月 16 日	09:10	上海站	1 360	420	940	0.47
	11:16		1 620	420	1 200	0.50
	14:35		1 210	430	780	0.43
	21:10		1 730	430	1 300	0.54
4 月 25 日	09:10	北京西站	920	410	510	0.36
	11:05		1 050	420	630	0.37
	14:40		810	430	380	0.33
	21:00		1 150	430	720	0.40
7 月 9 日	09:00	长沙站	1 170	360	810	0.39
	11:00		1 260	380	880	0.42
	14:30		1 190	380	810	0.39
	21:00		1 320	380	940	0.44

烦恼度阈限值就是人对环境感觉烦恼的限值。在各候车室 CO_2 浓度下的烦恼度概率综合了该条件下调查对象主观反应的所有信息，烦恼度阈限值应全面反应这些信息，计算式见式(4-10)。

$$\text{EL}_{i,\text{agony}}=\frac{\sum C_i P_{i,\text{agony}}}{\sum P_{i,\text{agony}}} \tag{4-10}$$

式中，$EL_{i,agony}$为候车室内外CO_2浓度差烦恼度阈限值；C_i为序号为i的候车室CO_2浓度值；$P_{i,agony}$为序号为i的候车室CO_2浓度的烦恼度概率。

根据表4-4及式(4-10)可计算出铁路客运站候车室内外CO_2浓度差烦恼度阈限值为995 mL/m^3，即当室内外CO_2浓度差小于或等于995 mL/m^{3}时，绝大多数旅客主观上均能接受。

由于室内外CO_2浓度差是反映空气质量的重要指标，决定新风补给量，从而影响空调系统新风负荷。根据世界卫生组织(WHO)对人体健康的要求及ASHRAE提出的室内空气品质的通风标准——ASHRAE Standard 62.1.2004，最小新风量必须根据室内人员情况决定，并将室内外CO_2浓度差低于700 mL/m^3(即室内CO_2浓度低于1 000 mL/m^3)作为衡量室内空气品质舒适性的标志。ASHRAE提出的通风标准虽然极大的满足了候车室内的空气品质要求，但其所需新风量偏大，以致新风负荷偏大，不符合铁路客运站的节能要求，故可根据CO_2浓度差烦恼度阈限值来供应新风。计算所得的CO_2浓度差烦恼度阈限值与ASHRAE通风标准之所以存在差别，主要原因是铁路客运站相对于办公、居住建筑等具有特殊性：客流量大，人员流动性强，在候车室的停留时间短，旅客对候车室舒适度的期望低等。

4.2.2 候车室内外CO_2浓度差模型与求解方法

4.2.2.1 CO_2浓度差模型

本节通过室内空气CO_2质量守恒定律来建立数学模型，即单位时间内进入室内的CO_2减去单位时间内流出的CO_2等于室内CO_2的变化率，通风系统模型见图4-5。

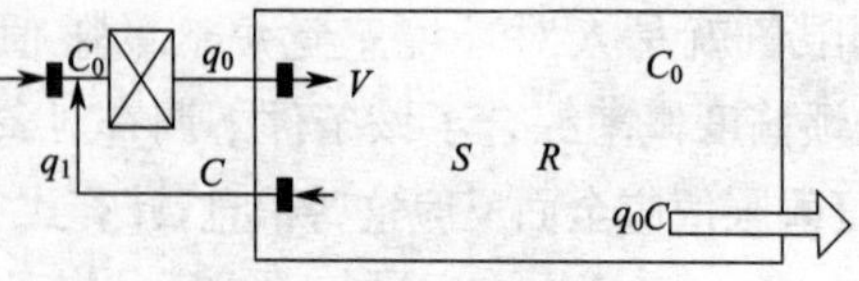

图4-5 通风系统模型

由于候车室内 CO_2 的散发率随客流量的变化而不稳定，故采用混合因子模型求解室内外 CO_2 浓度差。取候车室体积作为控制容积 V，则可得出控制容积 V 内 CO_2 质量平衡方程：

$$V\mathrm{d}C=S\mathrm{d}t+C_0kq_0\mathrm{d}t-Ckq_0\mathrm{d}t-Ckq_1E\mathrm{d}t \tag{4-11}$$

式中，q_0 为送风量，m^3/h；q_1 为循环风量，m^3/h；q_2 为排风量，m^3/h，由于要保持室内空气量不变，因此舒适性空调中，一般认为 $q_0=q_2$；E 为回风过滤效率，由实际调查可知，候车室空调系统只对回风进行简单过滤，对 CO_2 气体未作处理，故 $E=0$；C 为室内外 CO_2 浓度差；C_0 为室外 CO_2 浓度，我国城市室外 CO_2 浓度基本为 330～480 mL/m^3；S 为室内污染物散发量，m^3/h；R 为室内污染物沉降量，由于 CO_2 这种室内污染物不能被一般过滤器除去，因此在室内无沉降；k 为混合因子。

根据实际情况，当 $t=0$ 时，$C=C_0$，令 $\Delta C=C-C_0$，由式(4-11)可得：

$$\Delta C=C_0\exp\left[\frac{-k(q_0+Eq_1)}{V}\right]+\frac{kC_0q_0+S}{k(q_0+Eq_1)}\left\{1-\exp\left[\frac{-k(q_0+Eq_1)t}{V}\right]\right\}-C_0 \tag{4-12}$$

室内 CO_2 的生成速率并非常数，随客流量的变化而变化，所以上面的解适用性很差。若令 $S=S(t)$，则方程式(4-11)可转化为：

$$\frac{\mathrm{d}\Delta C}{\mathrm{d}t}+\frac{k(q_0+Eq_1)}{V}(C_0+m)=\frac{S(t)+C_0kq_0}{V} \tag{4-13}$$

其解可以写为：

$$\Delta C=\exp(-Pt)\left[\int_0^t Q(t)\exp(Pt)\mathrm{d}t+C_0\right]-C_0 \tag{4-14}$$

式中，$P=-k(q_0+Eq_1)/V$；$Q(t)=S(t)+C_0kq_0/V$。

由式(4-14)可知，要求得浓度差 ΔC 的值，仍需要确定被积函数的显式表达式。求解该显式表达式通常有三种方法：

方法一，将 $S(t)$ 表示为级数形式，即 $S(t)=at^n$（其中 a 为常数，$n=0,1,2,\cdots$），可求得级数解为：

$$\Delta C=\frac{a}{V}\left[\frac{t^n}{P}-\frac{t^{n-1}}{P^2}+\frac{n(n-1)t^{n-2}}{P^3}-\cdots+(-1)^{n-1}\frac{n!t}{P^n}\right]+\frac{C_0kq_0}{VP}+\left(C_0-\frac{a+C_0kq_0}{VP}\right)e^{-pt}-C_0 \quad (4\text{-}15)$$

方法二,将 $S(t)$ 表示为正弦函数,即 $S(t)=b\sin(ct)$(其中 b 和 c 为常数),则可得:

$$\Delta C=e^{-pt}\left\{\frac{b}{V}\times\frac{e^{-pt}[P\sin(ct)-c\cos(ct)]+c}{P^2+C^2}\right\}+\frac{C_0kq_0}{V}\times\frac{e^{-pt}-1}{P} \quad (4\text{-}16)$$

方法三,数值解法,这也是目前广泛流行的用于对房间内污染物进行模拟的方法。

4.2.2.2 候车室内外 CO_2 浓度差仿真流程

鉴于上述方法一和方法二难以进行实际数学求解,且其没有充分考虑室内污染源产生量 S 客流量密切关系,为便于计算及分析求解,采用第三种方法,即"数值解法"来求解候车室内逐时 CO_2 浓度差。

候车旅客作为客运站室内 CO_2 污染的唯一来源,那么在仿真系统中,室内污染物(即 CO_2)释放量 S 与候车室聚集旅客人数密切相关。人体释放 CO_2 的速率主要与旅客的性别、年龄、体型(主要指人体的表面积)及所处活动状态等因素相关。由于候车室内旅客的活动状态一般为静坐、聊天、站立、闲逛等,旅客人均 CO_2 的产生量可取 0.016 8 m^3/(h·人),整个候车室内 CO_2 瞬时释放率 S 即为候车室旅客聚集人数与瞬时人均 CO_2 产生量之积,即:

$$S=0.0168\times[N_{t-1}+\theta\times\sum S_k\times f(x)+\sum v_k\times R] \quad (4\text{-}17)$$

另外,本节取北京西站作为研究对象,经现场测量与统计,其体积为 145 540 m^3。

根据相关参考文献,模拟计算中取室外 CO_2 浓度 $C_0=380$ mL/m^3。则室内外 CO_2 浓度差 ΔC 可表示为:

$$\Delta C=380\times\exp\left(\frac{-0.9q_0}{145\,540}\right)+\frac{0.9\times380\times q_0+0.0168\times N(t)}{0.9q_0}\times\left[1-\exp\left(\frac{-0.9q_0t}{145\,540}\right)\right]-380 \quad (4\text{-}18)$$

采用数值方法对式(4-18)求解的计算公式及计算流程图见式(4-19)和图 4-6。

$$\begin{cases}\Delta C_{t+1}=\Delta C_t+\dfrac{1}{6}(K_1+2K_2+2K_3+K_4)\\ K_1=hf(t,\Delta C_t)\\ K_2=hf\left(t+\dfrac{h}{2},\Delta C_t+\dfrac{1}{2}K_1\right)\\ K_3=hf\left(t+\dfrac{h}{2},\Delta C_t+\dfrac{1}{2}K_2\right)\\ K_4=hf(t+h,\Delta C_t+K_3)\end{cases} \tag{4-19}$$

其中 h 为所取步长，$K_1 \sim K_4$ 为中间变量。

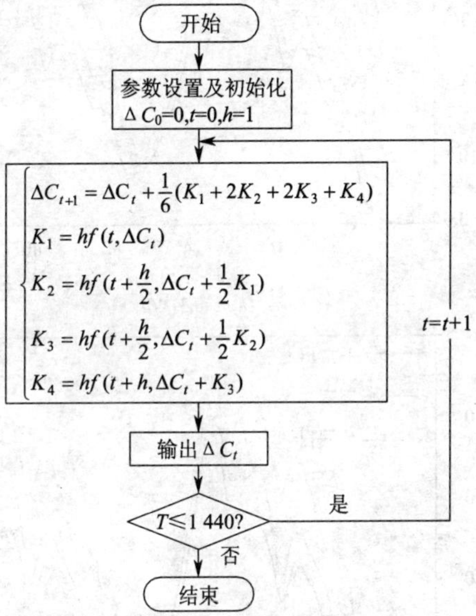

图 4-6 室内外 CO_2 浓度差仿真流程图

4.2.3 室内外 CO_2 浓度差模拟与分析

4.2.3.1 自然通风时室内外 CO_2 浓度差变化规律

在自然通风条件下，铁路客运站候车室一般由门、窗的开启进行通风换气，查阅参考文献混合系数 k 值可取 0.9，根据 4.2.2.2

节可计算候车室内外 CO_2 浓度差变化。由于建筑自然通风的换气次数一般在每小时 0.3～0.8 次的范围内，故对候车室内外 CO_2 浓度差在自然通风条件下的模拟，所取换气次数为 m=0.3、0.4、0.7、0.8。其中，m=0.3～0.4 时为门窗基本关闭；m=0.7～0.8 时为门窗全部开启。不同工作日、不同换气次数下室内外 CO_2 浓度差的变化情况见图 4-7。

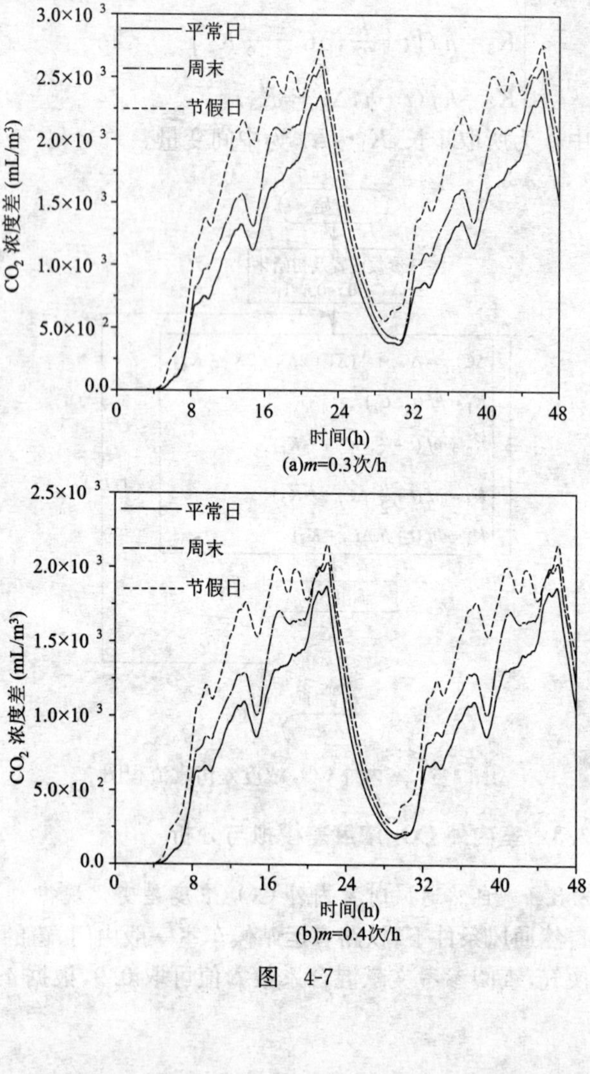

图　4-7

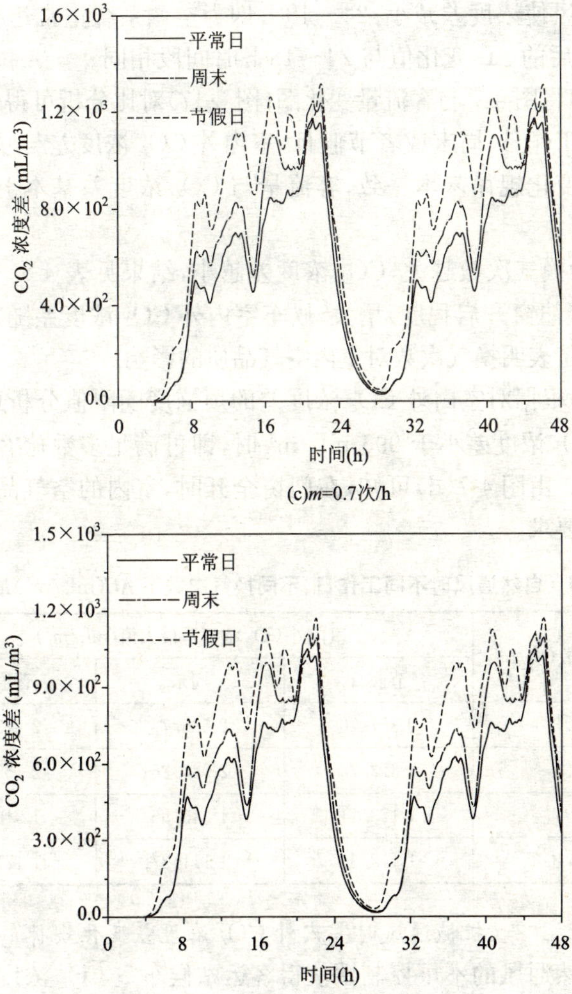

(d)m=0.8次/h

图 4-7　自然通风时，室内外 CO_2 浓度差 ΔC 变化曲线

由图 4-7 分析可得：

(1)模拟段 0～24 h 为空调系统运行第一天 ΔC 变化情况，由于 CO_2 的长时间累积，24 h 时 $\Delta C \neq 0$，因此在 24 h 以后仍要

供给新风使浓度差减小；24～48 h即为空调系统正常运行状态，48 h以后的 ΔC 变化值与24～48 h时间段相同。

(2)将图4-7与客流量变化图(图3-17)对比分析可得出，无论是平常工作日、周末或者节假日，室内外 CO_2 浓度差与候车室聚集人数变化规律基本一致，客流量与 CO_2 浓度差基本上呈正相关性。

(3)换气次数越大，CO_2 浓度差越小，结果见表4-5。随着换气次数(门窗开启程度)增大，候车室内外 CO_2 浓度差随之降低，由此清楚表明换气次数对室内空气品质的影响。

(4)根据对室内外 CO_2 浓度差的烦恼度阈限值分析可知，室内外 CO_2 浓度差小于995 mL/m^3 时，即可满足多数旅客的舒适度要求。由图4-7(d)可知，在门窗全开时，室内的空气品质基本可满足要求。

表4-5　自然通风时不同工作日、不同换气次数下 ΔC(mL/m^3)最大值

换气次数(次/h)	室内外 CO_2 浓度差最大值(mL/m^3)		
	节假日	周末	普通日
0.3	2 357.20	2 586.77	2 773.33
0.4	1 873.76	2 035.26	2 159.12
0.7	1 173.11	1 246.96	1 316.85
0.8	1 112.36	1 111.27	1 171.26

4.2.3.2　机械通风时室内外 CO_2 浓度差变化规律

自然通风的不可控制性使得客运站候车室 CO_2 浓度在很多情况下难以满足室内空气品质，因而为了使 CO_2 浓度差满足室内空气品质的要求，需要进行机械通风。通过对北京、长沙、哈尔滨、上海等多地客运站进行调查，发现铁路客运站候车室通常采用顶板送风和侧送风方式，回风仅进行简单过滤，而对 CO_2 气体未作处理。为了研究不同换气次数时室内外 CO_2 浓度差的变化规律，本节模拟了换气次数 $m=(1,2,3,5)$ 的情况，同自然通风分析一样，针对节假日、周末、平常日三种典型工作日分析室内外 CO_2 浓度差 ΔC 随时间的变化规律，模拟结果见图 4-8。

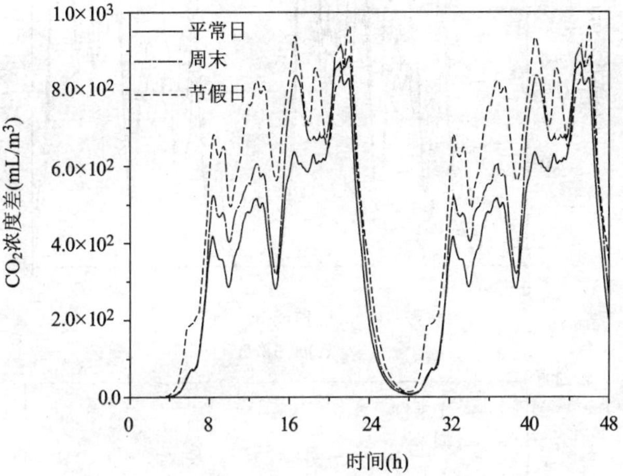

(a)m=1次/h

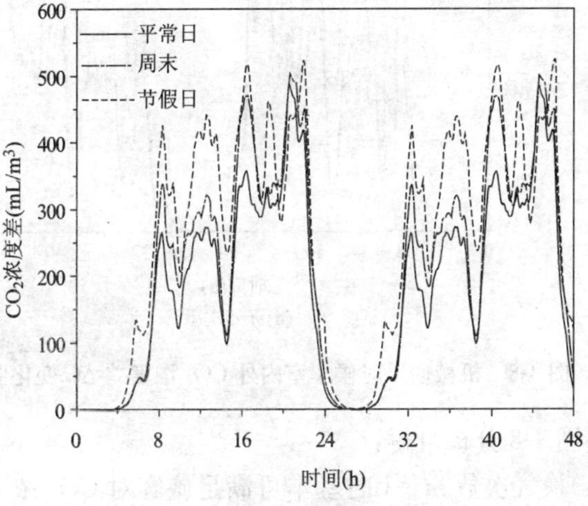

(b)m=2次/h

图　4-8

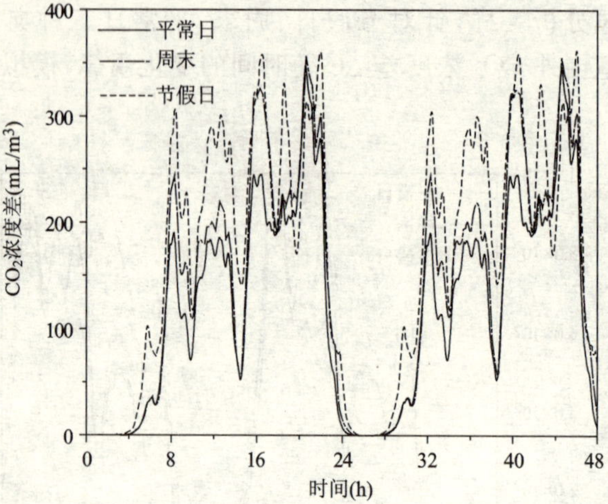

(c)m=3次/h

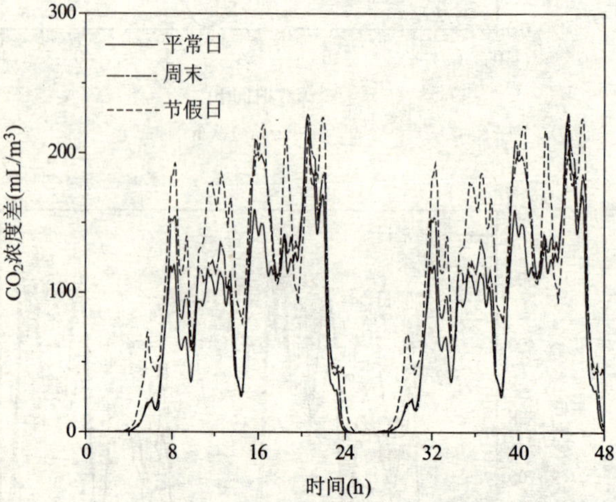

(d)m=5次/h

图 4-8　机械通风时候车室内外 CO_2 浓度差 ΔC 变化曲线

由图 4-8 分析可得：

(1)换气次数 $m=1$ 时基本可满足旅客对 CO_2 浓度差的烦恼度阈限值 995 mL/m³。

(2)随着换气次数的增加，曲线逐渐平缓，不同工作日 CO_2 浓度差异减小。对三种典型工作日,不同的换气次数下,候车室内外CO_2浓度差最大值见表4-6。

(3)在$m=1$时室内外CO_2浓度差随时间波动较大(0~1 290 mL/m³);随着换气次数的增大,浓度差波动性逐渐减弱,当$m=5$时ΔC在0~230 mL/m³之间变化,这表明再增大换气次数时,CO_2浓度差变化将非常缓慢。

表4-6 机械通风时不同工作日、不同换气次数下ΔC(mL/m³)最大值

换气次数(次/h)	室内外CO_2浓度差最大值(mL/m³)		
	节假日	周末	普通日
1	1 048.26	915.29	963.59
2	486.17	502.54	522.53
3	347.20	357.03	361.64
5	223.16	228.42	225.53

4.2.3.3 CO_2浓度差实测与模拟值的比较与分析

为检验铁路客运站候车室内外CO_2浓度差模拟的正确性,将模拟曲线和现场实测数据进行对比。测试时间为2008年4月,地点为北京西站某候车室。实测所用测量仪器为芬兰维萨拉公司便携式CO_2传感器,测量范围为0~3 000 mL/m³,精度为不超过±10 mL/m³。

由于测试时间为四月份某普通工作日,新风通过控制门窗开启度进行调节,为自然通风。本次测试主要是对门窗全关及全开状态时室内外CO_2浓度差进行测试,选择客流量变化幅度大的8:00~22:00时间段进行测试,实测值与模拟值的对比见图4-9。

从图4-10可以看出,自然通风时ΔC测试值基本位于$m=0.3$和$m=0.8$之间,模拟计算的室内外CO_2浓度差和实测数据有一定吻合度。

在2008年7月的某普通工作日对同一候车室使用相同测试仪器、同样的测试方法,对其候车室内ΔC再次进行测试。仍然选择客流量变化幅度大的8:00~22:00时间段进行测试,每隔30 min进行一次测量并记录所测数据。通过控制空调系统的风机,将换气次数

定在 $m=2$,实测值与 ΔC 曲线模拟值($m=2$)对比,见图 4-10。

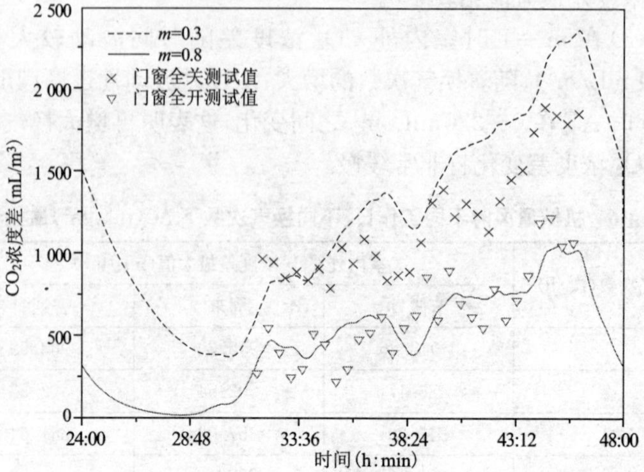

图 4-9 自然通风时实测值与模拟值对比

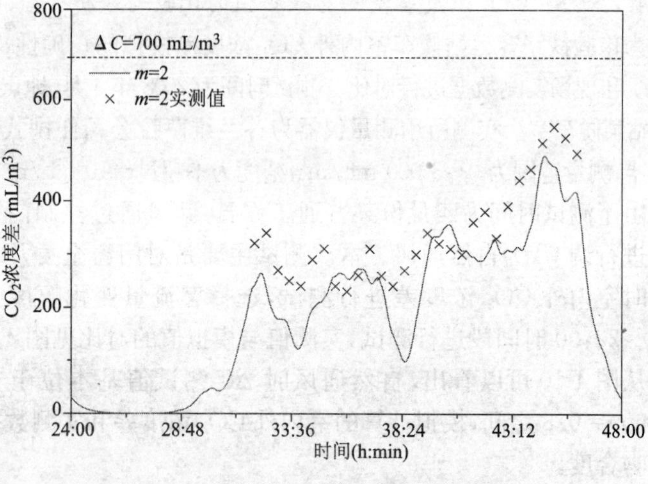

图 4-10 机械通风时测试值与模拟值对比

由图 4-10 可知,实测 ΔC 在模拟曲线上下波动,经验证模拟值和实测值的相关系数 $R^2=0.804$,这表明 ΔC 模拟值与实际值吻合良好,模拟曲线有效。

4.2.4 候车室变新风量研究

4.2.4.1 不同 CO_2 浓度差下变新风量比较

分析在保持铁路客运站候车室内外 CO_2 浓度差不变时，候车室新风量需求情况，即在 $\Delta C=0$ 时求解新风量 q。以客流模型模拟计算的候车室旅客数量为基础并结合 CO_2 浓度差模型，同时为方便、精确的计算新风量值，采用数值解法求解候车室逐时新风量值，数值解法的计算公式及计算流程图如下，采用 Matlab 数学软件即可求解。

$$\begin{cases} q_{t+1}=q_t+\dfrac{1}{6}(K_1+2K_2+2K_3+K_4) \\ K_1=hf(t,q_t) \\ K_2=hf\left(t+\dfrac{h}{2},q_t+\dfrac{1}{2}K_1\right) \\ K_3=hf\left(t+\dfrac{h}{2},q_t+\dfrac{1}{2}K_2\right) \\ K_4=hf(t+h,q_t+K_3) \end{cases} \tag{4-20}$$

其中 h 为所取步长，$K_1 \sim K_4$ 为中间变量。

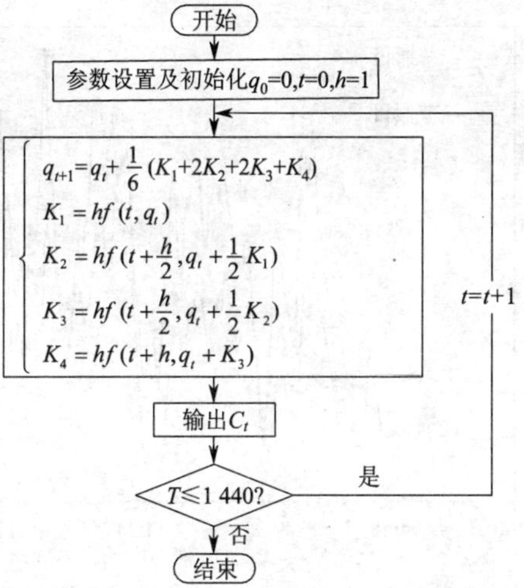

图 4-11 新风量模拟计算流程图

为求取室内外 CO_2 浓度差固定时所需新风量随时间变化的情况，选取 $\Delta C = 995\ mL/m^3$（烦恼度阈限值）与 $\Delta C = 700\ mL/m^3$（ASHRAE 通风标准）为代表值，模拟求解候车室内新风量随时间变化曲线，模拟结果见图 4-12、图 4-13。

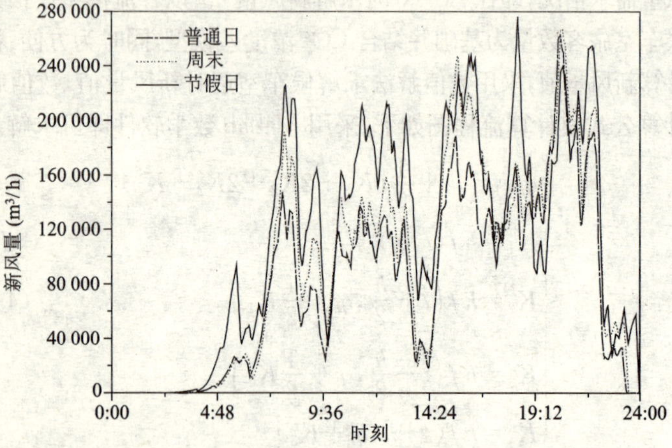

图 4-12　$\Delta C = 700\ mL/m^3$ 时新风量随时间变化值

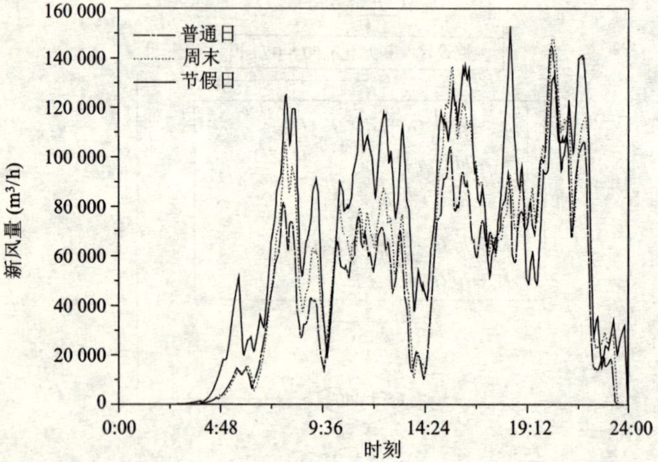

图 4-13　$\Delta C = 995\ mL/m^3$ 时新风量随时间变化值

由上述各图对比分析可知:(1)从图 4-12 到图 4-13,随着 CO_2 浓度差限值的增大,候车室内所需新风量减少。(2)不论维持浓度差为何值,不同工作日所需新风量不同,其中节假日新风量需求最大,周末次之,普通日最小,这与不同工作日客流量不同相符。(3)三种工作日的新风量曲线波动趋势有相似之处,但出现极值的时间存在差异。其中节假日新风量极值出现在 18:30 左右,而周末与普通日新风量极值出现在 20:30 左右,这与其客流量达到极值时间相符。

图 4-14 为不同工作日下候车室总新风量随 CO_2 浓度差的变化曲线。由图可知,三种工作日的曲线变化相似,大体呈现负对数变化规律,且候车室新风量需求随 ΔC 的增大而逐渐减小。室内外 CO_2 浓度差 $\Delta C = 995$ mL/m^3 时所需新风量只有 $\Delta C = 700$ mL/m^3 时新风量的 50.7%,新风系统节能效果明显。

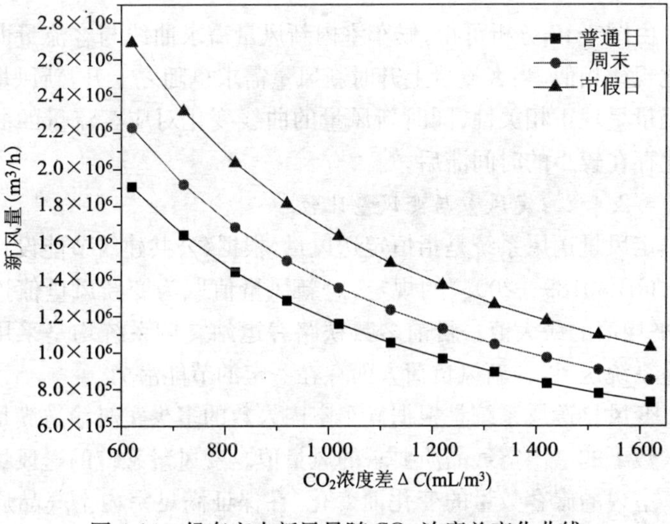

图 4-14　候车室内新风量随 CO_2 浓度差变化曲线

为了更清晰地分析候车室内新风量变化与客流量的关系,选取普通工作日候车室内外 CO_2 浓度差限值 $\Delta C = 700$ mL/m^3 时 10 点到 18 点部分变新风量曲线与客流量对比(图 4-15)。

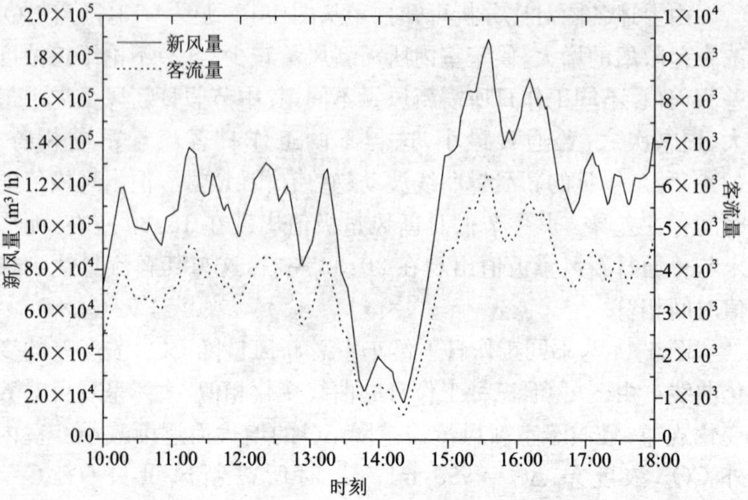

图 4-15　普通日新风量与客流量随时间变化值

由图 4-15 分析可得，候车室内新风量需求曲线与客流量曲线变化规律相似，当客流量上升时新风量需求也随之上升，新风量与客流量呈现正相关性；同时新风量的曲线变化对应客流量的曲线变化存在较小的时间滞后。

4.2.4.2　定风量与变风量比较

定风量送风系统是指恒定送风量，根据《公共建筑节能设计标准》(GB 50189—2005)的规定，定新风量值取为变新风量值连续 3 h平均值的最大值。目前多数铁路客运站空调系统均是采用定风量系统送风，在新风负荷方面存在一定的节能潜力。

变风量送风系统是根据候车室内人数的多少实时输送满足当前人数下的室内空气品质要求的风量值。变风量系统的送风量随候车室内的旅客数量的变化而变化，在保证满足室内空气品质的要求下最大限度地减少新风量供应，从而减少新风负荷。

对普通工作日、周末、节假日，经计算其定新风量值分别为 98 036 m^3/h、103 665 m^3/h、111 787 m^3/h。为了比较变风量与定风量送风对候车室新风负荷的影响，图 4-16、图 4-17、图 4-18 即为普通日、周末、节假日下，维持室内外 CO_2 浓度差 $\Delta C=995\ mL/m^3$ 时候车室内新风量需求随时间变化图。

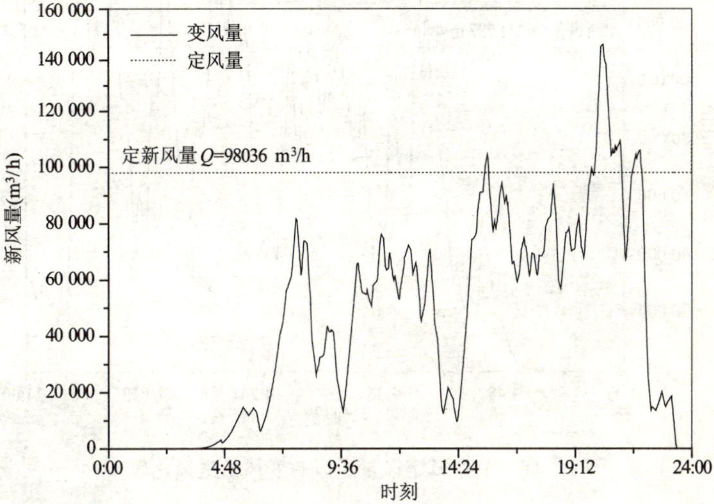

图 4-16　普通日定风量送风 与变风量送风比较

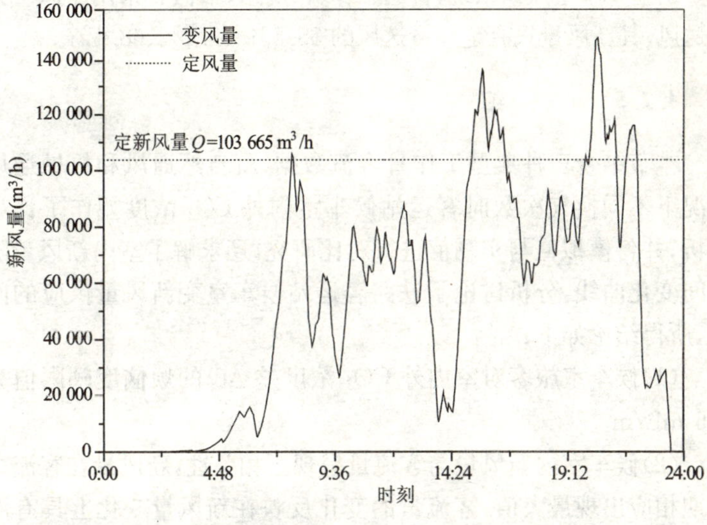

图 4-17　周末定风量送风与变风量送风比较

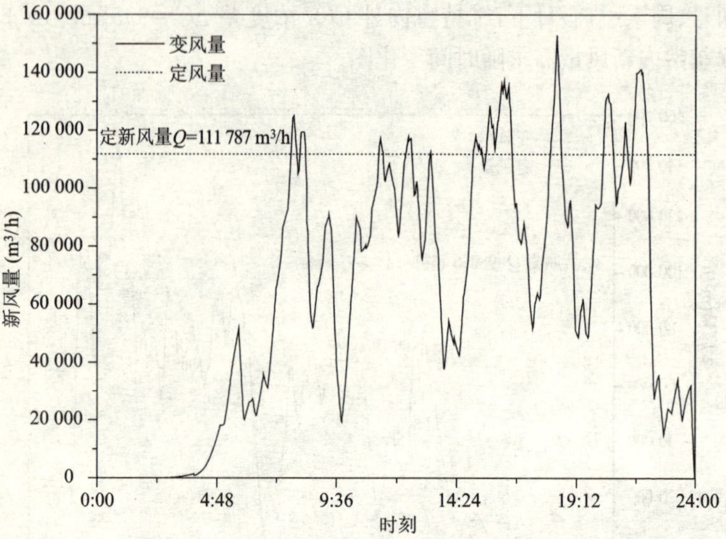

图 4-18 节假日定风量送风与变风量送风比较

由图 4-16、图 4-17、图 4-18 模拟结果可以算出，变风量系统总送风量明显少于定风量系统，普通工作日、周末、节假日采用变风量系统送风，其新风量只有定风量送风的 55.5%、61.1%、68.4%。

4.2.5 小　　结

本节结合三种典型工作日客流数据，就自然通风和机械通风情况下不同换气次数时客运站候车室内外 CO_2 浓度差作了详尽分析，并将模拟值与实测值进行对比研究，还求解了室内新风量随时间变化曲线，分析讨论了铁路客运站候车室变新风量供应的问题，所得结论如下：

(1)候车室旅客对室内外 CO_2 浓度差 ΔC 的烦恼度阈限值为 995 mL/m^3。

(2)候车室内新风量与客流量呈现正相关性，新风量在客流高峰期相应出现最大值，客流量的变化反映在新风量变化上具有滞后的特点。

(3)自然通风时,候车室内换气次数在 $m=0.4\sim0.8$ 次/h 之间,门窗全开时不基本满足室内外 CO_2 浓度差阈限值;机械通风时,换气次数在 $m=1$ 次/h 时即可满足室内外 CO_2 浓度差阈限值,$m=2$ 次/h 时可满足 ASHRAE 通风标准;若换气次数继续增加,对室内空气品质的影响将越来越小。

(4)维持候车室内外 CO_2 浓度差在 $\Delta C=995\ mL/m^3$ 的新风量只有维持 ASHRAE 标准 $\Delta C=700\ mL/m^3$ 的 50.7%。

(5)变风量送风优于定风量送风,在候车室内外 CO_2 浓度差 $\Delta C=995\ mL/m^3$ 的情况下,普通工作日、周末、节假日采用变风量系统送风其新风量分别只有定风量系统送风的 55.5%、61.1%、68.4%。

4.3 照明照度研究

目前关于照明的研究很多,相关的研究成果也很多,但主要集中在住宅、办公室、住宅区道路、教室、体育馆、隧道等方面,而关于火车站候车室照明方面的研究较少。本课题选取火车站候车室作为研究对象是因为:首先,这方面的研究少,没有提出一个科学的火车站候车室照度标准。其次,火车站候车室不同于一般的建筑环境,人员背景复杂,主要表现在年龄、性别、职业等方面。再次,候车室功能复杂。火车站候车室是供乘客在上车前休息、等候车次的场所。乘客在候车室里休息,聊天,看书、看报、闲逛等,对光线提出了不同的要求。再者,火车站候车室人流具有暂时停留的特点,由室外进入室内,光照环境变化大,而光感觉又随时间的推移变化。总之,火车站照明作为车站第二大耗能大户,研究提出一个科学的火车站照度值是十分必要,对如何实现车站节能具有重要的意义。

为了找出候车室内一个合适的照度值,我们利用实际测量与主观评价相结合的方法得到合理照度值。为此我们分别对几个大型铁路客运站的候车室的实际照度进行了测量,同时我们在各候车室进行了主观感受调查，让一些乘客填写我们制定的调查表，以了解实际照度值给乘客带来的感受。最后，根据测量实际照度值和调查结果进行主观评价，找出合适的照度值来。

4.3.1 候车室内照明照度的测量与调查

4.3.1.1 测量仪器及方法

1. 仪器参数

测量仪器为照度测量计，其相关参数为：型号 AZ8581；测量范围 0.01～20 000 Lux/0.001～2 000 Fc(尺烛光)分四档显示；分辨率最低 0.01 Lux/0.001 Fc(1 Fc＝10.764 Lux)；工作环境 －5 ℃～80 ℃；尺寸为 142 mm×42.3 mm×26.4 mm(合闭状态)，234 mm×42.3 mm×26.4 mm(伸开状态)；厂商为深圳市联创通科技有限公司。

2. 测量方法

我们的工作人员分别对各地区的铁路客运站候车室进行了实际照度值测量，均匀的分布测量点在整个空间中，根据测量数据计算平均测量照度值，计算式见式(4-21)。

$$\bar{E}=\frac{1}{m\times n}\sum_{i=1,j=1}^{m,n}E_{ij} \tag{4-21}$$

式中，$\bar{E}$ 为测量照度平均值；E_{ij} 为各测量点的测量照度值；m、n 分别为测量点分布的行、列总数。

4.3.1.2 调查表的设计

旅客信息包括：(1)性别、年龄、常住地址；(2)候车时习惯活动；(3)对候车室光环境的主观感受，根据一般人不混淆处理感觉量级不会超过七个的原理设计，我们把人体主观感受定为“过暗”、“暗”、“适中”、“亮”、“太亮”五个等级。

4.3.1.3 测量与现场调查结果

对所有调查项目的调查结果进行数理统计处理，结果见表 4-7。

表 4-7 对不同照度值的各项感受的频数

候车室	照度值(lx)	旅客休息方式					舒适性感受					合计
		阅读	聊天	闲逛	闲坐	其他	过暗	暗	适中	亮	太亮	
B3	113.6	11	23	6	21	4	3	8	47	5	2	65
B4	187.9	9	26	7	20	2	0	4	44	11	5	64
B5	155.2	7	27	3	22	3	1	3	49	6	3	62
B6	93.2	8	19	8	24	2	2	9	46	3	1	61
B8	86.4	12	20	9	19	3	4	12	46	1	0	63
B10	87.2	8	29	6	20	2	5	11	48	1	0	65
B11	96.5	6	19	7	21	3	2	7	39	6	2	56
S2	90.3	14	21	5	20	6	3	11	51	1	0	66
S3	86.5	7	23	3	25	4	4	11	47	0	0	62
S5	161.4	8	24	4	23	8	0	2	40	15	10	67
S7	78.5	11	17	4	26	1	4	11	44	0	0	59
S8	79.6	5	16	9	29	2	4	10	46	0	0	61
SR	80.2	12	17	4	22	1	3	10	42	1	0	56
H1	72.3	4	25	6	23	8	6	16	44	0	0	66
H3	66.4	7	25	2	26	2	6	15	41	0	0	62
H4	73.2	4	19	7	27	4	5	14	42	0	0	61
H6	63.1	8	21	8	23	3	6	14	43	0	0	63
C1	86.3	7	23	6	21	8	5	11	49	0	0	65
C2	76.5	6	22	5	20	3	4	12	40	0	0	56
C4	77.3	8	27	4	25	2	5	14	47	0	0	66
合计		162	443	113	457	71	72	205	895	50	23	1 246

注：大写字母 B、S、H、C 分别表示北京站、上海站、哈尔滨站、长沙站，阿拉伯数字分别表示第几候车室。

4.3.2 阴暗度及阈限值的计算

4.3.2.1 阴暗度隶属函数

有关人们对候车室内照明照度的主观反应，我们采用模糊数学方法计算阴暗概率来进行定量分析。将人们对照度的主观阴暗程度分为“过暗”、“暗”、“适中”、“亮”和“太亮”五个等级,并认为这五个等级是等间隔的。根据被调查者给出“过暗”和“太亮”这两级判断是高度自信的,将起自信度定为1,“暗”和“亮”的判断自信度较小。据此,用逐级估量法给出被调查者对候车室内照明照度的主观感觉阴暗度隶属函数为:

μ=1.0/过暗+0.75/暗+0.5/适中+0.25/亮+0/太亮

此式意义为:模糊语言“过暗”、“暗”、“适中”、“亮”和“太亮”属于阴暗反应的程度分别为100%、75%、50%、25%和0%。

4.3.2.2 阴暗概率

候车室内照明照度主观反应调查所反馈的信息不仅包括模糊性,而且还包含着随机性。而这种模糊性和随机性是可以相互渗透的,各种照度下的阴暗率即是模糊事件的概率,由式(4-22)计算:

$$P_i=\frac{\sum\mu_j n_{ij}}{\sum n_{ij}} \tag{4-22}$$

式中,P_i 为序号是 i 的候车室照度的阴暗概率;n_{ij} 为序号是 i 的候车室照度下第 j 级评价等级出现的频率数;μ_j 为第 j 级评价等级阴暗度的隶属度。

将所得的调查数据代入式(4-22)中求得各候车室照度下的阴暗概率。

4.3.2.3 阴暗度阈限值

阴暗度阈限值就是人的光感烦恼度阈限值,在各候车室照度下的阴暗率综合了该条件下调查对象主观反应的所有信息,阴暗度阈限值应全面反应这些信息,计算式见式(4-23)。

$$\mathrm{EL}=\frac{\sum L_i P_i}{\sum P_i} \tag{4-23}$$

式中,EL 为候车室内照明照度阴暗度阈限值对应的照明照度;L_i 为序号是 i 的候车室照度;P_i 为序号是 i 的候车室照度的阴暗概率。

将有关的参数代入到式(4-23)中得阴暗度概率,结果见表4-8;并计算得出候车室内的照度阴暗度阈限值 EL。

表 4-8 各种照度下的阴暗概率

候车室	测量照度值(lx)	阴暗度值概率	候车室	测量照度值(lx)	阴暗度值概率
B3	113.6	0.578 6	S7	78.5	0.582 1
B4	187.9	0.428 6	S9	79.6	0.578 6
B5	155.2	0.471 4	SR	80.2	0.571 4
B6	93.2	0.582 1	H1	72.3	0.603 6
B8	86.4	0.603 6	H3	66.4	0.610 7
B10	87.2	0.596 4	H4	73.2	0.6
B14	96.5	0.503 6	H6	63.1	0.607 1
S2	90.3	0.553 6	C1	86.3	0.607 1
S3	86.5	0.571 4	C2	76.5	0.578 6
S5	161.4	0.378 6	C3	77.3	0.603 6

根据式(4-23)计算出照度的阴暗度阈限值为:EL=92.3 lx。

4.3.3 Ridit 分析与检验

为了正确分析所确定的候车室内照度的阴暗度阈限值,各种情况下的主观评价调查结果必须进行检验。调查所得到的主观反应结果按等级分配的数据是离散的,不宜用 t 分布或 x^2 分布检验,因为 x^2 分布检验与 t 分布检验与“烦恼度”的有序性之间没有联系,可以采用与有序性有关系的秩或 Ridit 分析。Ridit 分析方法具有清晰简单定量化的优点,因此采用该方法。

Ridit(Relative to identified distribution unit)分析,又称参照单位分析,它是将按照等级分布的资料变换成与某种特殊分布相对应的单位的分析方法。应用于照度分析的 Ridit 分析的基本思路是:先确定一个标准组作为特定总体,求得各等级(即有序变量)的各水平的参照值 R,进而求得各实验分组的平均参照值。可以证明:标准组的平均参照值 $R=0.5$,如果对比组的平均 R 值小于 0.5,则认为对比组人体亮度感觉暗于标准组,如果对比组的 R 值大于 0.5 则认为人体亮度感觉亮于标准组。如果对比组的平均 R

值(1－α)可信区间不含 0.5，$P<0.05$，则在 α 的水平上，认为该对比组与标准组有显著性差别。如果对比组的平均 R 值(1－α)可信区间含 0.5，$P>0.05$，则在 α 的水平上，认为该对比组与标准组无显著性差别。计算过程如下：

1. Ridit 分析

(1)定标准组

对完全随机的资料进行多组的数据比较时，通常将各组的数据合并作为标准组(参考余松林主编的《医学统计学》)，计算标准组的 Ridit 值的平均值 $\overline{R}_{标}$，见式(4-24)。

$$\overline{R}_{标}=\frac{\sum_{j=1}^{m}C_jR_j}{N} \tag{4-24}$$

式中，C_j 为 j 等级的总列数(即第 j 等级出现的频数)；R_j 为 j 等级的 Ridit 值；N 为总列数。

R_j 计算见表 4-9，将标准组的各等级频数之半与标准组的各等级累计频数(下移一行)相加，除以总列数即得到 Ridit 值，理论上标准组的 $\overline{R}_{标}=0.5$。

(2)各组 Ridit 值计算

表 4-9 各等级的 Ridit 值计算表

阴暗等级 Ⅰ	合计数 Ⅱ	Ⅲ	Ⅱ列累计并 下移一行 Ⅳ	D=Ⅲ＋Ⅳ Ⅴ	Ridit 值＝ D/NⅥ
过暗	72	36	0	36	0.028 9
暗	205	103	72	175	0.140 0
适中	895	448	277	725	0.581 5
亮	50	25	1 172	1 197	0.960 7
太亮	23	12	1 222	1 234	0.990 0
合计 N			1 246		

(3)计算对比组的平均 Ridit 值 $\overline{R}_i$

$$\overline{R}_i=\frac{\sum_{j=1}^{m}b_{ij}\cdot R_j}{a_i} \tag{4-25}$$

式中，b_{ij} 为序号是 i 的候车室 j 等级的频数；R_j 为各等级的 Ridit 值；a_i 为各组的总列数。

由式(4-25)计算平均 Ridit 值，结果见表 4-10。

表 4-10 各照度下的平均 Ridit 值和 95%置信区间

候车室	测量照度值(lx)	平均 Ridit 值	95%置信区间
B3	113.6	0.540 9	0.471 9～0.609 9
B4	187.9	0.657 7	0.588 7～0.726 7
B5	155.2	0.611 5	0.542 5～0.680 5
B6	93.2	0.525 8	0.456 8～0.594 8
B8	86.4	0.474 2	0.405 2～0.543 2
B10	87.2	0.472 6	0.403 6～0.541 6
B14	96.5	0.455 0	0.386 0～0.524 0
S2	90.3	0.466 4	0.397 4～0.535 4
S3	86.5	0.475 1	0.406 1～0.544 1
S5	161.4	0.715 5	0.646 5～0.784 5
S7	78.5	0.460 9	0.391 9～0.529 9
S9	79.6	0.467 2	0.398 2～0.536 2
SR	80.2	0.482 5	0.413 5～0.551 5
H1	72.3	0.427 6	0.358 6～0.496 6
H3	66.4	0.419 7	0.350 7～0.488 7
H4	73.2	0.433 9	0.364 9～0.502 9
H6	63.1	0.426 0	0.357 0～0.495 0
C1	86.3	0.467 2	0.398 2～0.536 2
C2	76.5	0.448 2	0.379 2～0.517 2
C4	77.3	0.448 2	0.379 2～0.517 2

由表 4-10 得出，计算结果平均 Ridit 值越小，表示阴暗度越大；平均 Ridit 值越大，表示阴暗度越小。由图 4-19 可见，平均 Ridit 值随着照度的减小也基本逐渐减小，说明阴暗度随着照度的减小而增加。在 Ridit 值的分析过程中，我们是选择各等级的综合作为标准组，标准组的 Ridit 值为 0.5。

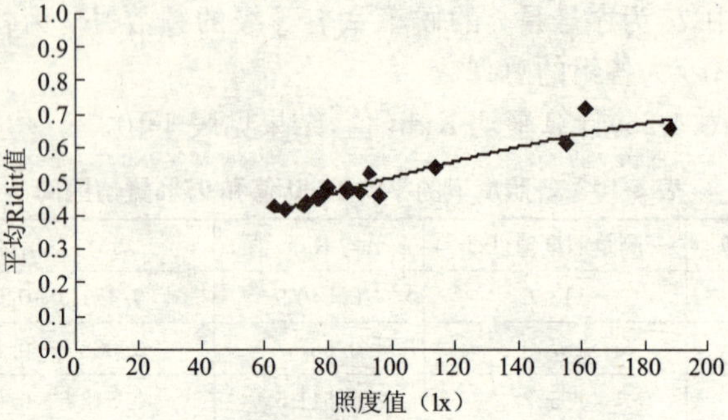

图 4-19 平均 Ridit 值随照度值的变化趋势

2. Ridit 值检验

各对比组的平均 Ridit 值 $\bar{R}_i$ 的 95％置信区间：由于 Ridit 检验的理论根据是经过 R 值转换后将原分布转化为 0～1 的“均匀分布”，均匀分布的误差为 $\frac{1}{\sqrt{12n_i}}$。因此，各组平均 Ridit 值的 95％可信限为：

$$95\%\text{可信限}=\bar{R}_i\pm\frac{2}{\sqrt{12n_i}}=\bar{R}_i\pm\frac{1}{\sqrt{3n_i}}$$

检验结果见表 4-10。由计算结果得出，只有照度值在 113.6～73.2 lx 之间的 95％置信区间包含了 0.5，由此可以作出判断，照度值为 113.6～73.2 lx 之间的组与标准组相比，候车室内的照度引起的阴暗度无显著性的差别；照度值分别为 187.9 lx、161.4 lx、155.2 lx、72.3 lx、66.4 lx、63.1 lx 的组与标准组相比，候车室内的照度引起的阴暗度有显著性的差别。

由 Ridit 值知，标准组的照度值在 80.2～93.2 lx 之间（是由 Ridit 值等于 0.5 得到的，区间不唯一），该区间包括了阴暗度阈限值所对应的照度值，所以说标准组照明人感觉舒适。照度值为 113.6～73.2 lx 之间的照明人感觉舒服，且两侧靠近人体感觉的阈限值，照度小于 73.2 lx 时人体明显感觉光线暗，照度值大于 113.6 lx 时人感觉太亮，且已经远超过人体亮度感觉的阈限值

92.3 lx,则不把其作为候车室照明照度标准值,所以候车室照明照度标准值取在113.6～73.2 lx之间,则取平均Ridit值较为靠近标准情况所对应的照度值80 lx作为火车站候车室照度标准。20个候车室实际测量值散点分布图见图4-20,按表4-10候车室从上到下编号,虚线为候车室国家标准线。

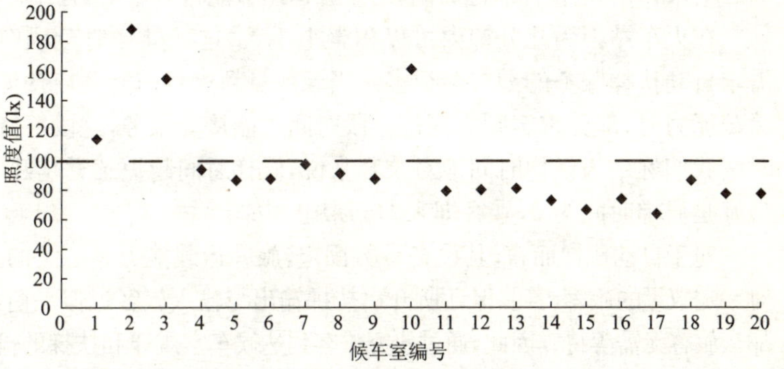

图4-20 实测照度散点分布图

从图中可以看到,只有四个候车室照度实测值大于国家标准100 lx,大部分候车室照度实值在80 lx左右,占总候车室数的80%;实测下的候车室照度值都能够满足候车室正常运行,说明我们通过分析得到的照度值是合理的,适用的。

4.3.4 结 论

(1)火车站候车室阴暗度阈限值为EL=92.3 lx。

(2)标准情况照明人体感觉舒适,候车室照明照度标准值取在113.6～73.2 lx之间,包含标准情况,则取平均Ridit值最靠近标准情况所对应的照度值80 lx作为火车站候车室照度标准。

(3)采用此标准只改变照度,上海站候车室平均照度为115 lx,候车室可减少30.4%的照明能耗,北京站平均照度为152.2 lx,候车室可减少49.5%的照明能耗,这两车站又分别代表我国南北火车站,可见全国采用此照度标准的节能空间可观。

4.4 候梯时间研究

调查显示，自动扶梯占火车站设备能耗一般为2%～3%，在车站能耗设备中，年能耗量占据重要地位。因此，在满足输送旅客的基础上，如何决定扶梯启停时间，对于客运站节能将有一定的贡献。

在火车站因为几分钟内可以积聚上千人，这样某一时刻同时需求自动扶梯服务的乘客会很多。当该数目超过目前所开启扶梯运载能力时，部分乘客则需等待一段时间才能接受服务，这段等待时间我们称之为候梯时间。对乘客来说，候梯时间越短感觉越好，最好是候梯时间为0，乘客即来即刻乘坐扶梯。

对于自动扶梯而言，其设备参数固定，旅客运载能力是一定的。对一定数量的旅客，若能保证所开启扶梯输出与输入旅客近似平衡，那么旅客无需等待。因此，通过研究旅客到达候车室规律和扶梯的输入输出系统，可以分析出最多需开启扶梯数量。如果在扶梯全部开启时，候梯时间在许可范围内，说明自动扶梯的配置达到最优，即可将旅客进站的规律直接用于自动扶梯的输入系统计算扶梯能耗。此种情况下，候梯时间为0；若自动扶梯全部开启都不能满足旅客输送，则表示火车站不能完全满足旅客舒适度，需进行适当调整或改造。

4.4.1 自动扶梯排队系统

自动扶梯交通具有二重性，即规律性和随机性。扶梯交通具有规律性是因为火车站内人群的到达存在着周期性。随着发送车次的变化，每天会形成很多的客流高峰，若绘成曲线就会见图4-21，通过叠加后，会有新的客流高峰，不过会呈现一定的规律性，一般的周期为一天。电梯交通的随机性大大增加了进行电梯交通分析的难度，而电梯交通的规律性使得进行电梯交通分析又成为可能。

楼梯和自动扶梯是轨道交通车站中主要的升降设施，其能耗量一般可占火车站设备能耗的3%。自动扶梯应该适应不同的客流交通模式，以满足乘客的使用要求。在客流高峰时，由于楼梯和

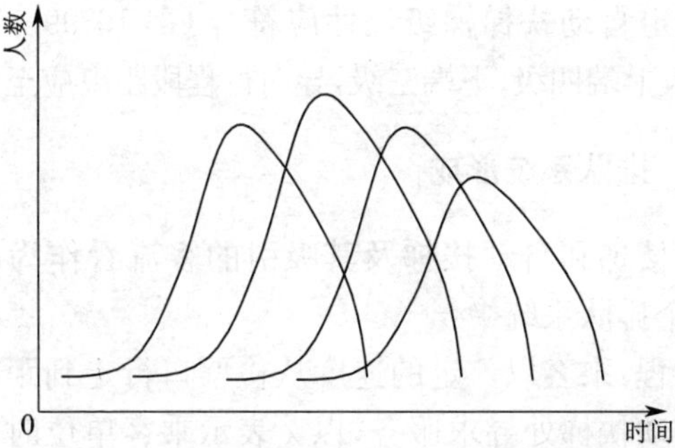

图 4-21 随着车次的变化形成的客流简图

自动扶梯的通过能力有限,大量的乘客将会在楼梯和自动扶梯口处排队等候,造成乘客进站时间延长。弄清乘客在楼梯和自动扶梯处的延时状况,有利于车站运营效益的充分发挥。

乘客从站外经检票进入车站,通过楼梯和自动扶梯到站台,这是一个随机的过程。由于检票口通过能力有一定的限制(乘客进入火车站,先受检票口通过能力约束),使得超过检票口通过能力的客流被暂时堵在检票口外排队等候检票,这样进入火车站要求乘坐扶梯的乘客会有一定的速度。

为方便分析,可以在不造成较大误差的情况下对火车站内楼梯、自动扶梯以及乘客作一些基本的假设:

(1)楼梯和自动扶梯沿着检票口均匀布置,且这种均匀布置使乘客在检票口到楼梯和扶梯行走的距离最短;

(2)乘客平均分布于每个检票口;

(3)所有检票员检票速度一样,设为 a,最大检票速度保持一定的速度 a_{max};

(4)乘客在楼梯上的速度与扶梯运行速度相等。

研究以北京西站为例,其自动扶梯的主要技术参数见表 4-11。

表 4-11 自动扶梯主要技术参数

额定运行速度	倾角	名义宽度	理论输送能力
0.50 m/s	35°	810 mm	6 750 人/h

同时规定自动扶梯梯级尺寸应符合 GB 16899—1997 中的规定;水平梯级上端四级,下端三级,导向行程段距离应至少为 1.2 m。

4.4.2　排队系统形成

把每组楼梯和自动扶梯及其吸引的客流看作为一个排队系统,则在这个排队系统中:

输入过程:乘客以一定的速度从检票口行走到距离自己最近的楼梯或自动扶梯处寻求服务,以 λ 表示乘客单位时间到达楼梯和自动扶梯的总人数,即排队系统的输入率(单位:人/s)。

每组楼梯和自动扶梯服务的乘客到达率为

$$q=a\times m/n=\lambda/n \tag{4-26}$$

其整体输入率的具体表达式为

$$\lambda=a\times m \tag{4-27}$$

式中,λ 为排队系统的输入率,人/s;a 为检票口通过乘客的速度,人/s;m 为检票口数量;v 为乘客的行走速度,m/s;n 为站内楼梯和自动扶梯的组数。

排队系统:排队系统尽管千差万别,但都可以抽象为顾客到达服务台前,服务台有空闲便立刻得到服务,若服务台没有空闲,则需要等待服务台出现空闲时再接受服务,服务完后离开服务台。因此电梯系统排队模型可用图 4-22 表示。

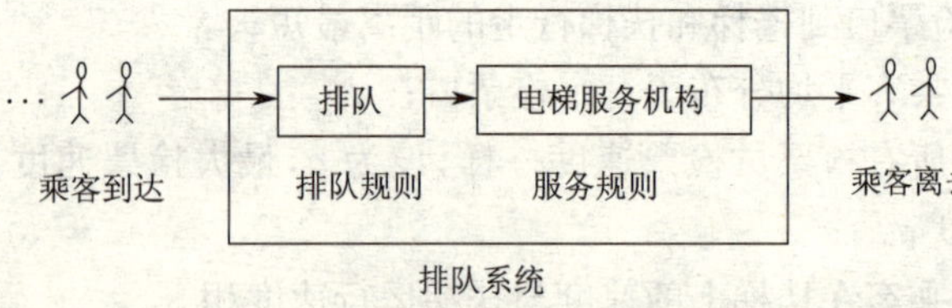

图 4-22　电梯排队系统图

图中线框图为排队系统。乘客要求得到服务,不断到达服务台,乘客到达率 λ 大于服务台服务率 μ 便会形成排队,等待服务。排队,服务机构组成一个排队系统。乘客到达,排队等待,服务机构给予适当的服务以满足乘客的需求,乘客离开服务机构,这四个环节组成了一个排队模型。任何一个排队模型都可以用上述抽象的方法进行表示。

排队规则:乘客到达楼梯或自动扶梯口处,若楼梯和自动扶梯没被占用时,乘客立即使用楼梯和自动扶梯。若楼梯和自动扶梯被占用,不能为乘客提供服务时,乘客就会在此等候楼梯和自动扶梯的服务。服务次序为先到先服务。

输出过程:由于楼梯和自动扶梯的通过能力是一定的,以 μ 表示一组楼梯和自动扶梯的输出率(即服务率,单位:人/s)。而其运作过程要满足节能的要求,自动扶梯的瞬时通过率正好为满载时的通过率 $\mu_{1\max}$(设 $\mu_{1\max}=w_1\times\xi$,其中 ξ 为扶梯实际通过率修正系数,一般取 0.5)。

则排队系统的输出率 μ 与楼梯和自动扶梯的宽度相关,当楼梯和自动扶梯的宽度确定后,每一组楼梯和自动扶梯的输出过程是一个定长输出过程,其输出率 μ 的具体表达式为:

$$\mu=\mu_1+\mu_2 \tag{4-28}$$

式中,μ 为排队系统的输出率;μ_1,μ_2 分别为自动扶梯、楼梯的瞬时通过率,其值分别为

$$\mu_1=w_1\times d_1,\mu_2=w_2\times d_2$$

其中,d_1,d_2 分别为自动扶梯、楼梯的净宽度;w_1,w_2 分别为自动扶梯、楼梯的通过能力。

4.4.3 自动扶梯候梯时间分析

扶梯配置的优劣关系到整个火车站的合理利用。优良的扶梯配置意味着乘客和货物在火车站内快捷、便利、安全地流通;意味着增加火车站的面积利用率、节省设备和能源而降低成本。扶梯配置是一个复杂的系统工程,在配置时应认真了解火车站的自身情况和使用环境,包括火车站的规模、输送高度、客流量等。

要使得安装自动扶梯经济合算,必须准确估计其安装数量。这样就必须通过统计一年中人流量最大的时刻,最大人流量持续时间 t_0 等,并利用关系式(4-29)。

$$\begin{cases} n \leqslant \lambda_{max}/\mu_{max} \\ n \geqslant \lambda_{max} \times t_0/\mu_{max}(t_0+10) \end{cases} \tag{4-29}$$

得出自动扶梯数量 n，其中 n 取正整数。

需要工作的自动扶梯数量 n_w 需满足表 4-12 的条件。

表 4-12　自动扶梯数量与输入率的关系

λ	$\geqslant n \cdot \mu_{max}$	$\leqslant n \cdot \mu_{max}$
n_w	n	取满足 $\geqslant n \cdot \mu_{max}$ 的最大值

通过上面的假设和分析，每一组楼梯和自动扶梯所组成的服务系统是一个定长输入、定长输出的单通道排队系统。由 n 组楼梯和自动扶梯布置在站台形成的乘客排队系统则是一个定长输入、定长输出、多通道的排队系统，即 d/d/n 排队系统。上述这个 d/d/n 排队系统可以近似的用图 4-23 来描述，横轴表示时间，纵轴表示累计输入或输出乘客数。虚线包围部分的面积表示排队乘客总的延误时间，即候梯时间。

在这个排队系统中采用近似的计算得出一些重要的指标表达式如下。

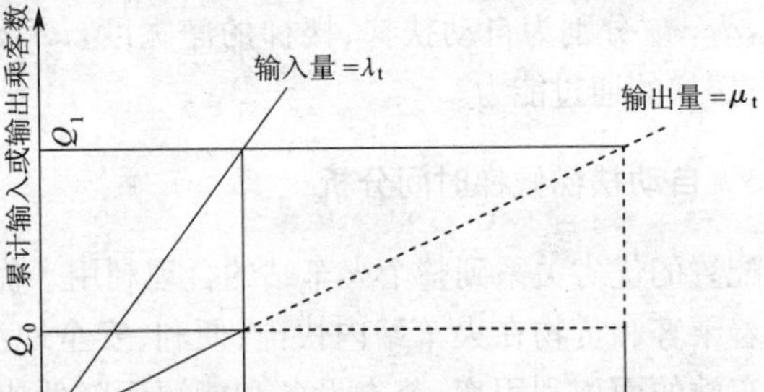

图 4-23　d/d/n 排队系统图形表

t_0—排队系统中输入结束时间；t_1—排队系统中输出结束时间；λ—自动扶梯和楼梯口的输入率；μ—自动扶梯和楼梯口的输出率；Q_0—输入时间结束时自动扶梯和楼梯的输出量；Q_1—自动扶梯口的全部输入量。

最大排队乘客数：

$$Q=Q_1-Q_0=\lambda\times t_0-\mu\times t_0 \tag{4-30}$$

一般候梯时间不宜太长，设最大候梯时间 $t_{smax}\leqslant 10$ s。排队中最大延误时间：

$$t_s=t_1-t_0 \tag{4-31}$$

若 $t_s\leqslant 0$，则表示没有排队产生；若 $t_s>10$，则重新设计。

平均排队乘客数：

$$\overline{Q}=Q_1-Q_0=(\lambda-\mu)\times t_0 \tag{4-32}$$

排队平均延误时间：

$$\bar{t}_s=\frac{\text{所考虑的所有乘客的候梯时间的和}}{\text{所考虑的乘客总数}} \tag{4-33}$$

4.4.4 实例分析

我们取北京西站 2007 年 4 月 30 日的数据作为原数据，在该天中出现进站人流量最大的情况(5 min 内)。

(1)北京西站自动扶梯各参数设置(表 4-13)

表 4-13 北京西站自动扶梯参数设置

参数设置			
理论输送能力[人/(h·m)]	实际通过率(%)	自动扶梯的输出率(人/s)	乘客最高到达率(人/s)
$w_1=6\ 750$	$\xi=50$	$\mu_1=w_{1\times}d_{1\times}\xi=0.76$	$\lambda_{max}=a\times m=5.1$

一般在人流高峰情况下，自动扶梯输送能力小于乘客到达率，一部分乘客会选择徒步走楼梯，假设同宽度的楼梯的输送客流能力为自动扶梯的 1/3。而在人少的情况下，需要工作的扶梯数量可以根据客流量减少，乘客也一般选择乘坐扶梯，而不走楼梯。这里假设输送工具全部是自动扶梯，那么电梯输出率则等于自动扶梯输出率。

(2)自动扶梯总数量分析

由式(4-22)可知自动扶梯的总数量 n 应满足：

$$\lambda_{max}\times t_0/[\mu_{max}\times(t_0+10)]\leqslant n\leqslant\lambda_{max}/\mu_{max}$$

即　$$6.7\leqslant n\leqslant 6.74$$

结合实际则取 $n=7$。

(3)最大候梯时间分析(当 $n=7$ 时)

$$\lambda_{max}\times t_0=n\times\mu_{max}\times(t_0+t_s)\text{(即输入量=输出量)}$$

$$t_s=\lambda_{max}\times t_0/(n\times\mu_{max})-t_0=0.47\ \text{s}$$

(4)理论平均候梯时间分析

因为整个一天的进站乘客数量能达到30多万,而人流最高峰只有几个,而且持续时间只有几分钟,就算在这几分钟内的乘客候梯时间都是最长的,即0.47 s,人流高峰算上四个(上午9:00到10:00,11:00到12:00,下午3:00到4:00,晚上7:30到8:30各有一个高峰)。

$$\bar{t}_s=1\,530\times7\times0.47/200\,000=0.025\,1\ \text{s}$$

(5)实际平均候梯时间 $\bar{t}_s$ 分析

即使上述计算结果表明理论候梯时间很小,但是对这5 min(即人流高峰时)前后的乘客来说,他们的候梯时间是不能忽略的。这里假设5 min后的10 s的乘客到达率为5人/s,之后乘客到达率小于5人/s,这样就有100名乘客的候梯时间为0.47 s,则有这段时间内的平均候梯时间

$$\bar{t}_s=(100\times0.47+1\,530\times6/2)/(1\,530+100)=2.84\ \text{s}$$

候梯时间不到3 s,是一个乘客可接受的范围。其实,这还是往大的范围考虑,实际的平均候梯时间不会比这长,而是要小一点,特别是在有楼梯的情况下,若有排队等候乘坐扶梯,则会有更多的人选择走楼梯,还有扶梯的实际负载率很可能大于50%。所有这些会使平均候梯时间再小点的。所以如果发生突发人流增大的情况,7台自动扶梯也能应付,并且不会使得候梯时间太长。

4.4.5　结　　论

候梯时间的研究主要是为扶梯能耗计算做基础,从这部分的研究中,可以得到以下结论:

(1)自动扶梯实际输出率受扶梯宽度、扶梯通过能力以及扶梯利用率的影响;输出率同时影响候梯时间,生成最大候梯时间表达式为:

$$t_s = \lambda_{max} \times t_0 / (n \times \mu_{max}) - t_0$$

(2)为使自动扶梯安装经济合算,其数量应满足如下要求:

$$\begin{cases} n \leqslant \lambda_{max} / \mu_{max} \\ n \geqslant \lambda_{max} \times t_0 / \mu_{max}(t_0 + 10) \end{cases}$$

根据通过率 μ_{max} 和输入率 λ_{max} 的统计值即可求出所需扶梯台数,这样求出的扶梯系统无候梯时间。

通过研究候梯时间,可得出旅客在扶梯处停留时间,采取加开扶梯方式可使此时间为零,如何采取有效措施既提供快捷服务又节能则属于自动扶梯能耗指标研究范畴。

5 空调能耗研究

本章任务是对客运站耗能最大的设备——空调进行能耗分析与研究。首先分析空调能耗指标，采用 BIN 法模拟节能标准状态下客运站的空调能耗，与客运站实际能耗及相关公共建筑能耗指标相比较，可得出客运站能耗的节能空间。在此基础上，结合正交试验法分析影响空调能耗的各个因素，分析影响客运站空调能耗的主、次因素，为客运站空调节能指明方向。即在建立节能措施时，应重点把握主要影响因素，为客运站节能找准方向，并获取最大空间，为节能措施的实施提供依据。

5.1 空调能耗指标研究

研究空调能耗指标，首先要先算出达到节能条件下的建筑空调负荷的大小，再根据一定的转换方式，将负荷形式转换为能耗形式，即得到能耗指标。

首先由 BIN 法算出空调负荷的大小，BIN 法是 ASHRAE 提出的一种简化能耗计算方法，特征是根据某地的气象参数，将室外干球温度按一定间隔分段，统计出各温度段中的温度在全年或某一期间所出现的小时数，即温度的时间频数。取各温频段的中点温度作为代表温度，将该频段中所有干球温度对应的含湿量之和与温频数的比值作为代表含湿量。然后分别计算在不同温度频段下的建筑能耗，并将计算结果乘以各频段的小时数，相加便可得到全年或季节的空调假象负荷。

空调负荷由建筑传热、日射负荷、内部负荷、新风负荷及其他负荷部分组成。应用 BIN 法须假设建筑传热（由太阳辐射和室内外温差引起的负荷）及新风负荷与室外干球温度成线性关系，将空调负荷简化为室外温度 T 的一次函数。

CEC 是空调设备系统的能量利用效率的判断基准。空调系统的 CEC 系数定义为空调系统全年总耗能量与假想空调负荷全年累计值之比,因此可知 CEC 值越小,空调设备的能量利用效率越高。

将空调假象负荷与 CEC 标准系数相乘,即得空调系统的能耗指标。

5.1.1 室外气候参数

5.1.1.1 现有各路局主要车站地域与气候条件分析

为区分我国不同地区气候条件对建筑空调能耗影响的差异性,明确各气候区的建筑基本要求,提供建筑气候参数,从总体上做到合理利用气候资源,防止气候对建筑的不利影响,本课题参考建筑气候区划标准(GB 50178—93)。因建筑气候区划标准是目前最为完备的分区方法,可采用为本项目的分区依据。

全国建筑节能气候分区分为 5 个气候区,即严寒地区 A、严寒地区 B、寒冷地区、夏热冬冷地区、夏热冬暖地区。

严寒地区 A:包括哈尔滨,冬季漫长而严寒,时间长达 7~8 个月。1 月份平均气温在 −28 ℃~−10 ℃之间;夏季短促而温凉,一般只有一至一个半月,7 月份的平均气温在 16 ℃~23 ℃之间。年降水量有 400~700 mm;由于气温较低,蒸发量小,因而比较湿润,年平均相对湿度为 50%~70%。

该地区主导气候为冬季的严寒气候,建筑物首先需要满足防寒、保温要求。建筑空调能耗主要集中在冬季采暖上,其计算 BIN 温度是 −24 ℃~10 ℃,冬季室内外温差较大,一般为 30 ℃,其计算热负荷远远高于其他地区的热负荷值,而哈尔滨的夏季计算温度只有 22 ℃~32 ℃,冷负荷是各地区中最少的。总的负荷在 5 个地区中偏小,比北京的要大一点。因为 BIN 方法得出空调负荷的大小与建筑能耗是成正比的,可以从负荷的变化看出能耗的改变。

严寒地区 B:冬季长 6~7 个月,降雪期从 10 月至翌年 4 月,长达 7 个月。1 月平均气温高于 −16 ℃;夏季长 2 个月,平均气温在 20 ℃左右。年平均相对湿度为 50%~70%;年降水量为 200~800 mm,雨量多集中在 6~8 月,年雨日数为 60~160 d。

寒冷地区：包括北京，气候特征：夏季炎热时间为 2 个月且多雨。1 月平均气温为－15 ℃～0 ℃；7 月平均气温 18 ℃～28 ℃；气温年较差较大，月平均温度振幅约为 7 ℃。北京地区由于主导月份为冬季，且冬季比哈尔滨时间缩短 2 个月，室内外温差在 20 ℃左右，其热负荷比哈尔滨站小。夏季的时间只有 6～9 月份 4 个月，且室内外温差在 10 ℃左右，冷负荷比南方地区的少。

夏热冬冷地区：包括长沙、上海，气候特征：1 月平均气温在－5 ℃～10 ℃；7 月平均气温 25 ℃～30 ℃。气温年较差较大，该地区日照丰富。冬季、夏季都是主导季节。

夏热冬暖地区：包括广州，广州年平均温度 21.9 ℃，中性温度为 26.3 ℃，舒适区的温度上限和下限，分别为 28.3 ℃、24.3 ℃。广州夏季需要降温的时间为全年的 50%，该地区长夏无冬，温高湿重，气温年较差和日较差均很小。雨量充沛，多热带风暴和台风。一月平均气温为 25 ℃～29 ℃，年平均日较差为 5 ℃～12 ℃。年平均相对湿度 80%左右。广州没有冬季，无需采暖。夏季制冷时间长，其冷负荷是所有地区最高值，其总负荷也是最高值。

由以上分析可知，相同的客运站在不同的地区，因为气候条件的影响，其冷负荷、热负荷的值都会有所不同，总负荷呈现各地区的特征。

5.1.1.2　影响建筑能耗的气候要素

建筑节能气候分区主要考虑以下气候要素：影响建筑热环境质量的气候要素；影响建筑冷热耗量的气候要素；影响供暖空调技术应用与性能的气候要素。其中，重点是影响建筑冷热耗量和暖通空调能效比的气候要素。

1. 与冷热耗量有关的气候要素

冬季太阳辐射量：太阳辐射影响建筑物得热量，从而影响冬季供暖能耗；

夏季气温：直接影响夏季空调能耗；

冬季气温：直接影响冬季供暖能耗；

夏季相对湿度：影响夏季湿负荷；

空调天数：反映高温持续时间；

供暖天数：反映低温持续时间。

2. 与暖通空调能效有关的气候要素

冬季太阳辐射量:影响太阳能供暖设备的使用;

最冷月平均温度:影响空气源热泵的使用;

夏季相对湿度:影响蒸发冷却技术的使用;

冬夏累积温度的差异:影响地源热泵的使用。

5.1.1.3　BIN 室外气象参数

最重要的 BIN 室外气象参数的取值,即室外空气干球温度、室外空气含湿量、温频数。现将各地的室外气象参数表示如下。

1. 夏季各地区 BIN 参数(表 5-1)

表 5-1　夏季各地区 BIN 参数

BIN温度(℃)	哈尔滨地区		北京地区		上海地区		长沙地区		广州地区	
	时间频率(h)	BIN含湿量(g/kg)	时间频率(h)	BIN含湿量(g/kg)	时间频率(h)	BIN含湿量(g/kg)	时间频率(h)	BIN含湿量(g/kg)	时间频率(h)	BIN含湿量(g/kg)
22	448	11.06	515	10.99	824	14.08	638	13.6	729	13.41
24	402	11.95	622	13.29	645	14.64	720	16.8	1 161	15.02
26	281	12.59	514	13.75	695	16.54	729	18.01	1 237	17.08
28	156	12.97	414	14.41	605	18.53	504	19.04	969	19.37
30	79	14.63	292	15.61	324	20.14	346	18.1	595	19.65
32	35	15.39	151	15.3	129	19.66	249	19.75	384	20.17
34	0	0	77	14.6	41	21.27	138	19.82	173	21.42
36	0	0	13	16.2	13	21.62	59	21.065	28	22.06
38	0	0	1	10.91	0	0	15	21.2	0	0

哈尔滨地区,夏季室外计算温度由 22 ℃～32 ℃,夏季时间频率随着温度的降低而减少,说明夏季哈尔滨的室外温度为 22 ℃的时间最多。

北京地区,夏季室外计算温度由 22 ℃～32 ℃,夏季在 24 ℃时的时间频率最高,达到了 622 h,最低时间频率为 38 ℃时,说明北京地区最高温度达到 38 ℃很少发生。

上海地区,室外计算温度为 22 ℃～36 ℃,夏季在 22 ℃时间频率最高,为 824 h,在 36 ℃,时间频率最低为 13 h。

长沙地区，夏季室外计算温度 22 ℃～36 ℃，夏季时间频率最高是在 26 ℃时，达到了 729 h，最低发生在 38 ℃时，只有 15 h。

广州地区只有夏季，室外计算温度为 22 ℃～36 ℃。由于广州地区属于热带气候，其一年四季的温度都比较高，时间频率最高的发生在 26 ℃时，有 1 237 h，远远高于以上几个地区的时间频率。最低的发生在 36 ℃，只有 28 h。虽然广州的年均温度高，但是一年最高气温还是没有长沙的高。

2. 冬季各地区 BIN 参数(表 5-2)

表 5-2　冬季各地区 BIN 参数

BIN温度(℃)	哈尔滨地区		北京地区		上海地区		长沙地区	
	时间频率(h)	BIN含湿量(g/kg)	时间频率(h)	BIN含湿量(g/kg)	时间频率(h)	BIN含湿量(g/kg)	时间频率(h)	BIN含湿量(g/kg)
−24	137	0.36	0	0	0	0	0	0
−22	220	0.42	0	0	0	0	0	0
−20	265	0.49	0	0	0	0	0	0
−18	323	0.55	0	0	0	0	0	0
−16	329	0.65	0	0	0	0	0	0
−14	309	0.77	3	0.37	0	0	0	0
−12	327	0.94	31	0.53	0	0	0	0
−10	317	1.09	102	0.67	0	0	0	0
−8	268	1.24	182	0.95	0	0	0	0
−6	222	1.52	270	1.12	0	0	0	0
−4	283	1.71	368	1.3	34	1.31	0	0
−2	287	2.05	428	1.59	60	1.84	29	3.17
0	287	2.39	406	1.69	109	2.26	174	3.61
2	310	2.77	245	1.99	265	3.13	245	4.04
4	292	3.1	427	2.31	485	3.8	427	4.4
6	294	3.64	496	2.6	490	4.53	496	4.99
8	254	4.13	0	0	554	5.27	608	5.41
10	329	4.65	0	0	557	5.89	716	6.58

哈尔滨地区，冬季室外计算温度由－24 ℃～10 ℃。冬季的室外温度最低可达到－24 ℃，时间频率最高的是－16 ℃，最低的是－24 ℃。

北京地区，冬季室外计算温度－14 ℃～6 ℃冬季在－4 ℃时时间频率最高，在－14 ℃时最低，显然这个值比哈尔滨的要高很多。

上海地区，冬季室外计算温度为－4 ℃～10 ℃，冬季在 10 ℃时时间频率最高达到了 557 h，在－4 ℃最低，只有 34 h。

长沙地区，冬季室外计算温度为－2 ℃～10 ℃，冬季时间频率最高是在 10 ℃，有 716 h，最低的为－2 ℃，只有 29 h。

广州地区属于夏热冬暖地区，冬季不需要采暖，因而没有冬季参数。

5.1.1.4　负荷温度

利用温频法进行建筑能耗分析时，须找出四个与当地气候密切相关气象参数。见表 5-3。

(1)高峰冷负荷温度 T_{pc}，该地区最高温度段的代表温度。

(2)中间冷负荷温度 T_{ic}，该地区开始供冷的最低温度段的代表温度，一般在 22 ℃～25 ℃之间。

(3)中间热负荷温度 T_{ih}，该地区开始供暖温度段的代表温度。

(4)高峰热负荷温度 T_{ph}，该地区最低温度段的代表温度。

表 5-3　各地区代表温度

单位(℃)	广州	长沙	上海	北京	哈尔滨
T_{pc}	35.6	35.8	36	34.7	32.2
T_{ic}	20	20	20	20	20
T_{ih}	12	12	12	12	12
T_{ph}	6	−2	−6	−14	−24

5.1.2　室内计算参数

1. 室内设计温度的取值

按照第 4 章得到的客运站室内热舒适温度公式，取室内设计温度 $T_{in}=0.268\,1T_{out}+19.16$，其中 T_{out} 为室外温度。

2. 新风量的取值

由第 4 章的分析得知，客运站的客流量复杂变化，所需新风量也会复杂多变，取一个合理的新风值将对节能产生很大的影响，由于新风量与能耗成正比，所以要实现节能的目的，必须在满足室内空气品质条件下尽量减少新风。

3. 室内设计相对湿度取值

依照《采暖通风与空气调节设计规范》(GB 50019—2003)和各个地区的实际情况，相对湿度取值见表 5-4。

表 5-4 各地区相对湿度

地区	广州	长沙	上海	北京	哈尔滨
夏季相对湿度值(%)	65	60	65	50	40
冬季相对湿度值(%)	60	55	60	40	30

5.1.3 建筑模型

以我国一个大型客运站为建筑模型，该站的候车室共有两层，一层为普通车次候车室，二层为特快、动车组、软席候车室，总建筑面积为 3 245.84 m^2，每个候车室为南北朝向，通过对现场的勘察，得到围护结构数据见表 5-5 和表 5-6。

表 5-5 水平外围护结构分析表(m^2)

楼地	屋顶	天窗
3 245.84	3 245.84	0

表 5-6 立面外围护结构分析表(m^2)

朝向	外墙	外窗
东	568	0
南	543.5	398.2
西	568	0
北	543.5	398.2

各地区具有各自的建筑结构参数，围护结构的差异，是区分不同地区的重要依据。在进行 BIN 法计算时，传热系数的大小，直接影响到稳态热传导以及非稳态的热传导，现将五大地区的围护结构的参数表示见表 5-7。（取值参见《公共建筑节能标准》）

表 5-7　围护结构表面的传热系数 K[W/(m²·℃)]

传热系数	广州	上海	长沙	北京	哈尔滨
屋顶	0.9	0.9	0.9	0.79	0.79
玻璃窗	6.4	6.4	6.4	3.26	3.26
墙	2.08	2.08	2.08	1.57	1.27

5.1.4　建筑传热

1. 计算原理

建筑传热由两部分组成：①通过屋面、墙体、玻璃窗由温差引起的稳定传热部分；②通过屋面、墙体由投射在外表面上的日射引起的不稳定传热部分。这两部分可分别用式(5-1)和式(5-2)来计算。

稳定传热：

$$\mathrm{TCL(THL)} = \sum_{i=1}^{n}(A_i \times K_i)(T - T_i)/A_\mathrm{f} \tag{5-1}$$

式中，TCL、THL 分别为夏季、冬季由温差引起的传导负荷，W/m²；n 为建筑物热传导表面数；热传导表面由东墙、西墙、南墙、北墙、屋顶、南窗、北窗组成，所以 $n=7$；A_i 为第 i 个表面的面积，m²；A_f 为建筑物空调面积，m²；K_i 为第 i 个表面的传热系数，W/(m²·℃)；T 为室外气温，℃。

不稳定传热：

$$\mathrm{TSCL} = \sum_{i=1}^{n}(A_i \times K_i \times \mathrm{CLTDS} \times \mathrm{KC} \times \mathrm{FPS})/A_\mathrm{f} \tag{5-2}$$

式中，TSCL 为日射形成的传导负荷，7 月份和 1 月份分别记作 TSCL_7 和 TSCL_1，W/m²；CLTDS 为日射形成的墙体冷负荷温差，℃；取 $T - T_i$；KC 为墙体外表面颜色修正系数，取 1；FPS 为月平均日照率。

利用式(4-2)可建立在 TSCL 与 T 之间的线性关系：

$$TSCL=(TSCL_7-TSCL_1)(T-T_{ph})/(T_{pc}-T_{ph})+TSCL_1 \tag{5-3}$$

2. 建筑传导负荷

按照上述参数及计算公式,计算各站的建筑传热负荷见表 5-8。

表 5-8 各地区建筑传导负荷[kW·h/(m²·a)]

地区	哈尔滨站	北京站	上海站	长沙站	广州站
夏季	6.06	2.47	4.1	7.97	38.32
冬季	172.09	106.69	79.76	87.6	0

5.1.5 透过玻璃窗的日射得热

1. 计算原理

$$SCL=\sum_{i=1}^{n}(MSHGF_i\times AG_i\times SC_i\times CLFT_i\times FPS)/(t\times A_f) \tag{5-4}$$

式中,SCL 为平均日射负荷,7 月份和 1 月份分别记作 SCL_7 和 SCL_1,W/m²;n 为建筑物朝向数,南、北两个方向,$n=2$;AG_i 为朝向 i 窗的总面积,m²;SC_i 为朝向 i 的遮阳系数;t 为空调系统运行小时数,h,一般取值 $t=24$ h;$MSHGF_i$ 为朝向 i 的最大日射得热系数,W/m²;$CLFT_i$ 为朝向 i 的 24h 日射冷负荷系数之和;FPS 为月平均日照率。

SCL 与室外干球温度 T 之间存在如下线性关系：

$$SCL=(SCL_7-SCL_1)(T-T_{ph})/(T_{pc}-T_{ph})+SCL_1 \tag{5-5}$$

2. 日射参数

在进行 BIN 法计算时,稳态与非稳态传热都会利用日照率 FPS、日射得热系数 $MSHGF_i$、日射冷负荷系数 $CLFT_i$。将各地区的参数表示见表 5-9,表 5-10,表 5-11。

表 5-9　朝向 i 的最大日射得热因素 $MSHGF_i$（W/m²）

最大日射得热系数		广州	上海	长沙	北京	哈尔滨
7月	MSHGF 南	190	292	146	314	376
	MSHGF 北	177	149	134	134	129
1月	MSHGF 南	783	818	840	971	913
	MSHGF 北	195	182	198	195	137

表 5-10　朝向 i 的 24 h 日射冷负荷系数之和 $CLFT_i$

日射冷负荷系数	广州	上海	长沙	北京	哈尔滨
CLFT 南	8.28	6.96	8.41	6.57	6.57
CLFT 北	18.88	10.24	10.94	11.1	11.1

表 5-11　月平均日照率 FPS

日照率	广州	上海	长沙	北京	哈尔滨
FPS_7	56%	55%	61%	51%	53%
FPS_1	41%	43%	27%	68%	64%

3. 日射负荷

按上述计算公式及参数取值，得各地区日射负荷计算结果见表 5-12。

表 5-12　各地区日射负荷[kW · h/(m² · a)]

地　区	哈尔滨站	北京站	上海站	长沙站	广州站
夏季	8.37	30.66	31.02	24.74	59.82
冬季	63.0	58.96	46.13	44.76	0

5.1.6　内部负荷

1. 计算原理

内部负荷根据式(5-6)进行计算：

$$CLI = AU \times CLI_{max} / A_f \tag{5-6}$$

式中,CLI 为内部负荷,W/m^2;AU 为同时使用系数,取值0.8;CLI_{max}为照明、发热设备最大负荷和房间内最大人数时人体散热,W。

(1)我们先计算房间最大人数时的人体散热负荷。

人体显热散热引起的冷负荷计算式为:

$$Q_{c(\tau)}=q_s n\varphi C_{LQ} \tag{5-7}$$

式中,$Q_{c(\tau)}$ 为人体显热散热形成的冷负荷,W;q_s 为不同室温和劳动性质成年男子显热散热量,W,见《暖通空调》中表 2-23,本研究由室内温度 26 ℃取极轻劳动下 60.5 W;n 为室内全部人数;φ 为群集系数,见《暖通空调》中表 2-12,取 $\varphi=1.0$;C_{LQ} 为人体显热散热冷负荷系数,由《暖通空调》附录 2-23 查得。但应注意:对于人员密集的场所(如电影院、剧院、会堂等),由于人体对维护结构和室内物品的辐射还热量相应减少,可取 CLQ=1.0。

(2)人体潜热算热引起的冷负荷计算式为:

$$Q_c=q_l n\varphi \tag{5-8}$$

式中,Q_c 为人体潜热形成的冷负荷,W;q_l 为不同室温和劳动性质成年男子潜热散热量,W,见《暖通空调》表 2-23,本文由室内温度 26 ℃取极轻劳动下 73.3 W;n,φ 同式(5-7)。

2. 内部负荷计算结果

按上述公式及参数取值计算客运站内部负荷,应注意冬季没有内部负荷,计算结果见表 5-13。

表 5-13 各地区内部负荷[$kW\cdot h/(m^2\cdot a)$]

地　区	哈尔滨站	北京站	上海站	长沙站	广州站
夏季	87.0	161.51	162.02	168.05	353.49

5.1.7 新风负荷

根据国家现行有关卫生标准《采暖通风与空气调节设计规范》

(GB 50019—2003)中规定,无论是工业建筑还是民用建筑,人员所需新风量都应根据室内空气的卫生要求、人员的活动和工作性质,以及在室内的停留时间等因素确定。

5.1.7.1　新风负荷计算模型

建筑模型:北京西站,空调面积为 23 077.6 m^2,体积为 145 540 m^3。空调系统负责 2 个候车大厅,1 个售票厅,1 个中央走廊和 13 个候车室。

数学模型:空调能耗包括夏季能耗和冬季能耗,夏季能耗包括显热和潜热能耗,而冬季只包括显热能耗。

显热负荷:

$$Q_{显} = \text{CLVL} \times t = 0.34 \times V \times t \times (T - T_i)/A_f \quad (5\text{-}9)$$

潜热负荷:

$$Q_{潜} = \text{CLVL} \times t = 0.83 \times V \times t \times (d - d_i)/A_f \quad (5\text{-}10)$$

式中,$T-T_i$ 为室内外温差;$d-d_i$ 为室内外含湿量差;A_f 为空调面积;V 为整个系统新风体积;t 为一年空调运行时间。一年空调运行时间 t 由 BIN 时间频率得出。新风量的得出有两种办法,一是换气次数法,二是最小新风量方法,下面分别讨论。

5.1.7.2　确定新风量的方法

1. 换气次数法

由铁路节能规范可知,候车室的空调系统一般都是 1～2 次换气,这样保证空调系统的节能。因此,采用 1 次/h 计算新风量,根据客运站的建筑模型,整个系统新风量为 145 540 m^3/h,空调面积为 23 077.6 m^2。采用 BIN 时间频率,计算得出新风负荷为189.577 kW·h/(m^2·a),总的空调年负荷为 349.867 kW·h/(m^2·a)。

2. 在满足人员舒适度前提下,达到节能标准的最小新风量

由于火车站内每时刻的聚集人数不同,可知北京西站每时刻的聚集人数见图 5-1。每人所需最小新风量为 12 m^3/h。每时刻的聚集人数与每人所需新风量的乘积,即得到该时刻系统的新风

量，用 v 表示。

BIN 温度参数夏季是从 22 ℃～36 ℃，车站的人数又是时刻变化的，所以新风量的得到要分时间段计算。因为客运站 5:00～22:00的聚集人数能够代表一天人数变化特点，将该时间段分解为 18 个小时段(图 5-1)，计算每个时间段从 22 ℃～36 ℃的时间频率，即可得到一年不同时间段的时间频率，用 t 表示。见表 5-14，以北京站夏季新风量计算为例。

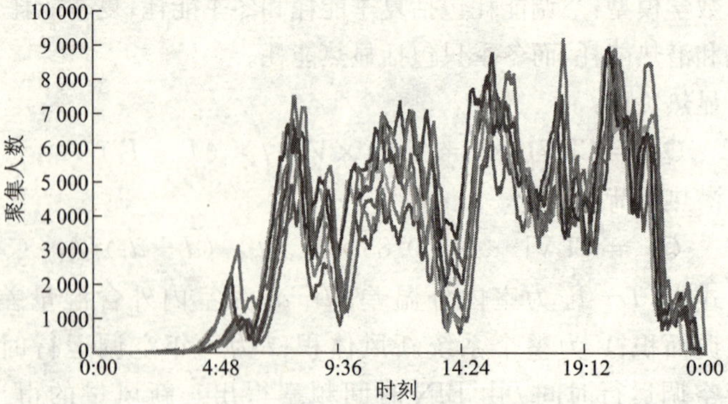

图 5-1　不同时间段车站聚集人数

表 5-14　北京西站夏季新风量计算表

夏季新风量(V)	夏季统计特定温 T_j 下每时刻出现的时间频率(h)								
系统新风量(m^3/h)	时刻	22 ℃	24 ℃	26 ℃	28 ℃	30 ℃	32 ℃	34 ℃	36 ℃
7 939.340 742	5	31	23	4	2	2	0	0	0
11 371.834 66	6	30	34	10	2	2	0	0	0
42 624.802 86	7	24	35	26	5	2	0	0	0
33 283.634 09	8	15	32	36	12	5	0	0	0
21 657.324 71	9	23	18	39	25	12	1	0	0
40 076.374 46	10	25	25	25	38	12	7	1	0
46 660.066 07	11	20	28	22	31	24	15	1	1

续上表

夏季新风量(V)	夏季统计特定温 T_j 下每时刻出现的时间频率(h)							
系统新风量 (m^3/h)	时刻	22 ℃	24 ℃	26 ℃	28 ℃	30 ℃	32 ℃	34 ℃	36 ℃
44 597.893 72	12	18	22	31	25	30	15	7	2
29 310.833 75	13	26	17	25	31	31	19	11	3
22 768.502 52	14	22	21	19	30	28	24	18	3
62 893.845 33	15	23	18	22	25	34	20	18	2
55 702.555 1	16	20	19	24	23	33	17	13	2
49 483.433 07	17	20	30	20	33	17	17	5	0
54 784.470 13	18	26	24	18	33	20	8	1	0
58 268.378 75	19	23	22	33	19	16	4	0	0
86 982.068 24	20	9	25	33	24	5	2	0	0
68 003.254 62	21	9	33	27	20	5	1	0	0
18 404.166 84	22	11	30	30	17	1	0	1	0

在 22 ℃～36 ℃时一年中出现的时间，时间×每人所需新风量×人数＝新风量一年的能耗。

新风量：$V_{ij}=v_i\times t_{ij}$（T_j＝22 ℃～36 ℃；i 为第 i 个时间段，j 为第 j 个 BIN 温度）

T_j 温度下新风量(单位为 m^3)：

$$V_j=\sum_{i=1}^{i=18}V_{ij} \tag{5-11}$$

新风量负荷：

$$Q_{显}=\text{CLVL}\times t=0.34\times V_j\times(T-T_j)/A_f \tag{5-12}$$

$$Q_{潜}=\text{CLVL}\times t=0.83\times V_j\times(d-d_j)/A_f \tag{5-13}$$

由式(5-11)到式(5-13)可计算北京西站新风能耗，见表 5-15。

夏季新风能耗：$Q_{夏}=12.06$ kW·h/(m²·a)；冬季新风能耗：$Q_{冬}=28.85$ kW·h/(m²·a)。详见表 5－16。

表 5-15　北京西站夏季空调负荷计算表

BIN (℃)	一年总的新风量(m^3)	显热能耗 $Q_{\text{显}}$	潜热能耗 $Q_{\text{潜}}$	新风能耗 Q_j	总能耗 $Q_{\text{夏}}$
22	14 520 665.2	−855.740 936	261.126 83	−594.61 411	12.056 (kW·h/m^2)
24	19 024 447.5	−560.580 327	1 915.865 71	1 355.28 538	
26	19 750 697.7	0	2 315.767 85	2 315.767 85	
28	18 030 536.1	531.293 421 6	2 542.082 76	3 073.376 18	
30	12 674 134.5	746.920 029 9	2 333.905 41	3 080.825 44	
32	6 733 766.62	595.257 825 8	1 164.925 4	1 760.183 23	
34	3 308 002.15	389.898 507 7	488.992 934	878.891 441	
36	529 286.7	77.980 633	108.698 1	186.678 8	

表 5-16　北京西站空调系统年负荷计算表

负荷单位[kW·h/(m^2·a)]	夏季	冬季
新风	12.06	28.85
内部	103.07	0
传导	9.61	131.62
日射	24.72	−108.74
总负荷	201.19	

3. 两种方法的比较

新风量计算的两种不同计算方法各有各的优点，换气次数法简单快捷但结果大，最小新风量法节能但耗时长。最后得出两种方法的能耗值见表 5-17。

表 5-17　两种不同新风负荷计算方法比较

负荷单位[kW·h/(m^2·a)]	不同方法/地区	北京	哈尔滨	长沙	广州
夏季	最小新风量法	12.061	2.437	24.776	48.934
	换气次数法	40.610	9.017	129.083	206.991

续上表

负荷单位[kW·h/(m²·a)]	不同方法/地区	北京	哈尔滨	长沙	广州
冬季	最小新风量法	28.852	58.520	15.117	0.000
	换气次数法	148.967	264.760	76.765	0.000
总新风	最小新风量法	40.913	60.597	39.893	48.934
	换气次数法	189.577	273.777	205.848	206.991
空调总负荷	最小新风量法	201.186	257.700	283.520	387.910
	换气次数法	349.867	470.880	449.475	545.967

由表5-17可知，四个代表不同气候区的车站，其空调新风能耗计算方法，均为最小新风量节能很多，而且这样导致空调总能耗，相比于换气次数法能减少30%～50%。原因有以下几点：

(1)由于空调体积有145 540 m^3，一次换气即为145 540 m^3/h，按室内最高聚集人数来算，有8 000人，那么每人的新风量即为18.195 m^3/h，虽然达到了人员舒适性的要求，但是离空调节能标准每人8 m^3/h比较远，也就是这种计算新风量的方法必然导致新风能耗的增加。既接近节能标准，又能满足人员的舒适要求的新风量为12 m^3/h，计算出来的新风能耗要小很多。

(2)最小新风量法，考虑了室内人员这个实际情况，空调系统的新风量随着室内人员的改变而改变，这样最大程度上节省了能源。而换气次数法没有考虑室内人员的多少，新风量一直维持不变满足最不利情况，这样导致在不需要这么多新风量时，空调系统的能耗就是一种浪费。但是，实际情况下，空调系统是不能随着人员的情况而改变新风量，所以，最小新风量法计算的只是一种理想状态。

5.1.8　结果分析

负荷模拟结果见表5-18，应注意夏季的负荷计算含有内部负荷，冬季没有；夏季新风负荷计算时，有潜热和显热部分，而冬季只有显热部分。

表 5-18 各地区负荷总表

地区	夏季负荷 [kW·h/(m²·a)]	冬季负荷 [kW·h/(m²·a)]	全年负荷 [kW·h/(m²·a)]
北京	136.237	213.630	349.867
哈尔滨	74.668	396.212	470.880
上海	236.822	203.421	440.243
长沙	246.029	203.446	449.475
广州	545.967	0.000	545.967

(1)由图 5-2 可知,夏季负荷越往北越小,夏季负荷最大的广州,夏季时间最长,空调运行时间最长,且没有供暖季。处于夏热冬暖地区的长沙和上海的夏季温度最高,且出现这个温度的时间差不多,所以负荷也是在同一水平。处于严寒地区的哈尔滨,夏季时间是最短的,且最高温度只有 34 ℃,所以能耗最小。

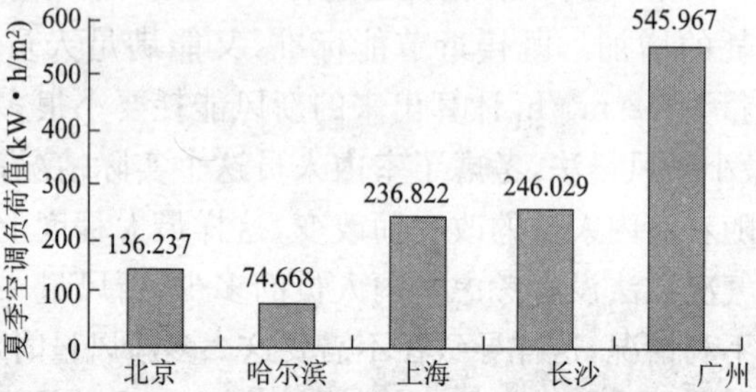

图 5-2 夏季各地区空调负荷比较

(2)由图 5-3 知,越往北,冬季采暖负荷越大,这是因为北方的冬季,室内外温差可达到 30 ℃以上,哈尔滨可达 42 ℃,因为冬季采暖负荷主要是提高室外低温空气,所以室内外温差越大,负荷越大。而南方冬季室内外温差 15 ℃以下,所以负荷少。

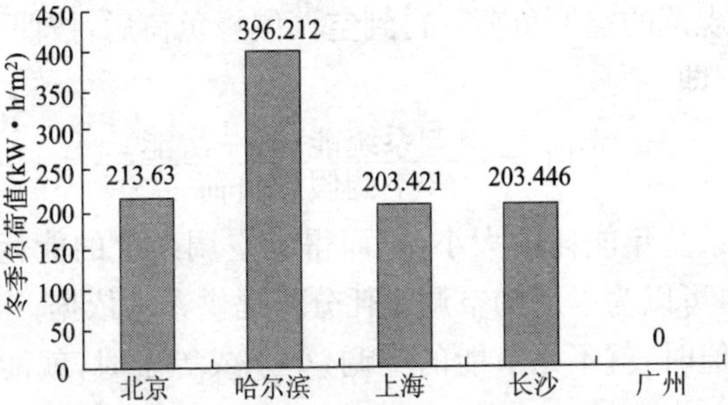

图 5-3　冬季各地区采暖负荷比较

(3)由图 5-4 可知,北京的空调负荷最低,广州的空调负荷最高。上海空调负荷与采暖负荷没有很大的差距,而在上海以南的城市,空调负荷占主导;上海以北的城市,采暖负荷占主导。越往南,夏季空调负荷越大,在上海以北的城市,随着纬度的增加,空调总负荷也在增加。

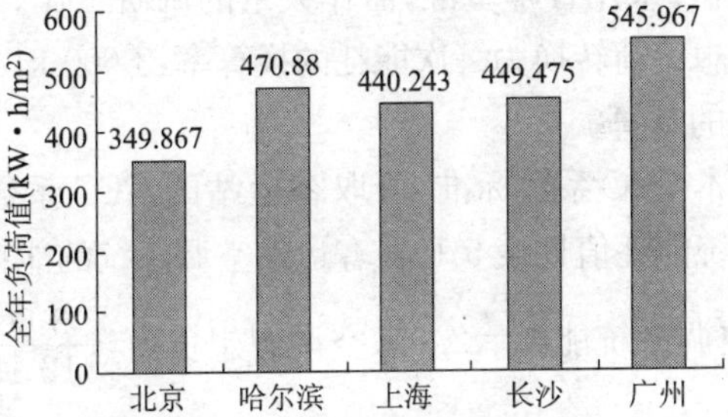

图 5-4　各地区全年负荷比较

5.1.9　空调能耗指标

目前,国内对公共建筑,特别是客运站的空调能耗节能指标的研究很少,我们只能通过自己的模拟计算,选取节能参数,来得到最终的能耗值。

模拟计算能耗指标:由于在用 BIN 法计算空调负荷时,各参数的取值都是按照公共建筑的节能规范进行的,因此得到的是能

达到节能规范的空调负荷。得到空调假想负荷后，按照 CEC 系数的定义式，即

$$\mathrm{CEC}=\frac{\text{空调系统能耗（一次能）}}{\text{空调假想负荷}}$$

得到空调系统年能耗的大小，进而得到空调系统的能耗指标。此能耗指标，可以为以后的空调能耗分析提供参考依据，当实际的能耗大于此值时，就不是节能的空调，小于或等于时，就能够达到节能规范。

1. 能耗转换率

空调系统能耗转换为一次能耗的换算率：由于我国目前实际条件的限制，如发电站效率低等，我国每 1 kW · h 电实际耗费一次能大于日本。我国火电厂供电标准煤耗量为 414 g/(kW · h)，即电能转化为一次能的换算率为 12 131 kJ/(kW · h)，而日本换算率为 10 258 kJ/(kW · h)。故我国在制定空调能耗系数判断基准时，不能盲目采用日本基准，需作大量的调研工作。

空调假想负荷转换为一次能耗的换算率：3 600 kJ/(kW · h)。

2. 能耗的计算

根据日本 CEC 系数标准，可取客运站的 CEC 系数为 2.0。各地区空调系统能耗值见表 5-19。客运站空调系统的能耗计算式为：

$$\text{空调系统能耗}=2.0\times\text{空调假想负荷}\times\frac{3\ 600}{12\ 131}$$

表 5-19　各地区空调系统能耗值表

空调系统能耗 [kW · h/(m² · a)]	方法/地区	北京	哈尔滨	长沙	广州
	最小新风量法	119.416	152.950	168.275	230.233
	换气次数法	207.653	279.477	266.773	324.043

由于最小新风量法实际不能实现，客运站的空调系统一般还是采用的换气次数法进行新风量的控制，所以，虽然最小新风量法得到的是理论上最节能值，但是考虑到实际情况，客运站的节能能耗标准值还是以换气次数法的能耗值为依据。

5.1.9.1　模拟能耗与实际能耗比较(表 5-20)

表 5-20　各地区空调能耗实际与模拟值比较

地区	实际能耗 [kW·h/(m²·a)]	模拟能耗 [kW·h/(m²·a)]	节能潜力
哈尔滨	378.95	279.950	35.40%
北京	270.54	207.653	30.30%
长沙	385.23	266.773	44.30%
广州	457.67	324.043	41.10%

(1)北京站的实际能耗较其他几个地区是最小的,原因一是北京西站较哈尔滨地区的供暖期要短,且夏季空调开启时间较南方地区少;原因二是北京西站规划较合理,同为新站,上海南站就有其节能的缺陷。所以北京西站的能耗不管是模拟值,还是实际值都是最少的,实际为 270.54 kW·h/(m²·a),节能潜力为 30.3%。

(2)哈尔滨站在改建后,空调负荷的范围加大,因为增加了高架候车区,客流量的加大,也使得哈尔滨站的实际能耗变大,实际空调能耗 2007 年为 378.95 kW·h/(m²·a),根据节能模拟值,节能潜力为 35.4%。

(3)长沙站夏季白天开双机 16 h,耗电 4 400 kW·h;晚上开单机 8 h,耗电 1 136 kW·h。冬季机时间与夏季相反。制冷、制热每年保养各 1 个月,即每年开机 10 个月。长沙站的空调面积为 3 245.84 m²。因此算出的实际年能耗为 385.23 kW·h/(m²·a)。模拟的长沙站空调能耗为 266.773 kW·h/(m²·a),节能模拟能耗与实际能耗的差距较大,长沙站空调系统具有较大的节能潜力,节能潜力为 44.3%。

(4)广州站的实际能耗是这几个地区最大值,因其制冷时间最长,客流量也是较长沙、哈尔滨的大。能耗值达到了 457.67 kW·h/(m²·a),要达到节能标准,还有 41.4%的潜力。

以上分析,几大地区的能耗节能率都超过了 30%,就有比较大的节能潜力，能耗模拟节能指标的研究具有一定的现实意义。

5.1.9.2 客运站模拟能耗与相关公共建筑能耗比较

《2007中国建筑节能年度发展研究报告》报道我国商场类建筑年能耗密度在200～300 kW·h/(m^2·a)之间，见表5-21。在此之前，对客运站能耗的研究基本没有。这里以商业建筑与客运站建筑作比较，以分析出客运站建筑的能耗特点。

表5-21 商业建筑的能耗调查结果

城市	调查结果
上海	办公楼平均年能耗为175.01 kW·h/(m^2·a)， 星级宾馆单位面积年一次能耗平均值为261.59 kW·h/(m^2·a)
深圳	办公楼建筑单位面积能耗为150 kW·h/(m^2·a)
天津	大型商场单位建筑面积一次能耗为最大的277.25 kW·h/(m^2·a)， 平均值为230.65 kW·h/(m^2·a)
香港	星级宾馆的平均能耗高达564 kW·h/(m^2·a)

注：数据选自文献《商业建筑空调系统能耗指标分析》。

1.客运站能耗特点

(1)由表5-21可知，模拟的客运站能耗要比商业建筑的实际空调能耗大。上海地区模拟的能耗与长沙的基本一致，客运站的能耗标准为266.773 kW·h/(m^2·a)，而该地区的星际宾馆空调能耗最大值为261.59 kW·h/(m^2·a)，基本能达到客运站能耗标准值，而实际客运站的能耗要比商业建筑大很多，此能耗标准是能通过一定节能措施达到的值，具有现实意义。

(2)公共建筑客运站空调能耗具有很大的节能潜力。据发展研究报告可知，我国大型公共建筑的空调能耗一般在100～300 kW·h/(m^2·a)范围内，而以上得出的客运站能耗基本在300 kW·h/(m^2·a)左右，广州客运站的能耗标准达到了340 kW·h/(m^2·a)以上，要使这类建筑的能耗与一般大型公共建筑空调能耗趋于相当水平，我们所做的工作还很多，节能的空间还很大。

2. 与商业建筑能耗不同的原因分析

(1)客运站的运行模式与商业建筑的不一样。商业建筑比如大型商场，只在白天和部分晚上营业，而客运站的空调运行时间是24 h不间断。

(2)客运站是大空间建筑，其高度远远大于人员活动区域的高度。该特点使得客运站建筑室内空调能耗远远大于工作区域的空调能耗。而商业建筑的高度基本只有客运站高度的一半，因此其空调能耗要比客运站的小很多。

(3)客运站的客流比商业建筑的复杂。建筑空调能耗的主要部分是新风能耗与人员能耗，客运站的人流量是所有公共建筑里面最大的，且其复杂的人流特点也使客运站空调系统找不出年能耗高低峰，全年能耗都很大。而商业建筑的人流量要比客运站的小很多，且简单很多，可通过估计算出空调能耗的高峰期出现在夏季，全年的能耗并不是很大，比较集中在高峰期阶段。

5.2 影响空调能耗的因素分析

在铁路客运站能耗中，空调系统占总能耗的比例高达60%～80%，因而分析空调系统能耗，对整个客运站的节能有着重要的指导作用。对办公楼、商场、剧院等空调系统能耗的研究很多，但对铁路客运站空调系统能耗的分析则相对较少；同时中国地域辽阔，气候条件较为多样，总体来说分为严寒地区、寒冷地区、夏热冬冷地区、夏热冬暖地区。由于同一因素在不同气候区对空调能耗影响的程度不同，在此，本节采用正交试验法对哈尔滨、北京、上海、广州四个典型城市中的客运站空调系统能耗因素进行分析，得出不同气候区影响空调能耗因素的排序及主要影响因素，为客运站在空调系统上的节能指明方向。

5.2.1 空调能耗影响因素正交实验分析方法的设计

正交试验是从全面试验中挑选出部分有代表的点进行试验的

方法,这些代表点具有“均匀”、“整齐”的特点。正交试验设计能有效减少试验次数,具有很高的效率。方差分析主要是通过显著性检验来判断因子的主次顺序,其关键在于离差平方和的分解。设某一正交实验有 S 个因子,每个因子都取 m 个水平,按某一方案共做了 n 次试验,那么可以认为实验结果 $y_1,y_2,\cdots,y_n$ 之间的差异是由两方面原因造成:一个是因素的水平变化所带来的指标值波动,另一个是试验误差所带来的指标值的波动。即总的离差平方和是因素的离差平方和与误差平方和之和。

铁路客运站空调能耗的正交实验中,取影响空调能耗的 10 个因素:室内设计温度、新风标准、人员密度、照明、设备、遮阳系数、窗墙比、墙体结构、屋面结构、窗户结构,因而因子数取 10;每个因子取 2 个水平,即每个因子有两个改变值,一个是根据节能标准取值,一个是根据实际情况取值。具体实验数学模型如下。

1. 总离差平方和

$$S_T = \sum_{i=1}^{n}(y_i - \overline{y})^2 \text{ 其中} \overline{y} = \frac{1}{n}\sum_{i=1}^{n} y_i \tag{5-14}$$

式中,S_T 为总离差平方和,反映的是实验指标值的总的波动;i 为实验次数;y_i 为实验结果,第 i 次的能耗值;$\overline{y}$ 为实验结果的平均值,即为实验结果能耗值的平均值。

2. 因素的离差平方和

$$S_j = \frac{I_j^2 + \mathrm{II}_j^2 + \cdots}{M} - \frac{(\sum_{i=1}^{n} y_i)^2}{n} \tag{5-15}$$

式中,S_j 为因素的离差平方和,S_j 反映的是第 j 个因子的水平的变化所带来的指标值的波动;j 为影响能耗的不同因素,$j=(1,2,\cdots,10)$;I_j 为 j 因子水平 1 的能耗值和;II_j 为 j 因子水平 2 的能耗值和;M 为每一列中某一水平的重复数;n 为实验总次数。

3. 误差平方和

一般地说,误差平方和 S_e 是各空列的离差平方和之和。但当正交表各列均安排了因素而没有空列时,为了估计误差,可采用以下方法：

(1)用历史资料的统计参数来估计，可计算出历史资料中各试验指标的方差 σ_2，取 $S_e=\sigma_2$。

(2)选用容量较大的正交表来安排因子，使其具备空列。

(3)对正交表的各个试验条件，进行重复试验。可以证明总离差平方和可以分解成各因子的离差平方和与误差平方和之和。即：

$$S_T=S_1+S_2+\cdots+S_{10}+S_e \tag{5-16}$$

4. 自由度

各离差平方和的自由度为：

$$f_T=n-1, \tag{5-17}$$

$$f_j=m-1; \tag{5-18}$$

$$f_e=f_T-\sum_{j=1}^{s}f_j \tag{5-19}$$

式中，f_T 为总离差的自由度；f_j 为因素离差的自由度；f_e 为误差自由度。

5. F 分布排序

可以证明，以上各离差平方和都服从 x^2 分布，因而可构造 j 因素 F 统计量 F_j，$\overline{S_j}$为因素均方值，$\overline{S_e}$为误差均方值。

$$\overline{S}_e=S_e/f_e \tag{5-20}$$

$$\overline{S}_j=S_j/f_j \tag{5-21}$$

$$F_j=\overline{S_j}/\overline{S_e} \tag{5-22}$$

对因素 $j(j=1,2,\cdots,10)$根据统计量 F_j 不同来排出因子之间的主次关系。

5.2.2　空调能耗影响因素的分析

从数学模型中可以看出，能耗的影响因素包括遮阳系数、室内设计温度、人员密度和新风量标准等 10 个因素。根据规范要求每个因素取 2 个水平，每个因子取 2 个水平，即每个因子有两个改变值，一个是根据节能标准取值，一个是根据实际情况取值，用正交

$L_{12}(2^{10})$来安排试验，并用 BIN 法来计算能耗。北京客运站能耗影响因素的各系数水平取值见表 5-22，BIN 法计算北京站夏季能耗见表 5-23。

表 5-22　夏季各系数水平取值表

系数水平	1	2	系数水平	1	2
窗墙比	0.42	0.55	室内温度(℃)	26	28
遮阳系数	0.55	0.6	人员密度(人/m²)	0.3	0.4
照明(W/m²)	5	10	新风标准[m³/(人·h)]	12	16
设备(W/m²)	10	12	屋面结构[W/(m²·℃)]	0.55	0.79
墙体结构[W/(m²·℃)]	0.6	1.57	窗户结构[W/(m²·℃)]	2.3	3.26

表 5-23　北京站夏季空调能耗各影响因素正交分析

夏季	各能耗影响因素(因子 j)										BIN 能耗 y_i (kW·h/m²)
实验序号	1	2	3	4	5	6	7	8	9	10	
N(实验 i)	遮阳系数	室内温度	屋面结构	墙体结构	窗户结构	窗墙比	照明功率	设备功率	人员密度	新风标准	
1	1	1	1	1	1	1	1	1	1	1	122.91
2	2	1	1	2	1	1	2	2	1	2	153.59
3	2	2	2	2	1	1	2	1	2	1	134.39
4	1	1	2	2	2	1	1	2	2	2	162.00
5	2	1	2	1	2	2	2	2	1	1	145.96
6	1	1	1	2	2	2	2	1	2	1	161.93
7	1	2	2	2	1	2	1	2	1	1	132.17
8	1	2	2	1	2	1	2	1	1	2	129.31
9	2	2	1	2	2	2	1	1	1	2	128.89
10	2	1	2	1	1	2	1	1	2	2	161.01
11	2	2	1	1	2	1	1	2	2	1	140.14
12	1	2	1	1	1	2	2	2	2	2	161.19

注：屋面、墙体和窗户结构指它们的传热系数，W/(m²·℃)；各因素系数水平 1 和 2 的取值见表 5-21。

由式(5-16)～式(5-22),结合表 5-22,可以计算出各个因素的 S_j、自由度 f_j 和 f_e、均方 $\overline{S_j}$ 和 F 值,进而得到 F 分布值及其排序。F 分布值及排序结果见表 5-24。

表 5-24　北京站各因素 F 值及排序

影响因素	遮阳系数	室内温度	屋面结构	墙体结构	窗户结构	窗墙比	照明功率	设备功率	人员密度	新风标准
F 值	2.548	550.94	1.21	12.92	0.74	198.53	128.38	267.06	968.94	285.09
排序	8	2	9	7	10	5	6	4	1	3

当某一因子的 F_i 值大于一定显著性水平下的临界值时,便认为是显著性因子,取显著性水平为 0.1,临界值 $F_{0.1}(1,1)=39.86$,所以北京地区显著影响因素是人员密度、室内温度、新风标准、设备功率、窗墙比、照明功率。

利用表 5-24 中的正交实验值,可得到各因素的影响估计绝对值。各因素的影响估计绝对值排序图见图 5-5。

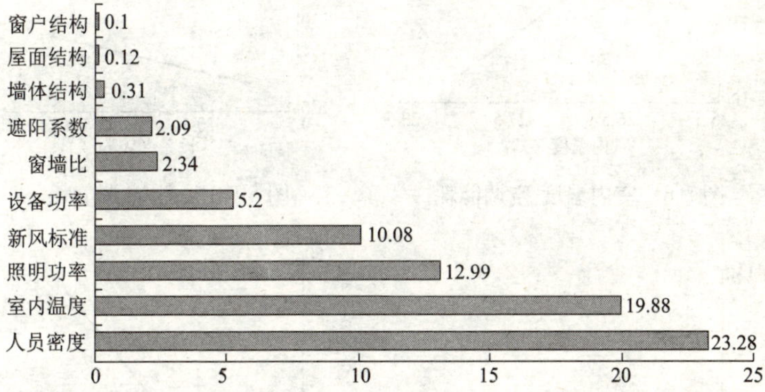

图 5-5　北京站夏季能耗影响因素排序图

影响估计绝对值排序图 5-5 中各因素对空调能耗的影响的程度与表 5-24 中 F 分布排序基本一致,对空调能耗影响大的因素仍然是室内温度、人员密度、新风标准、设备功率、照明功率。

图 5-6 至图 5-11 分别表示了这几个主要影响因素与空调能

耗的关系。在其他因素保持不变时，仅改变某一影响因素值，得到该影响因素与空调能耗的关系图。

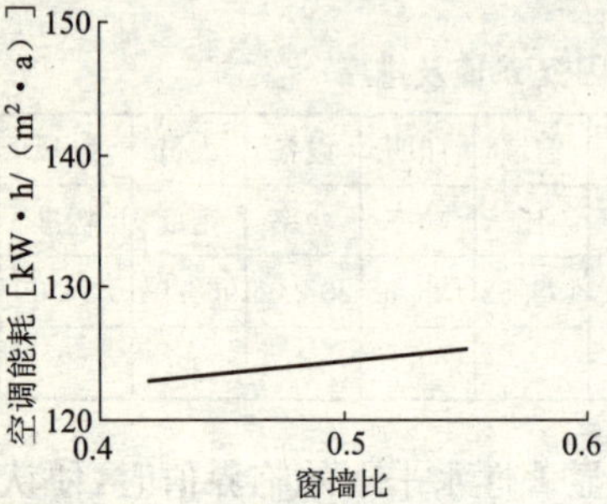

图 5-6　窗墙比-空调能耗

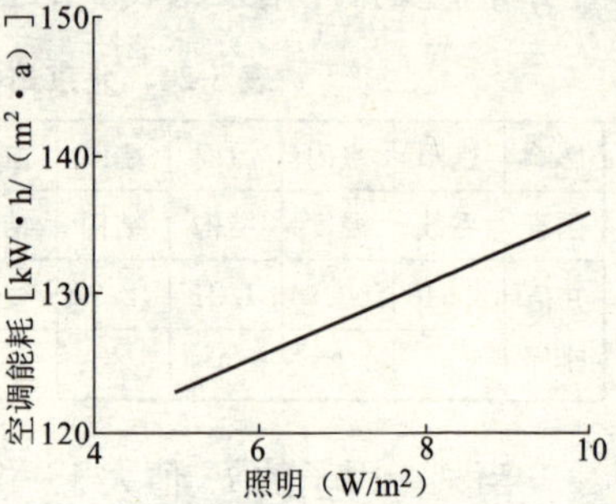

图 5-7　照明-空调能耗

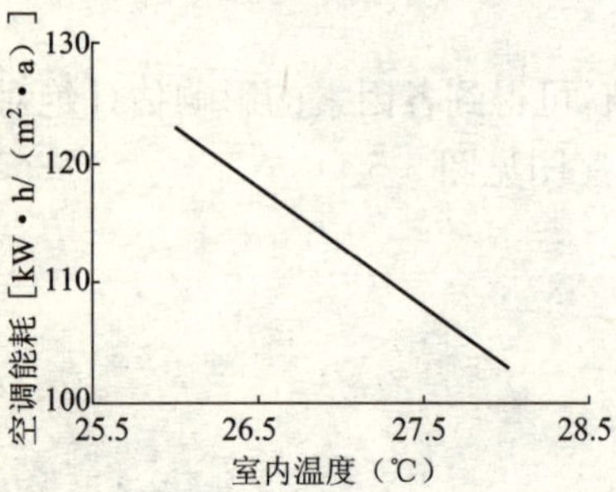

图 5-8　室内温度-空调能耗

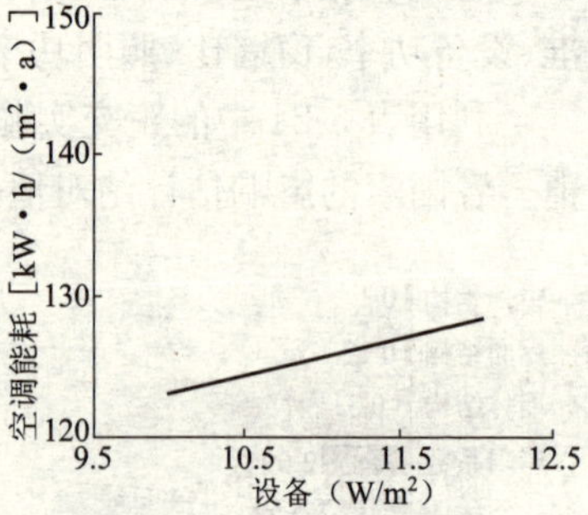

图 5-9　设备-空调能耗

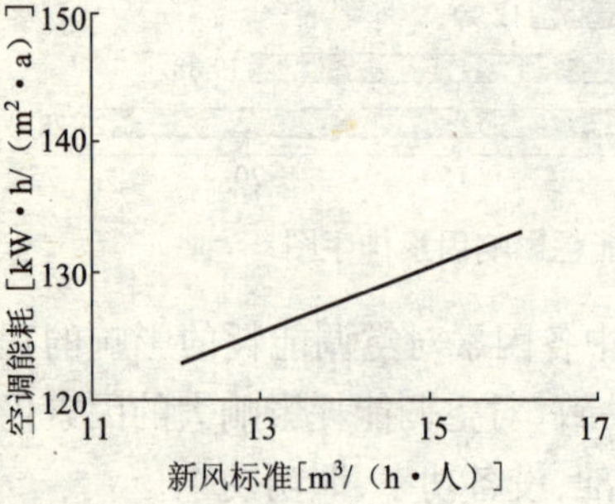

图 5-10　新风量-空调能耗

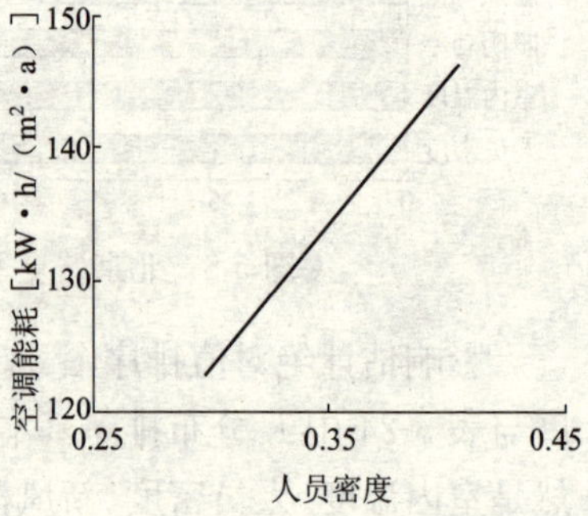

图 5-11　人员密度-耗冷量

从图 5-6 到图 5-11 中可以得知，窗墙比的改变对空调的能耗影响较小，窗墙比从 0.42 变化到 0.55，其能耗增加 1.9%；设备单位负荷从 10 W/m^2 增加到 12 W/m^2，能耗改变了 4.23%；照明单位负荷从 5 W/m^2 改变到 10 W/m^2，能耗改变了 10.1%。室内设计温度的增加，会使空调系统能耗减少，当室内温度从 26 ℃改变到 28 ℃时，能耗减少大约 16.2%。从图 5-10 可知，当新风量从 12 m^3/(人 · h)增加到 16 m^3/(人 · h)时，空调能耗增加率为 8.2%。从图 5-11 可知，人员密度的增加，对空调能耗的影响是最大的，人员密度从0.3 人/m^{2}改变到 0.4 人/m^2 时，空调能耗增加了 18.9%。

用同样的正交试验法分析其他地区各站，可得客运站冬夏空调能耗影响因素排序及显著因子。结果见表 5-25 和表 5-26。

表 5-25 客运站冬夏空调能耗影响因素排序

排序	哈尔滨站（严寒地区）		北京站（寒冷地区）		上海站（夏热冬冷地区）		广州站（夏热冬暖地区）
	夏季	冬季	夏季	冬季	夏季	冬季	夏季
1	室内温度	新风标准	人员密度	新风标准	新风标准	新风标准	新风标准
2	人员密度	窗户结构	室内温度	室内温度	人员密度	室内温度	室内温度
3	新风标准	室内温度	新风标准	窗户结构	室内温度	窗户结构	人员密度
4	设备功率	遮阳系数	设备功率	墙体结构	照明功率	墙体结构	照明功率
5	照明功率	墙体结构	窗墙比	遮阳系数	设备功率	窗墙比	设备功率
6	遮阳系数	屋面结构	照明功率	屋面结构	遮阳系数	遮阳系数	遮阳系数
7	屋面结构	窗墙比	墙体结构	窗墙比	窗墙比	屋面结构	屋面结构
8	墙体结构		遮阳系数		墙体结构		窗户结构
9	窗户结构		屋面结构		屋面结构		窗墙比
10	窗墙比		窗户结构		窗户结构		墙体结构

由于冬季没有内部负荷，因而冬季空调能耗影响因素中不包括人员密度、照明功率和设备功率，其中广州站处于夏热冬暖地

区，冬季不采暖，因而冬季不消耗空调能耗。

表 5-26 客运站冬夏空调能耗影响显著性因子

	哈尔滨站		北京站		上海站		广州站
	夏季	冬季	夏季	冬季	夏季	冬季	夏季
显著性因子	室内温度	新风标准	人员密度	新风标准	新风标准	新风标准	新风标准
	人员密度	窗户结构	室内温度	室内温度	人员密度	室内温度	室内温度
	新风标准	室内温度	新风标准	窗户结构	室内温度	窗户结构	人员密度
	设备功率	遮阳系数	设备功率	墙体结构	照明功率	墙体结构	照明功率
	照明功率	墙体结构	窗墙比	遮阳系数	设备功率	窗墙比	设备功率
	遮阳系数		照明功率		遮阳系数		遮阳系数

夏季影响空调能耗的主要因素一般都包括室内温度、人员密度、新风标准、照明及设备等因素；而冬季影响空调能耗的主要因素一般为新风标准、室内温度、窗户结构、墙体结构等因素。表5-25和表 5-26 中各站冬夏影响因素排序及显著性因子存在差异，分析原因如下：

(1)同一客运站，冬、夏空调能耗影响因素排序的不同，是由于季节性气候的差异。夏季空调制冷，冬季空调采暖，故其能耗影响因素排序及主、次要因素不同。

(2)不同客运站，由于处于不同的气候分区，能耗影响因素排序不同。地区性气候差异，即不同气候区的冬夏室外参数不同，是导致不同客运站空调能耗影响因素排序及主、次因素不同的主要原因。

5.3 结　论

(1)根据节能标准，采用 BIN 法模拟计算得到各站空调能耗指标值，哈尔滨、北京、长沙、广州各站空调能耗指标[kW·h/(m^2·a)]分别为 279.95、207.653、266.773、324.043。指标值与各站实际能耗比较，存在较大节能潜力，哈尔滨、北京、长沙、广州的客运站空调系统节能潜力分别为 35.4%、30.3%、44.3%、41.1%。

(2)利用 BIN 法与正交实验对影响空调能耗因素进行分析，得出影响各客运站空调能耗因素的排序；由方差分析处理正交试验结果，得出影响各客运站空调系统能耗的显著性因素。由以上可以得出，不同地区、不同季节同一因素对空调系统能耗影响程度不同。

6 非空调设备能耗研究

6.1 客运站照明节能研究

本章的任务主要是找出一个合适的候车室照明照度值对应下的功率密度值，这个值不仅要满足候车室内的照明要求，给乘客一个比较舒适的光环境，而且要满足节能要求。我们在 4.3 节提出合适的候车室照明照度标准值基础上，然后通过照度与功率密度的关系得到合理的功率密度，并提出相应的照明节能措施。

6.1.1 照明功率密度与照度的关系

照明功率密度 LPD 是指单位面积上照明的安装功率(包括光源、镇流器或变压器)，其单位为 W/m^2。一个照明空间的受照面积是一定的，空间内的总照明功率与照明功率密度 LPD 成正比。LPD 值越小，总功率越小，就越节能；LPD 值越大，总功率越大，就越耗能。所以，我们在照明设计中应该让功率密度 LPD 值尽可能地小。如何才能减小照明功率密度 LPD 值，使照明总功率减小，达到照明节能的目的呢?

在《建筑照明设计标准》中对 LPD 值是有明确规定的，我们的设计计算 LPD 值不应大于规定的 LPD 限值(LPD 限值是规定一个房间或场所的照明功率密度最大允许值)。LPD 值的计算式见式(6-1)：

$$\mathrm{LPD}=\frac{\sum P}{A}=\frac{\sum(P_L+P_B)}{A} \tag{6-1}$$

式中，LPD 为房间或场所的照明功率密度，W/m^2；P 为单个光源的输入功率(含配套镇流器或变压器功耗)，W；P_L 为单个光源的额定功率，W；P_B 为单个光源配套镇流器(或变压器)的功率，W；A 为房间或场所的面积，m^2。

我们采用“利用系数法”来计算房间或场所的平均照度 E_{av}(lx),其计算式见式(6-2):

$$E_{av}=\frac{N\cdot\Phi\cdot U\cdot K}{A} \tag{6-2}$$

式中,E_{av}为房间或场所的平均照度,lx;N 为光源的数量;Φ 为单个光源的光通量,lm;U 为利用系数;K 为灯具的维护系数;A 为房间或场所的面积,m^2。

光源的光效 η_s(lm/W)(含镇流器或变压器)计算式为:

$$\eta_s=\frac{\Phi}{P} \tag{6-3}$$

将式(6-1)及式(6-2)、式(6-3)经变换得出:

$$\text{LPD}=\frac{E_{av}}{\eta_s\cdot U\cdot K} \tag{6-4}$$

从式(6-4)可以清楚地看出,要降低 LPD 值应采取以下三方面的措施:

(1)首要的是提高光源的光效 η_s,包括降低镇流器功耗。故在进行照明设计时,气体放电灯应选用电子镇流器或节能电感镇流器。

(2)另一个重要的措施是提高利用系数 U,就是要选用效率高的灯具,以及和房间或场所形状相适应的灯具配光,并注意合理提高房间顶棚、墙壁的反射比。

(3)合理确定照度标准值,设计中计算照度尽量控制在标准值附近,不要超过 110%。

4.3 节中我们通过调查分析,找出并确定了候车室内合适的照明照度标准值,即 E_{av} 值。要想使式(6-4)中的 LPD 值减小,就要增大式(6-4)右边的分母,即增大分母中的因子:光源的光效 η_s、利用系数 U 和灯具的维护系数 K。

光源的光效是跟光源的种类有关的,最小的只有 15 lm/W,而大的可以达到 200 lm/W。光源的光效有很大的提升空间,这对减小 LPD 值是很有利的。各种灯具的光效见表 6-1。

表 6-1 各种灯具的性能参数

光源种类	额定功率(W)	光效(lm/W)	平均寿命(h)	显色指数
白炽灯	10～500	7～16.5	1 000	98
卤钨灯	250～2 000	19.5～21	1 500	98
低压卤钨灯	10～70	14～20	2 000～3 500	98
荧光灯	5～100	30～60	2 000～3 000	70～80
高压汞灯	50～1 000	30～50	2 500～5 000	30～40
金属卤化物灯	400～1 000	60～80	2 000	65～85
高压钠灯	70～100	90～100	5 000	20～25

利用系数 U 是由厂商直接给出，一般取 0.4～0.6；灯具维护系数 K 要根据灯具使用的场所和环境污染特征来决定，取值见表 6-2。

表 6-2 灯具维护系数

环境污染特征	类别	照明器擦洗次数(次/年)	维护系数
清洁场所	仪器和仪表的装配车间、封闭车间、实验室、办公室、设计室	2	0.80
一般场所	机械加工车间、机械装配车间	2	0.70
污染严重场所	锻工车间、铸工车间、碳化车间、水泥厂、球磨车间	2	0.60
室外	道路和广场	2	0.70

6.1.2 各因素对照明节能的影响

以上海站为例，说明各因素对照明节能的影响，以及现代铁路客运站候车室内照明的节能潜力。首先我们讨论照度对照明节能的影响。

灯具的利用系数 U(0.4～0.6)取中间值 0.5；灯具的维护系数 K 取 0.7(候车室照明属于室内照明)；由于各候车室采用的灯

具的种类、数量不太相同，分别计算出各候车室光源的平均光效：第三候车室为78，第五候车室为86，软席候车室为80。在4.3节中，我们确定了候车室照度标准值：80 lx。照度对照明节能的影响见表6-3。

表6-3　照度值变化的情况

场所	照度改变前			照度改变后		
	第三候车室	第五候车室	软席候车室	第三候车室	第五候车室	软席候车室
照度值(lx)	86.5	161.4	80.2	80	80	80
LPD值（W/m^2）	3.17	5.36	2.86	2.92	2.46	2.65
改变后的LPD值/改变前LPD值(%)				92.3	45.9	92.6

从表6-3来看，三个候车室照度值减小，LPD值也随之减小。第三候车室的LPD值减少了7.7%，第五候车室的LPD值减少了54.1%，软席候车室的LPD值减少了7.4%。假设候车室内一天的开灯时间为12 h，各候车室的照明总功率和耗电量见表6-4。

表6-4　总能耗对比表

	总功率(kW)	开灯时间(h)	耗电量(kW·h)	照度值改变后的耗电量(kW·h)
第三候车室	30	12	360	332
第五候车室	30	12	360	165
软席候车室	15	12	180	167
合计	—	—	900	664

从表6-4可以看出，照度值改变后，三个候车室的总耗电量明显减少，达到了节能的目的，最大节能效率达到54.2%，平均节能效率26.2%。其实，上海站几乎所有候车室的实际照度值是大于80 lx的，也就是说，当照度值改变到80 lx后，几乎每个候车室都能减少耗电量，达到节能的目的。

其次，讨论灯具的利用系数U对照明节能的影响。

灯具的利用系数是指投射到参考平面上的光通量与照明装置中的光源的额定光通量之比，一般情况下灯具固有的利用系数与灯具效率的乘积，称为灯具的利用系数，其值一般取 0.4～0.6。由式(6-4)知利用系数与功率密度成反比，改变灯具的利用系数 U，从 0.4 提高到 0.6，功率密度可以减小 33.3%。各候车室的照明照度都取标准照度值 80 lx，灯具的维护系数 K 取 0.7(候车室属于室内照明)，各候车室的光源光效与上面计算的相同。计算结果对比见表 6-5。

表 6-5　利用系数变化的情况

场所	利用系数改变前			利用系数改变后		
	第三候车室	第五候车室	软席候车室	第三候车室	第五候车室	软席候车室
利用系数	0.4	0.4	0.4	0.6	0.6	0.6
LPD 值(W/m^2)	3.66	3.33	3.56	2.44	2.21	2.38
改变后的 LPD 值/改变前 LPD 值(%)				67	67	67

从表 6-5 可以看得出来，当其他因子不变，利用系数 U 从 0.4 提高到 0.6 的时候，LPD 值减小到原来的 67%，也就是说，可以节能 33%。通过调查统计，上海站所有候车室内照明总功率约为 400 kW。假设每天开灯 12 h，那么每天的耗电量为4 800 kW·h；如果灯具的利用系数都从 0.4 提高到 0.6 后，每天的耗电量就只有 3 216 kW·h。也就是说，上海站只在候车室照明这一块，每天就能节省电量 1 584 kW·h。

再次，讨论灯具的维护系数 K 对照明节能的影响。

灯具的维护系数是指照明装置在使用一定周期后，在规定表面上的平均照度或平均亮度与该装置在相同条件下新装时在同一表面上所得到的平均照度或平均亮度之比。它的值与环境因素和维护管理程度有关，在候车室内的灯具，如果每年擦拭两次，其值可取 0.7。如果对灯具的维护管理再加强一些，是可以把维护系数值提高到 0.8 的。各候车室的光源光效与上面计算的相同。灯具的维护系数 K 对照明节能的影响结果对比见表 6-6。各候车室的照明照度都取标准值 80 lx，灯具的利用系数 U 取 0.5。

表 6-6 维护系数变化的情况

场所	维护系数改变前			维护系数改变后		
	第三候车室	第五候车室	软席候车室	第三候车室	第五候车室	软席候车室
维护系数	0.7	0.7	0.7	0.8	0.8	0.8
LPD 值（W/m^2）	2.92	2.66	2.85	2.57	2.33	2.51
改变后的 LPD 值/改变前 LPD 值（%）				88	88	88

从表 6-6 来看，当我们加强对灯具的维护后，灯具的维护系数从 0.7 提高到 0.8，LPD 值减小到原来的 88%，可以节能 12%。如果一天的开灯时间为 12 h，上海站在候车室照明这一块一天的耗电量就是 4 800 kW·h。当维护系数提高到 0.8 以后，一天的耗电量就是 4 224 kW·h，可以节省电能 576 kW·h。

最后，讨论灯具的光效对照明节能的影响。

光源所发出的总光通量与该光源所消耗的电功率（W）的比值，称为该光源的光效，单位为 lm/W。光源的光效跟光源的种类有关。铁路客运站候车室内所采用的主要灯具有日光灯（即普通荧光灯）、金属卤化物灯和节能灯（即三基色荧光灯）。车站一般在候车室内对三种灯具进行搭配使用。三种灯具的光效很接近，所以它们搭配使用后的平均光效也跟三种灯具单独使用时的光效接近。也就是说，候车室内的光源类型是确定的，其平均光效跟三种灯具的搭配情况有关，但是变化不大，即从光效方面节能，效果不是很明显，其节能潜力很有限。

如果把所有的因子综合起来考虑，我们比较一下两种极端情况的耗电量（还是以上海站为例）。

最不利情况：上海站候车室的平均照度计算得出为 115 lx，取其灯具的利用系数为 0.4，灯具的维护系数为 0.7。

采取节能措施后的最有利情况：我们取上海站候车室内照度标准值为 80 lx，灯具选用利用系数最高的，其值为 0.6，每年对灯具擦拭 4 次，维护系数提高到 0.8。

两种极端情况采用的光源种类是一样的，则其光效也是一样的，都取 80。综合各因素对照明功率密度影响计算结果对比见表 6-7。

表 6-7　最不利情况与最有利情况的对比

参数	最不利情况	最有利情况
光源光效	80	80
利用系数	0.4	0.6
维护系数	0.7	0.8
照度值(lx)	115	80
LPD 值(W/m^2)	5.13	2.08
总结	最有利情况的 LPD 值是最不利情况的 39.0%	

从表 6-7 可以看出，当我们把各种节能因素综合在一起的时候考虑时，节能潜力达 61.0%；上海站照明能耗占总能耗的 10%左右，则候车室照明对上海站节能贡献率可达 6.1%，照明节能很有意义。

通过第四章第三节对北京站和上海站的数据统计分析，以及本章节对能耗与照度关系的分析，最后得出一个适用于全国的火车站候车室照明标准，照度 80 lx，功率密度(LPD)为2.08 W/m^2，调查知车站每天照明平均为 12 h，则年功率密度为 9.11 $kW \cdot h/(m^2 \cdot a)$。有棚站台照度 30 lx，功率密度(LPD)为 0.89 W/m^2。无棚站台照度 10 lx，功率密度(LPD)为 0.27 W/m^2，站台工作时间一般为早六晚六共 12 h，则有棚站台年功率密度为3.89 $kW \cdot h/(m^2 \cdot a)$，无棚站台年功率密度为 1.18 $kW \cdot h/(m^2 \cdot a)$

6.1.3　照明节能研究小结

(1)在光源光效为 80，利用系数为 0.6，维护系数为 0.8 条件下，火车站推荐照明标准，其中候车室内照明标准为，照度 80 lx，功率密度(LPD)为 2.08 W/m^2。有棚站台照度 30 lx,功率密度(LPD)为 0.89 W/m^2。无棚站台照度 10 lx,功率密度(LPD)为 0.27 W/m^2。

(2)一般铁路客运站候车室合适的照度标准为 80 lx。

(3)通过提高光源的光效,灯具利用系数 U,维护系数 K 等措施,可以有效地实现照明节能。

(4)候车室、有棚站台、无棚站台年功率密度分别为 9.11,3.89,1.18 kW·h/(m^2·a)。

6.2 自动扶梯能耗研究

火车站是人流量大且波动的公共场所。为了给乘客带来方便,也为了使得火车站能最大限度的输送客流,自动扶梯的合理安装与开启就显得极为必要。自动扶梯是客运站设备的一部分,其能耗占总设备能耗的 3%左右,对自动扶梯的运行规律,及其能耗进行分析探讨,有利于进行节能管理,从而有效实现车站节能目标。

6.2.1 对自动扶梯工作台数控制的研究

评价电梯系统服务的性能指标是服务质量和服务数量。其中,服务质量体现为乘客平均候梯时间,取决于选择几部扶梯;服务数量体现为每次输送的乘客数,取决于扶梯承载能力,两者相互制约。因而,电梯系统设计者必须兼顾服务质量和服务数量,进行电梯配置,以保证为乘客提供最优服务。为此,已知扶梯承载能力,如何合理地配置扶梯台数以达到最高的性价比,就显得尤为重要。

研究以北京西站为例,根据三种典型日中每分钟进站的旅客人数随时间的变化规律,结合扶梯的运载率,对需开启扶梯的台数进行分析,提出相应的自动扶梯能耗指标计算作基础。由 4.4.4 节计算出的每台扶梯的运载量可得出扶梯开启台数与输送旅客人数的关系如下图所示:

由 4.4.4 节的实例分析可知,每台扶梯每分钟的运载率为 45.6

人，进站人数变化，扶梯台数相应地增减，但是若完全遵循图6-1的规律，则可能导致扶梯开停过于频繁，易造成损坏。例如，某天0:00～4:00中某段时间(10 min)旅客人数持续在50人，按图6-1，则这10 min内应开启2台扶梯，但是，由于此时刻维持的时间相对4 h很短，并且只开一台扶梯时利用率为54.8%，符合实际情况。依此规律，可据经验适当开启扶梯，避免开停过于频繁。

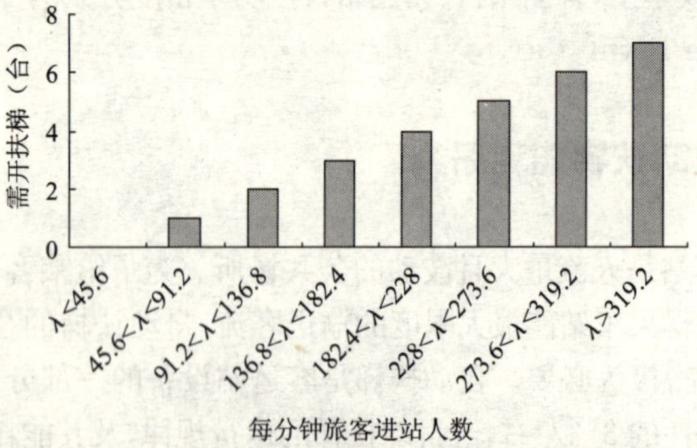

图6-1 每分钟输送人数与扶梯开启台数的关系

图6-2～图6-4各图中，主坐标轴表示每时刻旅客进站人数，次坐标轴表示扶梯开启台数。网格线以45.6的倍数作为刻度值是因为一台扶梯每分钟运载率为45.6人，主坐标轴的每一条网格线都对应次坐标轴上相应的扶梯台数。

2008年4月24日共发送旅客108 476人；凌晨0点到4点整的进站总人数只有400人，平均每小时100人，人流量极小。此种情况下自动扶梯的开启浪费能源，因此自动扶梯不工作。4:00～6:00开启1台；14:30～16:30之间可开启4台，忽略14:36～14:53之间短暂开启3台的情况。普通工作日14:30～16:30和20:00～21:00这两个时间段聚集人数由于人员变化频繁，最多需开4台扶梯。

2008年4月30日在14:30～16:50、18:30～18:40及20:00～21:30这三个时间段均需开启5台扶梯，保证服务质量。

本课题组采集了北京西站2008年4月30日的乘客进站到达

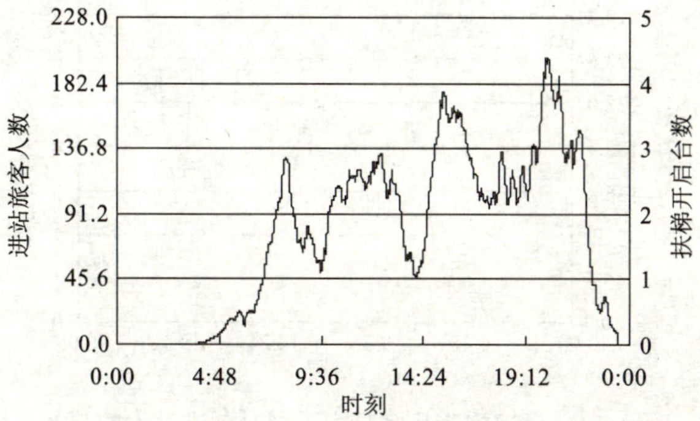

图 6-2 北京西站 2008 年 4 月 24 日不同时刻进站人数分布

率作为研究扶梯最大开启台数的基础。图 6-3 为旅客进站趋势图,该日旅客发送量为 145 353 人次。因为 4 月 30 日在全年来说并不是客流高峰,而我们所需的数据是全年客流最高峰。因此,在考虑一天中的进站乘客总人数最高值为 191 727 万人/d 的情况下,对 4 月 30 日的数据分别乘以一个系数 β(β=19.17/14.53≈1.32),这样可以得到乘客进站到达率的假想图,见图 6-4。

对于这种人数变化频繁的情况,尤其需要对相邻时间段进行汇总,保证电梯开停不至于太频繁。由图 6-4 可发现,人数最多日最多需要开启扶梯 6 台,发生时间为 15:10～16:20,持续时间短;当天开启扶梯 4～6 台的次数较多。

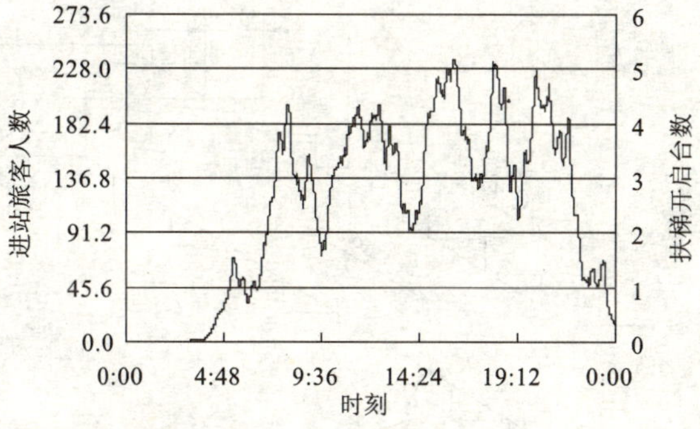

图 6-3 北京西站 2008 年 4 月 30 日不同时刻进站人数分布

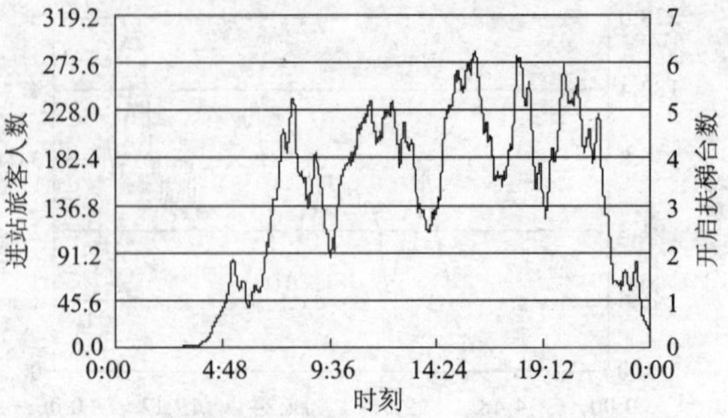

图 6-4 发送旅客最多日中不同时刻进站人数分布

上述图表显示:普通工作日如 2008 年 4 月 24 日一天最多需开启 4 台扶梯即可满足输送旅客要求;而对于节假日如 2008 年 4 月 30 日则进站人数最高时需增加一台,并且各台扶梯工作时间也相对地增加;对于春节期间的人流高峰,扶梯数与输送旅客最多,能耗最大。

6.2.2 自动扶梯能耗计算

自动扶梯工作过程简图见图 6-5,由电动机带动扶梯做提升或下降运动。

设火车站内层间高度 $H=5$ m,一个人的体重加上所带行李 $m=60$ kg,自动扶梯额定运行。

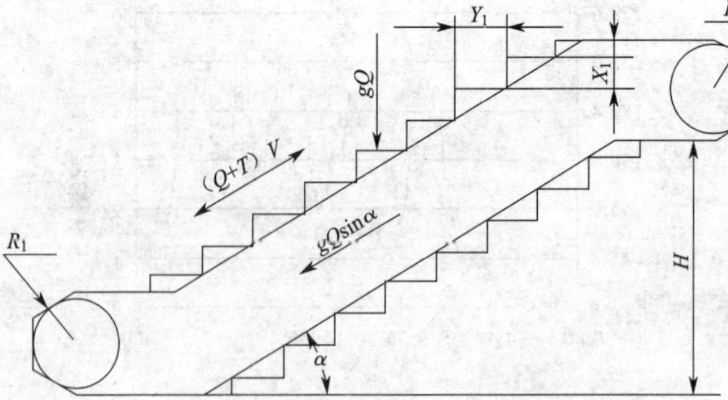

图 6-5 自动扶梯工作过程简图

为方便计算，现将自动扶梯各参数作如下规定，见表 6-8。

表 6-8 自动扶梯各参数设置

斜率 α	速度 v	功率 P	电动机效率 η	每小时输送旅客量 w_1
35°	0.5 m/s	11 kW	85%	6750

根据参数对各项功率进行计算见表 6-9。

表 6-9 自动扶梯各项功率计算表

功率	计算公式	结果(kW)
输出功率 $P_出$	$P \cdot \eta$	9.35
损耗功率 $P_损$	$P-P_出$	1.65
载客功率 $P_人$	$w_1 \cdot m \cdot g \cdot H/3\ 600$	7.35
克服阻力功率 $P_阻$	$(P_出-P_人)$或 $f \cdot v$	2

维持扶梯运行需要克服的阻力 $f=4\ 000$ N。

已知在额定负载运行情况下，扶梯每小时输送 9 000 名乘客，则扶梯上的人数

$$N=w_1/[3\ 600\ v/(H/\sin\alpha)]=43.59\ 人/(秒 \cdot 台)$$

则当扶梯上有 N 个人时，$P_人=P_人 \cdot N \cdot \xi/43.59=0.185\ 5\ N$ kW，其中 ξ 为修正系数，取 $\xi=1.1$；此时扶梯的总功率

$$P_总=P_损+P_阻+P_人=(3.65+0.1\ 855N)\text{kW}$$

当 $N=0$ 时，$P_阻=f\times v=f\times 0.1=0.4$ kW，$P_人=0$，则

$$P_总=P_损+P_阻+P_人=2.05\ \text{kW}$$

从上面的式子和数据中可以看出，在自动扶梯工作过程中损耗功率占据很大的比例，损耗功率作为无用功，在电动机内转变成热而散发掉，同时还使得电动机温度升高，影响电动机的使用寿命，对电动机工作极为不利。因此，应当尽量减小损耗功率和克服阻力的无用功率。

我们取 3:30～5:00 时间段内的数据来求这段时间扶梯的能耗。北京西站典型日各时间段内电梯能耗见表 6-10。设此段时间所求的数据下标为 1，以后的时间段类推。则这段时间内输送乘客

的耗能、损失的能耗、克服摩擦力的能耗分别为 $Q_{人1}$、$Q_{损1}$、$Q_{阻1}$。

$$Q_{损1}=P_{损}\cdot t_1=1.65\times1.5=2.48\ \text{kW}\cdot\text{h}$$

在求 $Q_{阻1}$ 时，则有

$$Q_{阻1}=2\times1.5=3.0\ \text{kW}\cdot\text{h}$$

因为在这段时间内进站的总人数为 1 562 人，一台扶梯足够输送这些乘客，所以乘坐扶梯的总人数为 1 562 人，若人流均匀分布在扶梯上，则扶梯上总有 7.57 个人，得

$$Q_{人1}=P_{人}\cdot t_1=0.185\,5\times7.57\times1.5=2.11\ \text{kW}\cdot\text{h}$$

$$Q_{总1}=Q_{损1}+Q_{阻1}+Q_{人1}=7.58\ \text{kW}\cdot\text{h}$$

电动机效率：

$$\eta_1=(Q_{阻1}+Q_{人1})/Q_{总1}=67.4\%$$

表 6-10　北京西站典型日各时间段内电梯能耗

时间段	人流总数	电梯台数	平均人数	时长	$Q_{损}$	$Q_{阻}$	$Q_{人}$	$Q_{总}$
3:30～5:00	1 562	1	7.57	1.500	2.48	3.00	2.11	7.58
5:00～6:40	5 939	2	14.38	1.667	2.75	3.33	4.45	21.06
6:40～7:40	8 892	4	10.77	1.000	1.65	2.00	2.00	22.59
7:40～8:00	4 370	6	3.53	0.333	0.55	0.67	0.22	8.60
8:00～9:20	13 156	5	12.74	1.333	2.20	2.67	3.15	40.09
9:20～10:50	13 129	4	15.90	1.500	2.48	3.00	4.42	39.59
10:50～13:30	33 382	6	26.95	2.667	4.40	5.33	13.33	138.38
13:30～14:30	7 593	5	7.36	1.000	1.65	2.00	1.36	25.07
14:30～16:30	29 198	7	20.20	2.000	3.30	4.00	7.50	103.57
16:30～18:00	17 022	6	13.74	1.500	2.48	3.00	3.82	55.79
18:00～18:30	7 708	7	5.33	0.500	0.83	1.00	0.49	16.24
18:30～20:00	16 238	6	13.11	1.500	2.48	3.00	3.65	54.73
20:00～21:00	14 414	7	9.97	1.000	1.65	2.00	1.85	38.50
21:00～22:00	11 416	4	13.82	1.000	1.65	2.00	2.56	24.86
22:00～23:30	6 756	2	16.36	1.500	2.48	3.00	4.55	20.05
23:30～0:00	893	1	4.33	0.500	0.83	1.00	0.40	2.23
旅客发送最多日一天总能耗：618.928 kW·h								

续上表

时间段	人流总数	电梯台数	平均人数	时长	$Q_{损}$	$Q_{阻}$	$Q_{人}$	$Q_{总}$
3:30～5:00	1 183	1	5.73	1.500	2.48	3.00	1.59	7.07
5:00～6:40	4 502	2	10.90	1.667	2.75	3.33	3.37	18.91
6:40～7:40	6 742	4	8.16	1.000	1.65	2.00	1.51	20.66
7:40～8:00	3 313	5	3.21	0.333	0.55	0.67	0.20	7.07
8:00～9:20	9 975	4	12.08	1.333	2.20	2.67	2.99	31.42
9:20～10:50	9 953	3	16.07	1.500	2.48	3.00	4.47	29.84
10:50～13:30	25 308	5	24.52	2.667	4.40	5.33	12.13	109.30
13:30～14:30	5 757	3	9.29	1.000	1.65	2.00	1.72	16.12
14:30～16:50	25 261	5	24.47	2.000	3.30	4.00	9.08	81.89
16:50～18:00	9 780	4	11.84	1.500	2.48	3.00	3.30	35.08
18:00～18:40	7 632	5	7.39	0.500	0.83	1.00	0.69	12.55
18:40～20:00	10 522	4	12.74	1.500	2.48	3.00	3.55	36.08
20:00～21:30	15 370	5	14.89	1.000	1.65	2.00	2.76	32.06
21:30～23:30	9 334	3	15.07	1.000	1.65	2.00	2.80	19.34
23:30～0:00	677	1	3.28	1.500	2.48	3.00	0.91	6.39
2008 年 4 月 30 日一天总能耗:463.767 kW·h								
时间段	人流总数	电梯台数	平均人数	时长	$Q_{损}$	$Q_{阻}$	$Q_{人}$	$Q_{总}$
4:00～6:40	2 356	1	11.41	1.500	2.48	3.00	3.18	8.65
6:40～7:30	3 210	2	7.77	1.667	2.75	3.33	2.40	16.97
7:30～10:30	15 672	3	25.30	1.000	1.65	2.00	4.69	25.03
10:30～13:10	18 435	4	22.32	0.333	0.55	0.67	1.38	10.38
13:10～14:40	6 170	3	9.96	1.333	2.20	2.67	2.46	21.99
14:40～15:10	4 014	4	4.86	1.500	2.48	3.00	1.35	27.31
15:10～16:30	12 748	5	12.35	2.667	4.40	5.33	6.11	79.21
16:30～20:00	24 435	4	29.59	1.000	1.65	2.00	5.49	36.55
20:00～21:00	10 571	5	10.24	2.000	3.30	4.00	3.80	55.49

续上表

时间段	人流总数	电梯台数	平均人数	时长	$Q_{损}$	$Q_{阻}$	$Q_{人}$	$Q_{总}$
21:00～22:00	8 025	4	9.72	1.500	2.48	3.00	2.70	32.71
22:00～23:00	2 458	3	3.97	0.500	0.83	1.00	0.37	6.58
22:30～0:00	357	1	1.73	1.500	2.48	3.00	0.48	5.96
2008 年 4 月 24 日一天总能耗:326.839 kW·h								

6.2.3 北京西站自动扶梯能耗分析

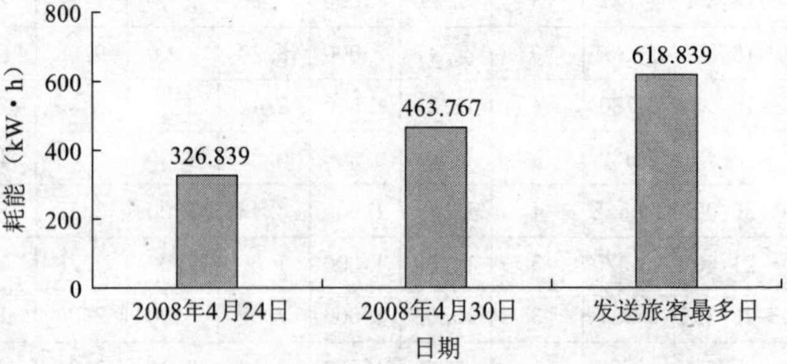

图 6-6 北京西站扶梯耗能与发送旅客量关系图

由图 6-6 可以看出,随着各天发送旅客量的变化,其扶梯能耗也呈线性增加。2008 年 4 月 24 日共发送旅客 98 615 人,2008 年 4 月 30 日共发送旅客 145 353 人,而一年中了送旅客量最多的是 2 月 3 日,正值春运时期,该日共发送旅客 191 727 人次。由上述分析,可以得出扶梯能耗 y 和发送旅客 x 的大致关系为:

$$y=0.0014x+59.217$$

循此规律,即可根据年发送旅客量大致算出一年的扶梯能耗。

2008 年 4 月 24 日可以作为普通工作日考虑,而发送旅客最多日自然也是能耗最多的时候,因此,我们可以得出北京西站每天扶梯的能耗指标为 326.839～618.839 kW·h。

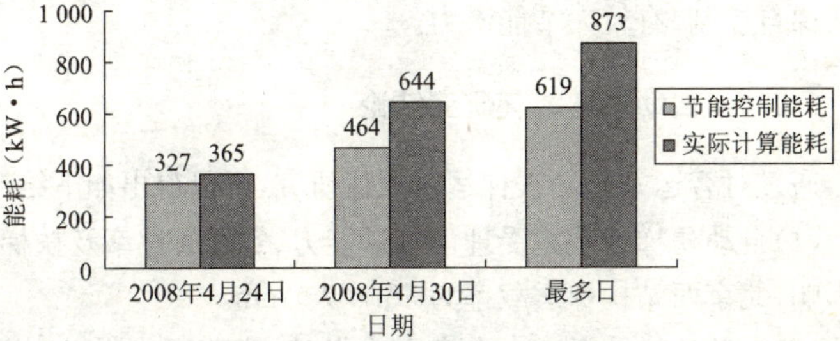

图 6-7 节能控制与非节能控制能耗对比图

图 6-7 中，节能控制能耗是指按照 6.2.2 节中的模型进行节能控制研究得到的如表 6-10 所示的能耗值。实际上，各候车室通常都是一天内开启扶梯台数是固定的，结合发送旅客人数，假设平常日固定开启 4 台扶梯，节假日固定开启 6 台，人数最多时固定开启 8 台，在此种假设上结合旅客发送量得到的计算能耗即为实际计算能耗。

计算可知，若按此规律：平常工作日可节能 10.5%，节假日可节能 27.9%，旅客发送量最多的时候可节能 29.1%，全年节能 14.65%。由此看出，扶梯有很大的节能空间；同时，若当日旅客发送量越多，对其进行科学管理节能效果会越好。

一般来说，一台扶梯的功率为 11 kW，如果按照如上表所示的运行时间进行管理，并且各台电梯都处于全速运行状态，参照《上海地区公共建筑节能设计标准》“8.3.5 标准建筑物中电梯的能耗以每平方米建筑面积 7 W 进行计算”，并且已知北京西站候车室加候车大厅的面积总和为 23 074 m^2，则可得发送旅客量最多的一天中的扶梯能耗量为 3 260 kW·h。然而实际能耗并没有这么高，首先，候车室较其他标准公共建筑物而言，人员更密集，舒适度要求相对较低，另外实际能耗主要取决于旅客发送量，而上述规范则是以建筑面积为能耗计算参考因素，显然以人数作为能耗决定因素更准确。

火车站会不定期对列车时刻表作一些改动，但是总体变化很小。因此，若采用三种典型日的扶梯开停方式对同类型工作日进行扶梯自控制，有较大节能潜力。

6.2.4 自动扶梯能耗研究结论

通过对客运站自动扶梯运行规律研究，可以得出如下结论：

(1)自动扶梯运载率受理论输送能力、实际通过率及扶梯宽度的影响，北京西站扶梯运载率为 45.6 人/min。

(2)自动扶梯能耗 $Q_{总}$ 由牵引力做功、摩擦阻力做功、运载旅客做功三部分组成：

$$Q_{总}=Q_{损}+Q_{阻}+Q_{人}=(1.65\times t+2\times t+0.1885\times t\times \bar{n})\times 电梯开启台数$$

扶梯能耗由开启时间、开启台数及旅客人数共同决定，而扶梯的开停时间和台数又受旅客发送量影响，因此，扶梯能耗完全由旅客发送量决定。

(3)扶梯能耗 y 和发送旅客 x 的模型为：

$$y=0.0014x+59.217$$

(4)对扶梯开启台数按人数进行分时段管理，相比固定自动扶梯台数具有很大的节能潜力。对北京西站而言，平常工作日可节能 10.5%，节假日可节能 27.9%，旅客发送量最多日可节能 29.1%。

6.3 热水器能耗研究

为满足旅客的用水需求，每个候车室内都配有电加热热水装置。调查显示，热水器能耗约占总设备能耗的 3%。研究这部分能耗规律，既有利于了解车站热水能耗现状，也有利于车站节能管理。

根据火车站每日旅客发送量，可以计算火车站热水能耗的理论值，具体步骤如下：

(1)人均需水为 2～3 L/d，取中间值 2.5 L/d；

(2)旅客在候车室内的平均停留时间为 63.98 min，约1.07 h；

(3)总需水量V=人数×平均停留时间$=\frac{每日发送旅客数\times1.07}{24}\times2.5\ \text{L}$；

(4)电加热器能耗$Q=C\cdot m\cdot\Delta t=4.18\cdot V\cdot q_{水}\cdot(100-85)$；

(5)电加热器实际能耗$=Q/\eta$，其中η为电加热器实际工作效率。

根据上述分析，可得热水器能耗与发送旅客人数的模型为：

$$W_{热水}=0.010\,963\times N$$

式中，$W_{热水}$为热水器能耗；N为聚集人数。

能耗与候车人数呈线性关系。

以长沙站和哈尔滨站2007年的数据为例对客运站热水器进行节能研究，2个车站热水实际能耗与计算能耗对比见表6-11。

表6-11 长沙站、哈尔滨站热水实际能耗与计算能耗对比

	旅客发送量(万人)	计算能耗(kW·h)	实际能耗(kW·h)
长沙站	1 223	134 077.49	684
哈尔滨站	2 254	247 106.02	233 544.2

对长沙站，实际热水能耗远小于计算能耗，虽然节能，据调查，候车室热水供应未能满足旅客需求。对于哈尔滨站，计算能耗与实际能耗相当。北方天气相对较干燥，旅客需水量大。长沙空气湿度较大，旅客饮用开水相对北方而言偏少。

7 铁路客运站能效评价

现代铁路客运站作为一类特殊的大型公共建筑，具有极强的标志性。铁路客运站含有较强生产性特征，同时附带一定的铁路行政职能。而因其人员多、流动性大、季度人员数量变化大使得设备容量极大、能耗极高且变化显著，在当前节能减排的大环境下，面临重大的发展机遇和挑战。

前面研究从建设和谐铁路的角度出发，对客运站能耗因素、类型、结构，能耗规律，以及能耗指标等相关问题进行深入、翔实、系统的研究，为把握我国现代铁路客运站能耗现状提供了大量的基础数据。随着经济社会的发展，人们对生活质量的要求越来越高，对出行时的舒适度要求也越来越高。为提高旅客舒适度，增强旅客对铁路运输积极态度，同时也为上级主管部门科学决策，增强铁路运输企业竞争力，实现铁路可持续发展，有必要构建铁路客运站能耗评价指标体系。

本研究采用 DEA 方法，构建了铁路客运站能耗评价指标体系，并定量探讨了影响铁路客运站能效的主要因素，客观评价客运站的能耗利用情况和节能对策。以我国 5 个典型客运站（上海站、长沙站、北京西站、哈尔滨站、上海南站）的能效进行了实证研究，分析了影响客运站生产效率的主要因素，并得出客运站的生产效率值与相对排序。

7.1 铁道客运站能效的 DEA 模型

DEA 是由著名运筹学家 A. Charnes 和 W. W. Cooper 等提出和创建的，它是对若干同类型的具有多输入、多输出的决策单元（Decision Making Unit，简称 DMU）进行相对效率与效益方面比较的一种有效方法。它以某一系统中的实际决策单元为基础,建立在决策单元的“Pareto 最优”概念之上,这种方法不需要预先设定边界函数的形式,也不需要通过统计的方法估计函数中的各个参数,只需将观测值以边界方式用包络加以分析,并利用数学规划模型求解这一边界,确定系统的效率前沿面,得到各个决策单元的相对效率以及规模效益等方面的信息,进而分析决策单元是否为 DEA 有效,从而判断各个单元输入、输出的合理性、有效性。其相应的 C^2R、C^2GS^2、C^2WH、C^2W 等模型已经成为管理科学与系统工程领域一种重要而有效的分析工具。

设有 n 个铁路客运站 DMU_j, $j=1,2,\cdots,n$。各个站的能源输入 m 项和 s 项效益与舒适度输出,(X_j, Y_j) 为第 j 个站所对应的输入和输出指标向量集($j=1,2,\cdots,n$),则输入向量为 $X_j=(x_{1j}, x_{2j},\cdots,x_{mj})^T$,输出向量为 $Y_j=(y_{1j},y_{2j},\cdots,y_{sj})^T$。$x_j,y_j\geqslant 0, j=1,2,\cdots,n$,即其分量非负,且至少有一个是正的。

(1)基于输入的评价 DMU 总体效率的具有非阿基米德无穷小的 C^2R 模型为:

$$\min[\theta-\varepsilon(\hat{e}^T s^- + e^T s^+)]$$

$$\text{s. t.}\begin{cases}\sum_{j=1}^{n}\lambda_j x_j + s^- = \theta x_0\\ \sum_{j=1}^{n}\lambda_j y_j - s^+ = y_0, \lambda\geqslant 0, j=1,2,\cdots,n\\ s^+\geqslant 0, s^-\geqslant 0\\ \hat{e}=(1,1,\cdots,1)^T\in R^m, e=(1,1,\cdots,1)^T\in R^s\\ \varepsilon \text{ 为非阿基米德无穷小}\end{cases} \tag{7-1}$$

用该模型可以评价 DMU 的技术和规模的综合效率,称为总体效率。设问题(1)的最优解为 λ^*, s^{*-}, s^{*+}, θ^*,我们有如下结论:

①若 $\theta^*=1$,且 $s^{*-}=0$, $s^{*+}=0$,则 DMU 为 DEA 有效,即在这 n 个评价单元中,在原输入 X 的基础上所获得的输出 Y 已经达到最优。

②若 $\theta^*=1$，且 $s^{*-}\neq 0$ 或 $s^{*+}\neq 0$ 时，则 DMU 为弱 DEA 有效，即在这 n 个评价单元中，对于输入 X 可以减少 s^{*-} 而保持原输出 Y 不变，或在输入 X 不变的情况下将输出提高 s^{*+}。

③若 $\theta^*<1$，则 DMU 为 DEA 无效。令 $\hat{x}_0=\theta^* x_0-s^{*-}$，$\hat{y}_0=y_0-s^{*-}$，则 $<\hat{x}_0,\hat{y}_0>$ 为 $<x_0,y_0>$ 在有效前沿面上的投影，相对于原来的 n 个 DMU 是有效的。

④若存在 $\hat{\lambda}_j(j=1,2,\cdots,m)$，使 $\sum_{j=1}^{n}\lambda_j^n=1$ 成立，则 DMU_{j0} 为规模效益不变；若不存在 $\hat{\lambda}_j(j=1,2,\cdots,m)$，使 $\sum_{j=1}^{n}\lambda_j^n=1$ 成立，则 $\sum_{j=1}^{n}\lambda_j^n<1\Leftrightarrow\text{DMU}_{j0}$ 为规模效益递增；若不存在 $\hat{\lambda}_j(j=1,2,\cdots,m)$，使 $\sum_{j=1}^{n}\lambda_j^n=1$ 成立，则 $\sum_{j=1}^{n}\lambda_j^n>1\Leftrightarrow$ 规模效益递减。

（2）基于输入评价的评价 DMU 纯技术效率的具有非阿基米德无穷小的 C^2GS^2 模型为：

$$\min\sigma-\varepsilon(\hat{e}^{\mathrm{T}}s^-+e^{\mathrm{T}}s^+)$$

$$\text{s. t.}\begin{cases}\sum_{j=1}^{n}\lambda_j x_j+s^-=\sigma x_0\\ \sum_{j=1}^{n}\lambda_j y_j-s^+=y_0,\ \sum_{j=1}^{n}\lambda_j=1,\lambda_j\geqslant 0,j=1,2,\cdots,n\\ s^+\geqslant 0,s^-\geqslant 0\\ \hat{e}=(1,1,\cdots,1)^{\mathrm{T}}\in R^m,e=(1,1,\cdots,1)^{\mathrm{T}}\in R^s\\ \varepsilon\text{ 为非阿基米德无穷小}\end{cases}\tag{7-2}$$

该模型计算出的 DMU 效率是纯技术效率，反应 DMU 的纯技术效率情况，称为纯技术效率。设问题（2）的最优解为 λ^*，s^{*-}，s^{*+}，σ^*，根据相关文献有如下结论：

①若 $\sigma^*=1$，则 DMU_{j0} 为弱 DEA 有效。

②若 $\sigma^*=1$，且 $s^{*-}=0$，$s^{*+}=0$，则 DMU_{j0} 为 DEA 有效。

③DMU 纯规模效率的计算公式为：

$$s^*=\frac{\theta^*}{\sigma^*} \tag{7-3}$$

根据DEA理论，总体效率θ^*、纯技术效率σ^*、纯规模效率s^*三个参数之间存在式(7-3)所述的关系，由式(7-3)可直接计算DMU的纯规模效益。

7.2　评价指标体系

7.2.1　输入指标

输入指标均为能耗指标，可分为全站总能耗、空调能耗、照明能耗、电梯能耗和其他能耗等五项指标。所考察的五个客运站中，它们的能源类型各不相同，为方便比较能源消耗量，我们需要把不同的能源消耗量折算为标准煤的消耗量。

7.2.2　输出指标

7.2.2.1　舒适度输出指标

评价一个单元效率的高低，总是要看它的输入、输出的数值。当一个单元的输入值越小，而输出值越大，也就是说这个单元是以较小的输入获得了较大的输出，它的效率高。反之则为低。室内温度、室内CO_2浓度、等待电梯时间和综合照度作为旅客舒适度输出数据的评价指标，其中室内温度、室内CO_2浓度和电梯等待时间这三项指标，当输入的能耗越大时，它们的数值反而越小，这与DEA算法要求不相符。对于照度值，包括候车室照度和站台照度，我们将二者综合考虑，定义为综合照度值。因此需要对舒适度输出指标的数值进行处理。

1. 室内温度

适合大部分旅客的热舒适度的标准值夏季选择26 ℃为基准值，冬季选择20 ℃为基准值，此时舒适度定为十级，温度每升高或降低0.5 ℃，热舒适度等级下降一级。级别越高，室内热舒适度越好。

2. 室内 CO_2浓度

根据我国大气环境质量标准(GB 3095－82)和一些较先进国家与地区所建议的室内空气标准,我们把室内 CO^2 浓度进行分级,以 700 mL/m^3(洁净程度为良)为基准值,此时的舒适度为十三级。CO^2 浓度每上升 100 mL/m^3,舒适度等级下降一级。2 000 mL/m^3 及以上为一级。级别越高,室内 CO^2 浓度舒适度越好。

3. 电梯等待时间

在通常情况下,只有在火车站人流高峰时才会出现旅客排队等待电梯的情况。因此,我们计算出现最高聚集人数时的电梯等待时间是按在该天中出现进站人流量最大的情况(5 min 内)这段时间内的平均候梯时间。为了计算方便,我们设定候梯时间为0～1 s为十级,以后每增加 1 s 时舒适度降一级,9 s 以上为一级。

4. 综合照度等级

根据旅客对于照明舒适度的调查,站台的最佳照度值为 30 lx,候车室的最佳照度值为 80 lx,并将其设为最高级十级,照度值每上升或下降 5 lx,照度等级下降一级。根据火车站的站台照度能耗值和候车室照度能耗值所占的比例,定义客运站的综合照度等级:

综合照度等级＝站台照度等级×0.35＋候车室照度等级×0.65

7.2.2.2　经济效益输出指标

客运站的经济效益也是能效评价考察的重点,我们选择全年发送总人数和全年营业总收入作为经济效益的输出指标。

7.3　研究实例

7.3.1　客运站基础数据

我们选择上海站、长沙站、北京西站、哈尔滨站、上海南站等五个国内具有代表性的客运站,对其输入、输出数据进行整理和汇总见表 7-1、表 7-2。

表 7-1 各站的能耗输入吨标准煤

	全站总能耗	空调能耗	照明能耗	电梯能耗	其他能耗
上海站	8 260	6 195	826	660.8	578.2
长沙站	4 393	3 220.6	455.2	371.7	327.5
北京西站	11 941	8 377.5	1 841.2	1 024.7	697.6
哈尔滨站	3 726	2 496.4	409.9	447.1	372.6
上海南站	2 611	2 114.9	156.7	208.9	130.6

表 7-2 各站的输出数据

	综合照度等级	电梯等待等级	室内 CO_2 浓度等级	室内温度等级	总人数（万人）	总收入（亿元）
上海站	7	8	10	9	3 439	38.908 17
长沙站	6	3	7	6	1 223	10.655 49
北京西站	9	5	13	10	3 632	41.297 85
哈尔滨站	2	2	1	6	2 254	11.527 63
上海南站	9	9	13	7	1 250	7.901 07

7.3.2 计算结果

把输入、输出指标分别代入 C^2R 模型和 C^2GS^2 模型，采用 Lindo 计算软件进行求解。就可以求出各客运站的总体效率、纯技术效率和规模效率值，并根据总体效率值进行排序。结果见表 7-3。

表 7-3 DEA 效率与规模效益计算结果

分析指标	上海站	长沙站	北京西站	哈尔滨站	上海南站
θ	1	0.978 625	0.888 196	1	1
σ	1	1	1	1	1
s	1	0.978 625	0.888 196	1	1
$s1$	0	239.600 021	1 421.335 205	0	0
$s2$	0	0	482.387 665	0	0
$s3$	0	153.121 689	763.546 448	0	0

续上表

分析指标	上海站	长沙站	北京西站	哈尔滨站	上海南站
$s4$	0	0	175.356 415	0	0
$s5$	0	68.744 934	0	0	0
$s6$	0	5.157 186	0.817 141	0	0
$s7$	0	9.464 772	4.787 797	0	0
$s8$	0	8.621 957	2.516 908	0	0
$s9$	0	0	0	0	0
$s10$	0	843.425 415	264.774 963	0	0
$s11$	0	1.694 870	0	0	0
$\omega1$	0	0	0	0	0
$\omega2$	0.000 161	0.000 163	0	0.000 191	0
$\omega3$	0	0	0	0	0
$\omega4$	0	0.001 280	0	0	0
$\omega5$	0	0	0.001 433	0.001 401	0.007 657
$\upsilon1$	0.011 912	0	0	0	0
$\upsilon2$	0	0	0	0	0
$\upsilon3$	0	0	0	0	0
$\upsilon4$	0	0.122 328	0.005 599	0	0
$\upsilon5$	0.000 087	0	0	0.000 331	0.000 183
$\upsilon6$	0.015 860	0	0.020 151	0.022 062	0.097 611
$\sum\lambda_i$	1	0.82	1.42	1	1
规模效益	不变	递增	递减	不变	不变
排序	1	2	3	1	1

在表中，$\omega1,\omega2,\omega3,\omega4,\omega5,\upsilon1,\upsilon2,\upsilon3,\upsilon4,\upsilon5,\upsilon6$ 分别为各输入、输出的权值向量(影子价格)，由 C^2R 模型求得 S1,S2,S3,S4,S5 分别为输入数据的约束条件中各松弛变量的数值，S6,S7,S8,S9,S10,S11 分别为输出数据的约束条件中各松弛变量的数值。$\sum\lambda_i$ 为 C^2R 模型变量 $\lambda_j(j=1,2,3,4,5)$的和，根据其值可以判断

DMU 的规模效益状况，σ 根据 C^2GS^2 模型求得。s^* 的数值由 $s^*=\frac{\theta^*}{\sigma^*}$ 求得。

7.3.3 效率分析

客运站效率的高低采用总体效率、纯技术效率和规模效率三种效率值来判断。一般而言，总体效率为 1 者表示最有效率的单位，即其整体运作处于最佳状态；从技术效率可以看出各部门对于投入要素是否有效的运用，以达到产出最大化，其值越高表示其投入资源使用情形越有效率；规模效率可用 $\sum\lambda$ 值为 1 作为分界线，分为规模效益不变、递增、递减三种情形。由以上表我们可以看出，上海站，长沙站，北京西站，哈尔滨站，上海南站的总体效率 θ 分别为 1，0.978 625，0.888 196，1，1；纯技术效率 σ 分别为 1，1，1，1，1；规模效益 s 分别为 1，0.978 625，1，1，1。综上，五个客运站的初排序为：

上海南站＝哈尔滨站＝上海站＞长沙站＞北京西站

7.3.4 DMU 在生产前沿面上的投影和影子价格分析

根据 DEA 理论，非 DEA 有效的 DMU 在生产前沿面上的投影是 DEA 有效的，即通过适当调整非 DEA 有效的 DMU 输入、输出数值可以使其达到 DEA 有效。

下面以北京西站为例进行分析，要使其达到 DEA 有效，需要对其输入和输出数据进行调整。要达到 DEA 有效，也即要使北京西站的效率达到 1，我们需要把各项输入的数据调整为：全站总耗能 $X1=11\ 941\times 0.888\ 196-1\ 421.34=9184.61$，空调耗能 $X2=8\ 377.5\times 0.888\ 196-482.39=6\ 958.47$，照明耗能 $X3=1\ 841.2\times 0.888\ 196-763.55=871.80$，电梯耗能 $X4=1\ 024.7\times 0.888\ 196-175.35=734.78$，其他耗能 $X5=697.6\times 0.888\ 196=619.6$。输出数据调整为：站台综合照度等级为 $Y1=9+1=10$，电梯等待时间等级 $Y2=5+5=10$，室内 CO_2 浓度等级 $Y3=13+3=$

16,室内温度等级 $Y4=10$,全年发送总人数 $Y5=3\ 632+265=3\ 897$万人,全年总收入 $Y6=41.297\ 85$ 亿元。这样,数据达到最优值,DEA 为有效,总体效率为 1。

北京西站的各输入输出的影子价格分别为:$\omega1=0,\omega2=0,\omega3=0,\omega4=0,\omega5=0.001\ 433,\upsilon1=0,\upsilon2=0,\upsilon3=0,\upsilon4=0.005\ 599,\upsilon5=0,\upsilon6=0.020\ 151$。由此可知,全站总耗能、空调能耗、照明能耗、其他能耗这四项输入指标和站台照度,电梯等待时间,室内 CO_2 浓度等级,总收入这四项输出指标的影子价格均为 0,表明单独降低这四项输入中的任一项或增加这四项输出中的任一项均不影响其 DEA 效率。电梯耗能的影子价格 $\omega4=0.003\ 766$,在北京西站所有能源消耗中影子价格(权值)最大,可见电梯能耗对北京西站的整体能源消耗影响最大。在输出中,室内温度等级的影子价格 $\upsilon5=0.059\ 799$,对其总体效率影响最大;其次为运送总人数的影子价格 $\upsilon1=0.000\ 452$,对总体效率的影响次之。

同时,从计算结果中可以看出:$\sum\lambda_i=\lambda1+\lambda2+\lambda3+\lambda4+\lambda5=0.970\ 657+0+0+0+0.446\ 949=1.42>1$,说明北京西站处于规模效益递减的阶段。

7.3.5 能源效率的最终排序

对于上海南站、哈尔滨站、上海站,由于均为有效单元,对于它们的排序,采用计算它们的平均横切效率 α 进行排序。

上海南站相对于哈尔滨站的横切效率为:

$$\alpha_1=\upsilon_{哈尔滨}{}^{\mathrm{T}}Y_{上海南}=(0,0,0,0,0.000\ 331,0.022\ 062)^{\mathrm{T}}(9,9,13,5,1\ 250,7.901\ 07)=0.59$$

上海南站相对于上海站的横切效率为:

$$\alpha_2=\upsilon_{上海}{}^{\mathrm{T}}Y_{上海南}=(0.011\ 912,0,0,0,0.000\ 087,0.015\ 860)^{\mathrm{T}}(9,9,13,5,125\ 0,7.901\ 07)=0.34$$

上海站的平均横切效率为:

$$\bar{\alpha}_{上海南}=\frac{\alpha_1+\alpha_2}{2}=\frac{0.59+0.34}{2}=0.47$$

同理可求出哈尔滨站和上海站的平均横切效率为：

$$\bar{\alpha}_{哈尔滨}=0.97,\bar{\alpha}_{上海}=3.21$$

由此我们可以得出：$\bar{\alpha}_{上海}>\bar{\alpha}_{哈尔滨}>\bar{\alpha}_{上海南}$。所以，在总体效率均为1的上海南站、哈尔滨站和上海站中，通过比较它们的平均横切效率，可以进一步对它们的能源利用效率进行区分，结果为上海站最优，哈尔滨站次之，上海南站最差。

综上，5个客运站的最终排序为：

上海站＞哈尔滨站＞上海南站＞长沙站＞北京西站

7.3.6 综合分析

(1)上海站的总体效率最高，且各项舒适度等级和经济效益指标均处于较高的水平。其中照明能耗占总能耗的10%左右，在5个站中处于较低水平。因为上海站采用新型节能灯代替传统的白炽灯，“照明智能控制系统”得到推广，“绿色光源”应用范围进一步扩大，并且联合生产厂家开发了基于PROFIBUS现场总线技术的新一代智能控制系统，该系统根据列车实时告示系统，实现了控制灯具盏数最少化、灯具开关时间合理化、操作控制人性化，彻底解决了以往因人工关闭不及时而造成的长明灯现象，所以节电效果明显。

(2)哈尔滨站的综合能效排名第二位。该站属于老式车站，候车室面积小，中央空调的能耗相对较小。由于是老式车站，各项设施老化不完善，造成旅客的舒适度等级为五个站最低。

(3)上海南站的照明能耗只占总能耗量的6%，为五站最低。因为上海南站为新建站，其建筑顶端采用透光好的玻璃材料，白天靠自然光照明，既提高了照度等级，又节省了能源。但同时，由于玻璃围护结构的热传导系数大，太阳光射进候车大厅内提高了室内温度，从而造成空调能耗的增加，该站中央空调的能耗占到了总能耗的81%，同时因为上海南站空调系统设置不合理，导致夏季室内温度较高，舒适度的等级下降。

(4)长沙站的总体效率小于1，说明存在着能源的浪费，旅客的舒适度也没有得到相应的提高。长沙站中央空调为老式 LiBr 燃油空调,效率低,能耗大。长沙站的一部分候车大厅在一楼,分流了部分需要乘坐电梯的旅客,使得该站电梯能耗较低。

(5)北京西站的总体效率最低,一方面是因为存在部分能源浪费,而主要原因在于北京西站位于首都,代表国家形象,因此对旅客各方面的舒适度等级要求高,从而造成能耗量很大。比如北京西站没有楼梯,全部为自动扶梯,所以北京西站的年电梯能耗量为 1 024.7 t标准煤,远远高于其他客运站。

7.4 结　论

本课题将铁路客运站的能耗作为输入指标,经济效益和旅客的舒适度作为输出指标,使得能源管理者不仅能够通过权重、松弛变量等找出铁路客运站能效不佳的原因及进一步提高能效的方法和方向,而且能够在评价过程中获得更多的能源管理信息,这也对 DEA 方法的应用是个有益的补充。DEA 模型是一个优秀的、强大的决策管理工具,要充分利用其优点,一方面要因地制宜,结合被评价对象的特点选择合适的数据模型;另一方面也可以通过构建合理的概念模型来挖掘更多的管理信息。

应用 C^2R 和 C^2GS^2 的能效模型对我国五个典型客运站进行了实证分析,发现铁路客运站能源效率体现在旅客舒适度与经济效益两个方面,因此,必须在满足旅客舒适度的基础上提高能源的效率。首先,对于老式铁路客运站,要完善满足旅客舒适度的候车设施,提高舒适度等级;其次,因为空调设备能耗所占比例最大,老式低效的空调设备制约了客运站能效的提高;第三,运用"智能控制系统"所取得节电效果明显,可以在铁路客运站推广;第四,能源浪费是造成能效低的重要原因。

8 现代铁路客运站节能对策研究

任何事物都是矛盾的统一体。要改善旅客候车环境,便产生了节能与旅客舒适要求的矛盾。二者是相互联系、密不可分的,解决的关键是要弄清矛盾之间的内在联系。本着以人为本的理念,提出节能对策内涵的两个组成部分:第一部分是明确旅客的舒适度指标合理标准,即定量化合理的室内温度、新风量、照度与等待电梯时间等各项指标值;第二部分是在合理舒适度指标约束条件下高效率地使用能源。前面几章已给出了舒适度指标的约束条件,本章将讨论在约束条件下如何从节能技术和节能管理两个角度提出相应的对策建议。

8.1 基于技术角度的节能对策研究

铁路客运站的节能是一项综合性的技术,包括空调系统、照明系统、自动扶梯设备的节能。

8.1.1 空调系统节能对策研究

从前面几章的分析知道空调是客运站的最大能耗分项,也就是节能的重点,从空调能耗计算得出的各个站的能耗指标见表 8-1。

表 8-1 各地区空调能耗实际与指标值比较

地区	实际能耗[kW·h/(m²·a)]	指标能耗[kW·h/(m²·a)]	节能潜力(%)	可节约费用[元/(m²·a)]
哈尔滨	378.95	279.95	35.4	40~80
北京	304.54	234.14	30.0	
长沙	385.23	266.77	44.3	
广州	457.67	324.04	41.1	

注:上表中电价按照 0.6 元/(kW·h)计算。

实际能耗指标较模拟得出的能耗指标要大很多，主要原因是，模拟能耗是充分分析候车室实际流动人数，设备可能能耗，以及单位人均实际所需最小新风，先进空调设备的应用与控制的基础上得出的。而实际能耗是以空调实际安装功率，运行缺乏技术指导的情况下所产生的实际能耗，其中设备效率低下，安装功率过大，空调运行管理不够科学是造成实际空调能耗高的主要原因。

以上分析，几大地区的能耗节能率都超过了30%，就有较大节能潜力，能耗模拟节能指标的研究具有现实意义；以此指标进行火车站的空调设计，就可实现减少空调能耗30%以上。

8.1.1.1　控制室内适宜温度

目前空调设计室内温度，夏季是26 ℃，冬季是20 ℃。通过计算比较，室内设计温度改变，对空调系统能耗的影响会很大。而且，实际使用过程中，空调的温度一般都是夏季在设计温度以下，冬季在设计温度以上。见表8-2，现场测试几个候车室的夏季空调使用温度，基本都在设计温度以下。这样造成很大的能源浪费。表8-3是改变室内设计温度后可达到的节能情况。

表8-2　不同候车室夏季室内温度测量值与设计温度比较

候车室	实测度值(℃)	设计温度值(℃)
北京西站第一候车室	24.6	26
北京西站第四候车室	25.3	26
北京西站第五候车室	26.1	26
北京西站第六候车室	23.8	26
北京西站第八候车室	25.1	26
北京西站第十候车室	24.7	26
北京西站第十三候车室	25.3	26
上海站第二候车室	22.8	26
上海站第三候车室	25.3	26
上海站第五候车室	24.6	26

续上表

候车室	实测度值(℃)	设计温度值(℃)
上海站第七候车室	24.6	26
上海站第九候车室	23.5	26
上海站软卧候车室	22.6	26
哈尔滨站第一候车室	23.4	26
哈尔滨站第二候车室	25.1	26
哈尔滨站第四候车室	22.8	26
哈尔滨站第六候车室	24.7	26
长沙站第一候车室	23.5	26
长沙站第二候车室	25.6	26
长沙站第四候车室	23.4	26

表 8-3　改变设计温度达到的节能率

地区	改变室内设计温度(℃)		节能率(%)	节约电费[元/(m²·a)]
	夏季	冬季		
北京	26～28	20～18	11	18.3
哈尔滨	26～28	20～18	10	25.0
长沙	26～28	20～18	13	30.0
广州	26～28		14	38.4

注:表中电价按 0.6 元/(kW·h)计算。

通过计算,改变室内设计温度:夏季增加 2 ℃,冬季减少 2 ℃,空调能耗哈尔滨站可减少 10%,北京西站可减少 11%,长沙站减少 13%,广州站可节能 14%。采取改变设计温度这一措施,只需在设计及空调实际运行时控制室内温度,无须任何投入即可实现各站的空调节能。

8.1.1.2　新风能耗节能

在空调系统中,风系统能耗也是总能耗的重要组成部分。空调系统中风机包括空调送风机、回排风机及新风机等。新风能耗通常要占空调能耗的25%～35%，减少风机能耗应从以下几个方面入手：

1. 选用合适的新风量指标

由第5章可知，哈尔滨、北京西、长沙/上海、广州这四个站的新风能耗都比较大，均需要建立节能措施，以减少新风能耗。目前各大铁路客运站，实际采用的新风量指标，基本都是20 m^3/(h·人)，也就是2～3 次/h换气次数。由于新风量不能直接测得，通过现场测试CO_2浓度，可推出新风量的大小是否在舒适性标准内，并达到节能的标准。公共建筑CO_2舒适性标准值是1 000 mL/m^3，候车室的新风量节能标准是8 m^3/(h·人)，舒适性标准是20 m^3/(h·人)，由第四章分析可知，当人均新风量为8 m^3/(h·人)，显然达不到人员的基本舒适性要求，于是结合节能与舒适性双重因素，可得知候车室最适宜的新风量是12 m^3/(h·人)。各不同车站不同候车室测得的CO_2浓度列于表8-4。

表8-4 不同车站候车室测得CO_2浓度值

候车室	实测CO_2浓度值(mL/m^3)	指标CO_2浓度值(mL/m^3)	候车室	实测CO_2浓度值(mL/m^3)	指标CO_2浓度值(mL/m^3)
北京西站第一候车室	875	1 000	上海站第七候车室	754	1 000
北京西站第四候车室	803	1 000	上海站第九候车室	856	1 000
北京西站第五候车室	925	1 000	上海站软卧候车室	900	1 000
北京西站第六候车室	876	1 000	哈尔滨站第一候车室	892	1 000
北京西站第八候车室	819	1 000	哈尔滨站第二候车室	925	1 000
北京西站第十候车室	886	1 000	哈尔滨站第四候车室	1 340	1 000
北京西站第十三候车室	879	1 000	哈尔滨站第六候车室	1 025	1 000
上海站第二候车室	816	1 000	长沙站第一候车室	846	1 000
上海站第三候车室	837	1 000	长沙站第二候车室	981	1 000
上海站第五候车室	869	1 000	长沙站第四候车室	852	1 000

由于实际的新风量是 20 $m^3/(h \cdot 人)$，大部分的候车室内 CO_2 浓度都低于舒适性标准，在此新风量下人们已经满足了舒适性的要求，但是新风量偏大，造成了浪费。这样显然可以通过降低新风量，在能耗降低的情况下，还能达到舒适性的标准。当采用的新风量是 12 $m^3/(h \cdot 人)$时，不但能达到人员舒适性的要求，而且各个客运站的新风能耗大大减少，哈尔滨站节能率可达到 15%左右，北京西站约 12%，长沙车站与广州车站相比较实际情况均可节能 18%。

2. 采用变频设备，根据候车人数调整新风量

由表 8-4 可知，个别候车室由于测量时人员达到了室内饱和状态，CO_2 的浓度超过了舒适性标准。由此可知，车站人员的多少，直接影响着人员舒适性。可以提出，根据测得 CO_2 量适当改变新风量，从而使室内环境达到人们的需求，并且保证不会使能耗增大太多，即采用变频空调。

调节的方式如下：按功能分区采用变风量调节，满足不同区域的空调要求；利用焓值分区控制决定采用全新风还是最小新风运行，过渡季关闭制冷系统，采用全新风通风，可以改善室内空气品质并有效减少设备能耗；根据室内旅客数量调节新风量。

3. 采用热回收装置的新风换气机组

因为室内外空气的温差较大，利用热回收技术从排风中回收能量，一般可节约新风能耗 60%～70%。

实例：长春站南北广场地下通道热回收节能

长春站南北广场地下通道的体积约为 10 000 m^3，新风量按换气次数为 2 次/h 计算，风量为 20 000 m^3/h，选用 2 台 KH-100 型热回收式新风换气机基本满足新风换气要求，气流组织采用上送风、集中回风的通风方。其中，空调器的能效比 EER＝2.5，KH-100型热回收式新风换气机的参数为：热交换效率 η 为 72%，换气量 $V=20\ 000\ m^3/h$，电机功率 $P=3$ kW/台，新风换气机耗电为：

$$Q_{耗}=3\times2\times0.9\ kW=5.4\ kW$$

表 8-5 长春站热回收节能实例

时间	参数概况	能耗概况	节能率
冬季	采暖为 174 天，室内计算温度 $t_1=10$ ℃，室外计算（干球）温度 $t_2=-26$ ℃，空气密度 $\rho=1.396\ kg/m^3$（-26 ℃时），比定压热容 $C_p=1.0057\ kJ/(kg\cdot ℃)$。热负荷为：$Q_1=C_P\times V\times\rho(t_1-t_2)=280\ kW$	热量不回收补充新风的风机耗电：$Q_{电1}=Q_1/EER=112\ kW$ 新风换气机回收的电功率为：$Q_{回1}=\eta Q_{电1}=80.64\ kW$，则节能为：$Q_{节1}=Q_{回1}-Q_{耗}=75.24\ kW$	67%
夏季	空调 30 天，室内计算温度 $t_1=25$ ℃，室外计算（干球）温度为 $t_2=30.5$ ℃，空气密度 $\rho=1.16\ kg/m^3$（30.5 ℃时），比定压热容 $C_p=1.0057\ kJ/(kg\cdot ℃)$。冷负荷为：$Q_2=C_P\times V\times\rho(t_1-t_2)=35.65\ kW$	热量不回收补充新风的风机耗电：$Q_{电2}=Q_2/EER=14.26\ kW$ 新风换气机回收的电功率为：$Q_{回2}=\eta Q_{电2}=10.27\ kW$，则节能为：$Q_{节2}=Q_{回2}-Q_{耗}=4.87\ kW$	34%
全年	全年节电：$Q_{节}=174\times24\times Q_{节1}+30\times24\times Q_{节2}=317\ 708\ kW\cdot h$		

长春站热回收对策研究的参数概况、能耗概况及节能率见表 8-5。按照当地工程电价 0.55 元/(kW·h)计算，则采用热回收式新风换气机时，长春站南北广场地下通道全年节省空调运行电费：317 708×0.55=174 739(元)，2 台 KH-100 型热回收式新风换气机的投入大约 50 万元，故不到 3 年即可回收投资。

4. 自然通风技术

最大限度地利用自然通风也是节能的有效措施之一。在过渡季节自然通风可以提供新鲜空气，进行室内降温；在空调供冷季自然通风也可实现夜间通风，降低围护结构和建筑蓄热，减少空调开机时的启动负荷，特别适合铁路客运站采用。实验表明，充分的夜间通风可使白天室温降低 2 ℃～4 ℃。此外，合理的气流组织也是影响自然通风效果的关键因素。

由于新风能耗是空调系统的主要能耗之一，在这部分进行节能措施后，其得到的节能效果明显，各客运站均可节能 15%左右。

具体各项节能措施可达到的效果见表 8-6。

表 8-6 新风节能措施达到的节能率

地区	现有措施	新风节能措施	节能率(%)	投入(万元)	可节约电费[元/(m² · a)]	回收期(年)
北京	①新风量 20 m³/(h·人) ②普通设备 ③新风没有再利用	①新风 12 m³/(h·人) ②采用变频设备 ③新风热回收	12	50～100	45.7	2～3
哈尔滨			15		45.5	
长沙			18		69.3	
广州			18		82.4	

采用上述新风节能措施，可获得明显节能效益。由于不同车站的规模、客流量及空调面积不同，其采取新风节能措施所需的投入也不同，一般不到 100 万元即可实现，根据对应的节能效果，回收投资只需 2～3 年。以长沙站为例，在新风量供应为 12 m³/(h·人)时，对空调系统风机进行变频控制，同时对新风引入热回收器，这两项措施在投入约 60 万元时即可实现，采取节能措施后长沙站可节约的电费为 224 913.15 元/年，故运行 2.6 年后即可回收投资。

8.1.1.3 围护结构的节能

1. 建筑围护结构的保温性能

改善建筑物保温性能，限制建筑能量的消耗。我国《采暖通风与空气调节设计规范》规定了维护结构各部分传热系数的值。实例证明，由于重视了建筑保温，建筑耗能有时可下降 15%左右，而造价大约只增加 5%左右。由于铁路客运站是使用寿命较长的建筑，所以采用保温效果较好的建筑材料，从车站长远节能考虑，这样做是很划算的。按照国家现行《中华人民共和国公共建筑节能设计标准》(GB 50189—2005)的相关规定进行设计就可以实现铁路客运站围护结构的节能。

对哈尔滨站、北京西站和长沙站而言，围护结构是影响空调能耗的主要因素之一，需要对围护结构采取节能措施。根据不同地区的车站，采用不同的围护结构保温措施，列于表 8-7。

表 8-7 不同地区节能措施的比较

地区/围护结构	外墙		屋面		窗	
	实际	节能措施	实际	节能措施	实际	节能措施
北京	普通外墙	多孔砖，增厚 60 mm	普通屋顶＋厚保暖层	XPS	中空玻璃	双层 Low-E 玻璃加外遮阳
哈尔滨	普通外墙	多孔砖，增厚 70 mm	普通屋顶＋厚保暖层	XPS	中空玻璃	双层 Low-E 玻璃加外遮阳
长沙	普通外墙	多孔砖，增厚 40 mm	普通屋顶＋一般保暖层	XPS	普通玻璃	双层玻璃

将现有的各站围护结构传热系数，与采取节能措施后的围护结构传热系数比较见表 8-8。

表 8-8 不同地区现有与节能围护结构传热系数比较[W/(m^2·K)]

地区	外墙		层面		窗		围护结构节能率(%)	节能投入(元/m^2)	回收期(年)
	实际	节能	实际	节能	实际	节能			
北京	1.57	0.42	0.79	0.41	3.26	1.80	17		
哈尔滨	1.27	0.33	0.79	0.41	3.26	1.80	20	250～400	4～7
长沙	2.08	0.59	0.90	0.41	6.40	2.80	15		

注：节能投入的面积包括屋面、外墙及窗的总面积。

为了增强维护结构的保温，比较先进的围护结构节能措施有，采用 XPS 屋顶，传热系数为 0.41 W/(m^2·K)。哈尔滨采用多孔砖，增厚 70 mm，传热系数为 0.33 W/(m^2·K)；北京采用多孔砖，增厚 60 mm，传热系数为 0.42；双层 Low-E 玻璃加外遮阳，换热系数为 1.80 W/(m^2·K)。通过这样的节能措施，计算可得出哈尔滨站的空调可节能 20%，北京西站的空调可节能 17%。长沙围护结构节能措施，也是采用 XPS 屋顶，外墙采用多孔砖加厚 40 mm，改用双层玻璃。整个节能围护结构对空调负荷的节能率，大约为 15%左右。各站对围护结构保温的投入一般在 150～

300 元/m^2左右,实现节能回收的周期为 4～7 年。

2. 窗户隔热和建筑遮阳

玻璃窗的主要目的是采光,但统计可知,夏季通过玻璃窗的日射得热占制冷机最大负荷的 20%～30%,冬季单层玻璃的热损失约占锅炉负荷的 10%～20%。因而,对玻璃窗采取一些措施,是节能的有效方法。

除了内遮阳窗帘以外,建筑外遮阳起到遮挡直接日射的作用。窗户外界的凸出物、建筑花格以及周围建筑物的遮阳均可起到外遮阳的作用。实践证明,窗户外遮阳比内遮阳对减少日射得热更为有效,建筑物窗户如果考虑合适的外遮阳措施,甚至可以减少日射得热量的 80%。

3. 建筑物的朝向节能

对于新建和改扩建的铁路客运站,建筑物的朝向对节能也十分重要,同样平面形状的建筑物、南北向比东西向负荷少,相同面积情况下,主朝向面越大,倾向越明显,故建筑物首先应采取南北朝向。在建筑物体积相同的情况下,建筑物外表面积越小,冷(热)负荷越小,故应尽可能采用外表面小的圆形或方形建筑。对于已建车站这方面很难实现节能,对于改扩建和新建的车站可以按照这样的指导设计和建造。

实例:北京万达广场空调节能措施

(1)建筑的围护结构

在本工程中写字楼采用了双层内循环呼吸式幕墙,面积达1.7万平方米。主要由两层玻璃幕墙和中间形成的通风换气通道组成的,其外层玻璃幕墙为全封闭,内层玻璃幕墙下部设有通风口,热通道与室内吊顶内暖通系统排风管相通,室内空气通过通风口进入热通道,通过强制性空气流动循环,使内幕墙表面温度达到或接近室内温度,从而形成优越的温度条件以达到节能效果,经过测算大概可以减少负荷 12%。

(2)采用热回收装置

为了保证室内空气足够新鲜,满足人们的舒适要求,空调系统需要从室外抽取一定量新鲜空气送入室内，同时将室内污染物浓度较高的空气排至室外。而这部分排风的温度、湿度参数是室内的空调设计参数，冬季比室外空气热，夏季比室外空气冷。通过全热交换器，将排风的冷热量传递给新风，可以回收排风冷热量的70%～80%左右，有明显的节能作用。在写字楼与游泳池采用热回收装置，从排风中回收热量，可以回收60%左右的能量。

通过对控制室内温度节能、新风节能、改善围护结构节能三项措施的分析可知，不同地区，根据不同影响因素对空调负荷的影响，应采取不同的具体节能措施，才能达到节能的效果，现将不同的措施及其节能效果列举见表8-9。

表8-9　不同地区采取不同节能措施达到的节能率比较

不同地区	节能措施1	节能措施2	节能措施3	节能率	目标值
哈尔滨	采取新风节能措施(14%)	XPS屋顶；多孔砖+增厚70 mm；双层Low-E玻璃。(11%)	改变室内设计温度(26 ℃～28 ℃；20 ℃～18 ℃)(10%)	35%	35.4%
北京	采取新风节能措施(12%)	XPS屋顶；多孔砖+增厚60 mm；双层Low-E玻璃。(7%)	改变室内设计温度(26 ℃～28 ℃；20 ℃～18 ℃)(11%)	30%	30.3%
长沙	采取新风节能措施(18%)	XPS屋顶；多孔砖+增厚40 mm；中空玻璃。(5%)	改变室内设计温度(26 ℃～28 ℃；20 ℃～18 ℃)(13%)	36%	44.3%
广州	采取新风节能措施(18%)		增加2 ℃室内设计温度(14%)	32%	41.1%

表8-9中所列出的是针对空调系统能耗所提出的各项节能措施。由表可知，采取不同的措施后，节能效果明显，只需认真贯彻以上所提出的节能措施，节能率基本都能达到30%以上，节能目标不难实现。其中节能措施1与节能措施3易于实现，而且实现

这两项节能措施所需的投入较低(节能措施3为0投入),一般在2~3年左右即可回收投资,节能效益显著。节能措施2是对围护结构采取的保温措施,对已建车站较难实施,但可对新建车站的节能可起到指导作用。

8.1.1.4 空调主机节能

1. 现状与分析

作为空调系统最大的耗能部件,制冷机组的节能与否直接关系到整个空调系统的节能,下面给出所调查的哈尔滨站、长沙站、上海站、上海南站几个车站的实际制冷机组情况,分析优点和不足,根据具体情况给出相应的节能措施。

表8-10 各站制冷机组使用效率情况

车站	空调主机形式	单位制冷量/蒸汽耗量[kg/(kW·h)]	节能单位制冷量/蒸汽耗量[kg/(kW·h)]	设备COP值	节能标准规定COP值
哈尔滨站	风冷涡旋机组			2.45	2.40
	燃油直燃溴化锂机组			0.90	1.10
长沙站	燃油直燃溴化锂机组			0.95	1.10
上海站	蒸汽双效溴化锂机组	1.20	1.40		
上海南站	水冷离心机组			5.10	4.40
	风冷涡旋机组			2.90	2.40

从表8-10中可以看出,哈尔滨站的溴化锂机组没有达到节能要求,而风冷涡旋机组达到了节能要求;这是由于溴化锂机组安装使用时间过长,机组出现老化现象,风冷涡旋机组是新安装的较为先进的机组,设备各个方面运行都比较良好。长沙站和上海站的机组没有达到节能的要求,只是由于两个站所使用的机组都是多年前安装的,当时设备性能系数比较低,并且设备老化严重影响了设备的COP,设备没有达到节能要求。上海南站所有的机组都是新安装的,且都较为先进,设备运行维护到位,所以能够达到节能要求。

表 8-11　各站锅炉使用效率情况

车站	锅炉类型	热效率	
		实际热效率(%)	节能热效率(%)
哈尔滨站	燃油	74	89
	热水锅炉	90	89
上海站	燃气蒸汽、热水锅炉	91	89
上海南站	燃气蒸汽、热水锅炉	89	89

从表 8-11 中可以看出,哈尔滨站燃油锅炉未达到节能要求,其他车站的锅炉均达到节能要求。分析原因得知,哈尔滨站的燃油锅炉安装时间长,锅炉老化是主要原因,另外,设备安装时锅炉热效率由于受当时技术的限制整体还比较低,当时较为先进的锅炉效率为 85%,而我们的节能标准是 2005 年制定的,这时的技术较这些锅炉安装时性能有明显的提高。针对以上原因,为了提高锅炉效率实现节能,最好的办法就是换上更为先进的锅炉,进行锅炉改造。同时还应加强锅炉维护,实现其最优化运行。上海站和上海南站的锅炉均达到了节能的要求,这跟两个站的设备改造有关,现在这两个站所使用的锅炉都是现今最为先进的锅炉,同时两站对新安装的锅炉加强了维护,所以都能满足节能要求。

另外,通过实地调查得知,北京西站空调的优点是部分运用了较为先进的变频空调,冬季采暖应用城市供暖管网进行供暖,而不是应用空调,这在一定程度上解决了空调在过低温度下效率低下的缺点。不过这只是部分采用变频空调,总体空调运行不够科学,特别是空调机组制冷系数远没有达到国家规定的技术指标(GB 50189—2005)。北京西站的优点是空调设备较其他车站先进,制冷系数较高,运行管理较为到位。不足是制冷系数仍未达到国家规定节能空调的要求,空调运行距科学管理水平还有一定差距。长沙站的优点是设备能较好提供旅客舒适的室内空调环境,设备维护较好。不足是设备过于落后,空调设备主要采用燃油的吸收式制冷机组,COP 等相关参数低下。上海站的优点是运行管理较为科学,设备维护到位。不足是设备匹配不好,空调参数没有达到国标规定的要求。广州站的优点是空调安装功率较为合理,设备维护较好。不足是设备功率低下,空调系统匹配不合理,运行管理还达不到节能要求。

2.具体问题节能方法

(1)采用先进的空调主机

针对以上情况,应该采取以下措施:首先更换老化的机组,哈尔滨站的溴化锂机组应更换为 COP 达到或超过节能标准要求的溴化锂机组。长沙站的溴化锂机组可在原有系统的基础上更换为最先进的溴化锂空调机组,这样既可以减少改造空调系统的成本,还可提高空调主机的效率。上海站蒸汽双效溴化锂机组可更换为同类型 COP 更高的机组,这样也可以尽量少改动原有系统,进而减少成本。其次,加强机组的管理维护,使设备在最优的环境下运行达到最极限 COP。先进的空调设备是空调节能最直接的一项,采用 COP 等技术参数较高的设备(GB 50189—2005),选机时充分考虑机组的匹配,同时采用现行较为成熟的系统空调控制技术。

(2)充分利用可再生资源

由于空调系统所需能源品味低,且用能有季节性的特点,现在大力鼓励使用太阳能、地热能和热回收等能源方式进行供热制冷。

1)地源热泵

地源热泵以地球表面浅层地热作为热源(热汇),常将传统空调的冷凝器(或蒸发器)中需要排放(或吸收)的热量通过中间介质(通常是水)作为载体,并使中间介质在封闭环路中通过大地循环流动,从而实现与大地进行冷热交换的目的。根据地下换热介质的不同地源热泵可分为三类:一是与岩土换热的地下耦合热泵系统(也叫土壤源热泵);二是与地下水换热的地下水热泵系统;三是与地表水换热的地表水热泵系统。

地热源热泵技术是地下蓄能技术与高效能热泵技术的结

合，与普通空调系统相比，地源热泵具有下列优点：①以地球表面浅层地热资源作为冷热源，利用清洁的、近乎无限可再生的能源，符合可持续发展的战略要求；②高效节能，运行稳定、费用低；③无需除霜，环境效益高，绿色空调；④系统简单，一机多用，应用范围广。

地源热泵系统在铁路部门已有应用成功的实例，与其他类型空调的经济性比较见表 8-12，另外地源热泵项目还可获得国家相应的政策补助。

表 8-12 地源热泵系统与其他空调系统经济性比较

序号	空调系统分类	造价指标（元/m²）	政策性补助（元/m²）	运用费用	回收期
1	分体空调系统	200～250	0	地源热泵可节省 30%～50% 运行费用	地源热泵投资多出部分 3～5 年即可回收
2	常规中央空调系统	350～400	0		
3	地源热泵空调系统	450～500	35～50		

实例：南昌铁路局向西塘公寓地源热泵应用

原有供暖、制冷系统状况是冬季供暖用 2 台 2 t/h 燃煤锅炉（1 主 1 备），除冬季供暖外，还要一年四季提供生活热水；夏季制冷用 1 台“约克”牌水冷式制冷机组，因经常制冷量不足，各房间又配备了 1 台分体式空调。改造后采用地源热泵机组，供暖、制冷并提供生活热水。使用地源热泵后，运行能耗及费用对比见表 8-13。

表 8-13 使用地源热泵前后能耗及运行费用对比

项目	2005 年 1～5 月		2006 年 1～5 月		节约
	数量	金额（元）	数量	金额（元）	
消耗煤炭（t）	131	73 880	0	0	73 880
消耗水量（t）	9 390	9 390	5 808	5 808	3 582
耗电（kW）	66 520	35 256	141 370	74 926	－39 670
总计		118 526		80 734	37 792

由表 8-13 可知，地源热泵系统比常规中央空调＋燃煤锅炉系统运行费用节省约 90 700.8 元/年，而地源热泵系统的投入只比后者多 30 万元左右，故 3 年内即可回收多余投资。

实例：黄万铁路车站应用地源热泵空调系统的节能

朔黄铁路公司新建的黄万铁路正线总长为 69 km，沿线有黄哗东、羊三木、窦庄子、郭庄子、北港农场、大港水库和神港站 7 个车站，总建筑面积为 15 593 m^2。这些车站冬季需要采暖，夏季需要制冷，同时要为职工提供洗浴热水。根据黄万铁路沿线 7 个车站的地质条件，全部采用地源热泵空调系统，该系统于 2006 年 9 月完工，经过 2006 年冬季和 2007 年夏季运行，证明其节能效果显著。7 个车站在冬季采暖期和夏季制冷期实际消耗的电力统计见表 8-14。

表 8-14　黄万铁路沿线 7 个车站地源热泵空调系统电耗统计

站名	建筑面积(m^2)	采暖期用电量(kW·h)	制冷期用电量(kW·h)	年用电量合计(kW·h)	运行电费(元)
神港站	5 818	273 550	158 150	431 700	259 020
大港水库	977	79 290	47 550	126 840	76 104
北港农场	4 782	232 820	124 240	357 060	214 236
郭庄子	1 085	63 550	36 870	100 420	60 252
窦庄子	977	62 970	38 280	101 250	60 750
羊三木	977	73 540	44 430	117 970	70 782
黄弊东	977	61 500	40 290	101 790	61 074
合计	15 593	847 220	489 810	1 337 030	802 218

黄万铁路沿线采用不同空调系统能耗对比见表 8-15，由表中能耗数据可知，黄万铁路沿线 7 个车站采用“地源热泵空调系统”比“燃煤锅炉＋分体式空调机”方案每年可节约标准煤 569.86 t，折合原煤将近 720.4 t。

表 8-15　黄万铁路沿线不同空调系统能耗对比

	地源热泵空调系统	燃煤锅炉＋分体式空调	节约
采暖期	耗电 847 220 kW·h 折合标准煤总计 104.12 t	耗煤 779.65 t,耗电 98 860 kW·h 折合标准煤总计 628.85 t	节约 524.73 t 标准煤,节能率为 83.44%
制冷期	耗电 489 810kW·h 折合标准煤总计 60.2 t	耗电 856 818 kW·h 折合标准煤总计 105.3 t	节约 45.1 t 标准煤,节能率为 42.8%
全年	耗电 1 337 030 kW·h 折合标准煤总计 164.32 t	折合标准煤总计 734.15 t	节约 569.86 t 标准煤,节能率为 77.6%

根据朔黄铁路公司提供的资料,电价为 0.68 元/(kW·h),采用地源热泵系统与传统的燃煤锅炉＋分体式空调相比,地源热泵空调系统冬季供暖期节省电费 288 565 元,夏季制冷期节省电费 249 565元,全年可节省 538 130 元。而地源热泵系统的投入比燃煤锅炉＋分体式空调系统多出大约 240 万元,故只需 4.5 年即可回收多出的投资。

2)利用太阳能

太阳能是一种取之不尽、用之不竭的洁净能源。太阳能热泵是一种把温度(10 ℃～20 ℃)的太阳能提升到 30 ℃～50 ℃,再进行供热的装置。太阳能集热器的研究近年来有了极大的提高,采用真空管—热管式太阳能集热器能产生 200 ℃左右的热能;槽形抛物面聚焦与真空管—热管相结合的太阳能集热器能产生 300 ℃～400 ℃的热能。中科院广州能源研究所研制了一台 100 kW 的双级太阳能吸收式制冷机,采用改进后的平板式集热器,运行效果良好,且可以在热源温度低于 65 ℃下运行。北京、哈尔滨地区光照较为充足,适宜引用太阳能热泵,在综合考虑各方因素后可以考虑应用太阳能热泵技术来实现北京和哈尔滨火车站的室内空气调节。

实例:日照铁路疗养院太阳能＋热泵采暖制冷洗浴组合系统应用

2003 年 5 月在日照铁路疗养院设计、安装了“太阳能＋热泵采暖制冷洗浴组合系统”。经过运行测试,该系统稳定、性能良好,是一套节能环保兼得的新型组合。日照铁路疗养院建筑面积约 3 000 m^2，夏季空调负荷为 280 kW，冬季采暖负荷为 330 kW。夏季设计参数：温度 24 ℃～26 ℃，相对湿度＜65%；冬季设计参数：18 ℃～20 ℃，相对湿度 30%～40%。空调系统全年总耗能量计算按当量满负荷运行时间法进行计算。全年夏季空调使用时间 6～9 月份 4 个月，每天运行 9 h；全年冬季供暖使用时间 12～2 月份 4 个月，每天运行 9 h，故空调使用时间及采暖使用时间均为 1 080 h。另根据统计资料，供冷负荷率为 0.71；供热负荷率为 0.61。不同空调采暖系统的能耗及运行费用对比见表 8-16。

表 8-16 日照铁路疗养院新型系统能耗及费用对比

时间	采用分体式冷暖空调	采用采暖制冷系统(电制冷主机)＋锅炉供暖	采用直燃式双效溴化锂制冷机组	太阳能＋热泵采暖制冷洗浴组合系统
夏季制冷	耗电 214 704 kW・h	耗电 145 692 kW・h	耗电 19 170 kW・h 耗油 70 200 L	耗电 97 502.4 kW・h
冬季采暖	耗电 214 704 kW・h	耗电 27 000 kW・h 耗煤 162 t	耗电 19 170 kW・h 耗油 82 080 L	耗电 105 840 kW・h
全年	耗电 432 108 kW・h	耗电 172 692 kW・h 耗煤 162 t	耗电 38 340 kW・h 耗油 152 280 L	耗电 203 342.4 kW・h
运行费用	277 845 元	27 068 元	468 332 元	130 749 元

注：表中电价按 0.643 元/(kW・h)计算。

由表 8-16 可知，太阳能＋热泵采暖制冷洗浴组合系统运行能耗及费用最低。同时太阳能＋热泵采暖制冷洗浴组合系统还可提供热水，该系统的太阳能集热器日得热量为 735 MJ，折合电能 204.71 kW・h；折合燃烧液化石油气 22.75 kg；折合煤 13.5 kg。这表明采用该新型组合系统，在热水供应上，相对电热水器日可节电 204.71 kW・h；相对燃气热水器日可节约液化石油气 22.75 kg；相对燃煤锅炉供热水日可节煤 13.5 kg。

(3)复合能源技术节能

复合能源的使用体现了分布能源的概念，即可以保证空调系统安全稳定运行，又可以在一定程度上保证多种能源的供需平衡。铁路客运站也可根据当时的市场能源供应情况自主选择空调的能源使用形式，如采用电力制冷还是燃气制冷，合理利用电力供应的昼夜峰谷差和燃气供应的季节峰谷差。

热电冷联产技术是一种综合的能源利用系统。该技术不仅提高了低品位热能的利用率，而且增加了热电联产中夏季的热负荷，增大了汽轮机组的负荷率，从而提高了整个机组的效率。利用天然气作为动力源供燃气轮机发电，燃气轮机的排热进入吸收式冷热水机组。所产生的冷冻水用来制冷，从冷热水机组排出的热量则用于除湿型空调，该机组为液体式吸收型除湿处理机。吸收式机组的排热用于其溶液再生，以提高热电冷联产的综合效率。

实例：北京新南站燃气热电冷联供系统

北京新南站主要分为高架候车厅和地下一层转乘厅、生产办公大楼、动力站等功能区，地下三层，地上二层，总建筑面积 25.7 万 m^2。北京南站应用了高效利用天然气能源的热电冷联供与污水源热泵相结合的联合能源系统，该系统采用了先进能源技术，并拥有高度可靠的能源保障措施。其主要设备配置见表 8-17。

表 8-17　燃气热电冷联供系统的主要设备

主要设备分类	项目	台数	单台容量	总容量
发电机	发电容量(kW)	2	1 635	3 270
烟气热水吸收热泵	废热制冷(kW)	2	1 400	2 800
	补燃制冷(kW)		1 000	2 000
	废热供热(kW)		1 050	2 100
	补燃供热(kW)		750	1 500
污水热泵	制冷(kW)	4	2 570	10 280
	供热(kW)		2 914	11 656

目前北京新南站燃气热电冷三联共＋污水热泵方案与常规方案燃气电厂＋电冷机(燃气锅炉)能耗对比见表 8-18，由表可知，

新型复合系统可节能13%左右。南站能源系统与常规热、电、冷分产系统(电从市政电网购得,热负荷由燃气锅炉满足,冷负荷由市政电网购电进行电制冷满足)相比,投资增加2 511万元,但每年可节约能耗运行费684万元,增量投资回收年限均为4年左右。

表8-18 不同能源系统能耗对比

方案类型		常规方案燃气电厂+电冷机(燃气锅炉)	目前方案三联共+污水热泵
运行能耗	总耗电(万kW·h)	2 344	1 127
	总燃气(万m^3)	203	364
	折合消耗天然气(万m^3)	685	596
	节能率(%)	/	13
经济性比较	投资增量(万元)	/	2 511
	节约运行费(万元)	/	684
	回收期(年)	/	4

(4)采用自控系统节能

对于大型建筑集中空调系统通过应用自动控制,使设备在不同环境条件下始终能以最佳工况工作,从而实现最大限度的节约能源。通过系统实时监控,不仅保证了运行设备的稳定工作,而且能及时跟踪实际负荷需求,有效降低设备的能源消耗,自动控制的应用,有效提高了能源利用率,缓和能源紧张的局面。

实例:哈密铁路分局集中供热应用自控系统

哈密铁路分局于1998年兴建了一座集中供热锅炉房,生产高温热水送到热交换站。由于实际热负荷小于设计热负荷以及热负荷随气温变化较大,就要求根据供热系统实际所需要的热量及时调节供热量。通过对热交换站进行技术改造,设计了二次水系统的供热自控系统,对热交换站进行二次水供水温度自控、二次水循环量自控、二次管网水力平衡控制和部分建筑的供水温度分时自控。

哈密铁路分局供热自控系统在投入使用一个供暖期后,收到了明显的效果。与未采用自控的热交换站进行比较，有下述效果：

①节能效果明显。在同一供暖期中，集中供热锅炉的单位供热面积的煤耗有明显下降。

②二次水循环泵节电效果明显。采用自控后，1# 热交换站的循环泵电耗比上一个供暖期下降了 23%，3# 热交换站的循环泵电耗比上一个供暖期下降了 40.29%。

实例：北京西站集中空调系统应用自控技术节能

北京西站建成于 1996 年，集中空调系统复杂，设备数量庞大，由于设计时未设置楼宇自控系统，空调风、水系统均为定流量系统，空调设备开机后均为满负荷运行，不能及时跟踪调整，能源消耗量非常大。西站于 2007 年 4 月对集中空调系统进行节能改造，并对相应的设备装设自动监测控制系统。对空调系统中 81 台全空气空调机组加装变频调速装置，对水系统 82 台循环水泵采用变流量控制。

通过改造前后有关能耗数据的比较，该自控系统的应用对集中空调系统运行的节能效果明显(具体数据见表 8-19)，由表中数据可知，使用自控系统后 6 月份同比节电 426 923 kW·h，节约蒸汽 713 t，折合节约成本达 36 万元。

表 8-19　北京西站集中空调系统使用自控系统前后能耗对比

系统	改造前集中空调系统能耗(2006 年 6 月)	改造后集中空调系统能耗(2007 年 6 月)	节约
空调、新风机组	耗电 970 560 kW·h	耗电 723 024 kW·h	25.5%
冷却塔	耗电 237 658 kW·h	耗电 178 223 kW·h	25.0%
水系统循环泵	耗电 695 520 kW·h	耗电 575 568 kW·h	17.2%
制冷机组	耗蒸汽 9 688 t	耗蒸汽 8 975 t	7.4%

8.1.1.5　空调系统其他设备节能

1. 水泵

水泵作为中央空调水系统循环动力的装置，能耗占系统耗电量的 15%～30%。循环水系统管网优化设计、循环水泵的合理选型和匹配是空调水系统正常运行调节、实现节能的关键。但是经过调查得知所有被调查的5个火车站的水泵均未达到节能的要求,效率低下是主要原因,另外匹配不好、维护欠缺等方面也是水泵能耗较大的原因。

表8-20表明,除北京西站外,其他各站的水泵均未达到节能要求。北京西站水泵是刚改造过的,尤其是采用了现在很先进的变频控制;其他车站水泵未达到节能要求,这与水泵应用时间较长有关,同时水泵性能系数受各种因素共同制约,一种因素没有达到最优要求就会明显降低水泵的性能参数。还可以看出水泵性能参数随车站地理位置南移而呈增大的趋势,这是水泵性能参数受温度影响的原因,因此可以利用这个因素使设备在一个较为温暖的地方运行,进而提高水泵的能效,实现节能。

表8-20　空调水泵使用效率

车站	送热水水泵		送冷水水泵	
	输送能效比	节能标准规定输送能效比	输送能效比	节能标准规定输送能效比
哈尔滨站	0.005 05	0.005 77	0.020 5	0.024 1
北京西站	0.005 35	0.004 33	0.034 2	0.024 1
长沙站	0.004 05	0.004 33	0.021 5	0.024 1
上海站	0.007 12	0.008 65	0.023 0	0.024 1
上海南站	0.007 05	0.008 65	0.020 5	0.024 1
广州站	0.007 15	0.008 65	0.021 5	0.024 1

结合铁路客运站空调逐时负荷差别较大的特点,可以从以下几方面来控制水泵的能耗:(1)按水泵性能曲线和管路特性曲线选择合适的水泵型号,参考(GB 50189—2005);(2)在满足工艺和舒适条件下,应尽可能地增大供回水温差;(3)对水泵应用变频调速技术,适应变负荷的特点;(4)多泵并联运行时选用不同容量的水泵,增加水泵自身的负荷适应性;(5)正确计算水系统阻力,采用二次泵适应不同环路的阻力差别,避免水力失调。(6)根据功能分区进行水系统分区,各区独立管理,最大限度地节省能源。(7)采用

"大温差空调系统",所谓"大温差空调系统"是指空调送回风或供回水的温差比常规空调系统的大。常出现在:①采用大温差送风,送风温差达到 14 ℃～20 ℃;②冷却水的大温差系统,冷却水温差达到 8 ℃左右;③冷冻水大温差系统,冷冻水温差达到 8 ℃～10 ℃;④与冰蓄冷相结合的低温送风大温差和冷冻水大温差系统,送风温差达到 17 ℃～23 ℃,冷冻水温差达到 10 ℃～15 ℃等。对这些携带冷热量的介质,采用较大的循环温差后,循环流量将减小,可以节约一定的输送能耗并降低输送管网的初投资。空调大温差技术,在国际上尚属于新技术范畴,指导设计的具体方法较少,但由于其节能特性,在实际工程中已有所应用,例如,上海的万国金融大厦、上海浦东国际金融大厦等在常规空调系统中采用了冷冻水大温差系统,分别为 6.7 ℃/14.4 ℃和 5.6 ℃/15.6 ℃;上海万国金融大厦采用了 8 ℃的冷却水大温差(32 ℃/40 ℃);上海金茂大厦采用了送风大温差设计等。随着研究的深入和成熟设计方法的形成,空调大温差系统必然会得到更为广泛的应用。

实例:西安铁路局安康九华饭店变频技术节能应用

西安铁路局安康九华饭店,中央空调系统变频调速节能改造。变频改造之前其中央空调系统各设备见表 8-21。

表 8-21　原系统设备

系统	原设备
制冷系统	夏季 65 万大卡 LG 溴化锂制冷机产生 7 ℃～12 ℃冷水; 冬季利用蒸汽通过热交换器产生 50 ℃～65 ℃热水
冷却水循环系统	仅夏季使用,由冷却塔,冷却塔风机,冷却水泵水泵组成
冷(热)水循环系统	冬夏使用,包括冷(热)水循环水泵,室内风机盘管

对冷(热)水循环水泵(15 kW,夏季、冬季均使用)、冷却水循环水泵(18.5 kW,仅夏季使用)、冷却塔风机(5.5 kW,仅夏季使用)进行变频调速节电改造达到降低电能消耗实现节能的目的。通过对改造前后空调系统用电统计分析,可得实际节能效果见表 8-22,改造后的变频调速系统平均年节电率为 43.1%。

表 8-22　2006.5～2007.3 变频调速系统节能情况

月份	5	6	7	8	9	10	12	1	2	3	平均
节电率(%)	38.2	37.1	35.1	34.8	38.9	53.3	49.7	47.3	47.5	50.1	43.1

水泵变频调速改造从 2006 年 5 月 9 日投入使用，到 2007 年 3 月 27 日，共节约电费 21 366 元，设备投资 21 000 元，一年不到就已收回改造投资。

2. 风机

由表 8-23 中得知，长沙站和哈尔滨站部分风机没有达到节能要求，调查知，哈尔滨站对一部分空调机组进行了改造，这样一部分风机也得到更换，使一部分风机达到节能要求。对于没有达到节能要求的风机，老化是主要原因，同时受到低温的影响，也会不同程度的影响风机的耗功率。长沙站风机使用年限长是主要原因，磨损严重；另外长沙站空气湿度较大，也在一定程度上增加了耗功率。广州站风机运行时间长是其耗功率高的主要原因，同时设备维护少也是一个原因。针对以上不足，提出一下改进措施：哈尔滨站更换新的风机，同时使风机在一个较为温暖的环境中运行。长沙站也是更换新的风机，同时加强维护。广州站主要的是加强风机的维护，增强风机磨损部件的耐磨损能力。北京西站、上海站、上海南站所采用的风机都是新的，并且都是现今较为先进的，所以都可以达到节能的要求。

表 8-23　风机使用效率

车站	实际耗功率限值	节能标准规定耗功率限值
哈尔滨站	0.53	0.48
	0.45	0.48
北京西站	0.48	0.48
长沙站	0.51	0.48
上海站	0.47	0.48
上海南站	0.46	0.48

实例：新疆托峰棉业股份有限公司塔河分公司变频节能改造

新疆托峰棉业股份有限公司塔河分公司 2002 年对全厂空调风机、水泵类 5.5～55 kW 各种类型空调动力设备，共计 53 台 1 020 kW投入 70 余万元，进行根本性变频节能改造。采用芬兰瓦萨公司提供瓦肯变频器(VACON)，安装调试后正常运行，通过实际检测，与原消耗的功率相比较，其节电效果非常明显。变频改造前后用的电情况见表 8-24。

表 8-24　变频改造前后空调系统用电对比

统计时间	总耗电量(kW·h)	总天数	日均耗电(kW·h)
2002 年 3、5、6 月	633 414	90	7 260.2
2002 年 7、8、9 月	667 850	90	7 420.6
变频改造前日均耗电 7360.4 kW·h			
2002 年 10 月 11 日～20 日	43 564	10	4 356.4
2002 年 10 月 22 日～31 日	41 166	10	4 116.6
2002 年 11 月 6 日～15 日	52 506	10	5 250.6
2002 年 11 月 18 日～27 日	51 520	10	5 152.0
2002 年 11 月 28 日～12 月 7 日	45 686	10	4 568.6
2002 年 12 月 8 日～12 月 17 日	51 692	10	5 169.2
变频改造后日均耗电 4 770.4 kW·h			

通过对空调系统变频器改造前后用电实际数据分析对比，节电效果非常明显，平均节电达 38.4%。空调系统年运行电费为 156.014 万元，则年可节省电费大约 59.9 万元，变频改造的总投入为 70 万元，故系统运行 1.2 年(约 14 个月)后即可回收投资。

根据以上分析可知，对空调系统中水泵和风机的节能，采取变频控制比较有效，以上所列实例充分说明了变频控制的对系统的节能效果。变频节能的经济性分析见表 8-25，表 8-26 为典型 500 kW风机拖动电机调速方案经济技术性能比较。

表 8-25 变频节能经济性分析概况

	变频投入	变频节电效果	回收期
变频器	约 1 000～200 元/kW	变频控制后可比未进行变频控制时，节省运行电费 30%～50%	一般在 1～2 年即可回收投资

表 8-26 典型 500 kW 风机变频调速经济性分析

	10 kV 高压变频调速方案	高一低压变频器方案	液力偶合器调速方案
系统组成	10 kV 高压保护柜 +10 kV 多重化 高压变频器 +10 kV 高压电动机	10 kV 高压保护柜 +10/0.66 kV 干式变压器 +0.66 kV 低压变频器 +0.66 kV 低压电动机	10 kV 高压保护柜 +10 kV 高压电动机 +液力偶合调速器
系统投资成本估算	高压保护柜：4.5 万 高压变频器：90 万 高压电动机：16.8 万 系统估算价：107 万	高压保护柜：4.5 万 干式变压器：12.8 万 低压电动机：12.5 万 低压变频器：22.4 万 系统估算价：52.2 万	高压保护柜：4.5 万 高压电动机：16.8 万 液力偶合器：10 万 系统估算价：31.3 万
运行后每年节约电费额	～70 万元	～70 万元	～45 万元
投资回收期	～18 个月	～10 个月	～8 个月
系统可靠性	稍差	好	差
可维护性	不良	最好	差
说明	(1)以上费用估算未计入配套土建和连接电缆维护性支出等费用，电价以 0.6 元/(kW·h)估算。 (2)风机平均工况运行按额定风量的 80%估算；年运行时间以 7 000 h 估算		

3. 冷却塔的节能

冷却塔能耗在系统中所占比例虽然不大，但由于其使用频率高，累计能耗还是十分大的。冷却塔的冷却能力受循环水量、水温，室外干湿球温度、风速等因素影响。通过温度控制、风机台数控制等手段来改变冷却塔的工作状态，找出适合这些因素变化的最佳工作状况，从而达到节能目的。

实例:上海通用汽车有限公司冷却塔节能改造

上海通用汽车有限公司金桥厂区北厂的冷热源站房1998年投入使用,提供全厂空调系统用水。共设置15台直燃式双效溴化锂吸收式机组,总计供冷量达52.74 MW,燃料为天然气。随着车间产量的增加,生产线扩建,而空调系统设备长期运行,性能衰减,尤其在夏天高温季节,难以满足空调负荷不断增加的需求。经过测试和分析,冷却塔是整个空调系统的瓶颈所在,需要进行改造。

2006年4月份完成了对冷却塔改进和管廊保温改造。5~10月夏季运行时,对冷冻站天然气量进行测量统计(溴化锂机组使用,即包括冷却塔改进和管廊保温改进项目共同节能效果),并同2005年同期天然气量进行比较。通过国家天然气计费表具测量,天然气用量下降约200多万 m^3,节省约530万元。在同期工作天数下降12%的情况下,单位天数用气量下降达29%。

8.1.2 照明系统节能对策研究

照明能耗在火车站总能耗中所占的比例为6%~17%,可以看出照明节能在火车站节能中地位很重要,根据前面章节的分析思路,首先提出照明的节能指标,然后对比指标和实际情况,最后根据影响照明能耗的各种因素具体提出相关的节能措施。

8.1.2.1 照度对照明能耗的影响

照度指标取的是人体感觉舒适的一个较低的值,人体感觉舒适照度值在113.6~73.2 lx之间。功率密度指标是指在满足人体舒适要求及现有技术条件下,以指标照度为前提所能达到的最低功率密度值,指标值见表8-27。

表8-27 照度和功率密度指标

指标值	照度值(lx)	功率密度(LPD)值(W/m^2)
候车室	80	2.08
有棚站台	30	0.89
无棚站台	10	0.30

依据指标值，下面给出各个车站测量照度值与指标值，了解各站实际照明状况，比较与指标照度的差别，具体见表 8-28，分析优劣并提出对策。

表 8-28　测量照度值与指标照度值

候车室	测量照度值(lx)	指标照度值(lx)	候车室	测量照度值(lx)	指标照度值(lx)
北京西站第一候车室	113.6	80	上海站第七候车室	78.5	80
北京西站第四候车室	187.9	80	上海站第九候车室	79.6	80
北京西站第五候车室	155.2	80	上海站软卧候车室	80.2	80
北京西站第六候车室	93.2	80	哈尔滨站第一候车室	72.3	80
北京西站第八候车室	86.4	80	哈尔滨站第二候车室	66.4	80
北京西站第十候车室	87.2	80	哈尔滨站第四候车室	73.2	80
北京西站第十三候车室	96.5	80	哈尔滨站第六候车室	63.1	80
上海站第二候车室	90.3	80	长沙站第一候车室	76.5	80
上海站第三候车室	86.5	80	长沙站第二候车室	77.3	80
上海站第五候车室	161.4	80	长沙站第四候车室	86.3	80

从表 8-28 可以看出，北京西站有两个候车室的照度值高于人体感觉舒适的范围，总体说来北京西站的候车室照度设计是满足照明要求的；但是北京西站所有的候车室照度均高于推荐的照度指标，从节能角度来说是不合理的，调整候车室的照度值为指标照度值可以实现照明的节能，北京西站候车室平均的照度为 117 lx，调整后就照度这一项调整就能实现 31.6%的照明节能。

上海站的候车室照度均在人体感觉舒适的范围内，只有一个候车室的照度值低于推荐照度指标值；调整照度值为 80 lx，上海站六个观测候车室中五个可以实现照明节能，这样不仅满足了照明要求又实现了照明的节能，综合来看可节约约 16%的照明能耗。

哈尔滨站所测四个候车室中有两个照度值低于人体感觉舒适的照度最低值，所有的候车室照度均低于照度指标值，所以哈尔滨站的照度值设定是不合理的，应该进行改造提高照度值，把现有候车室照度值调整为指标值不仅可以很好地满足人体照明需要，同时照明能耗也控制在一个相对节能的范围之内。

长沙站的照度值总体较低，只有一个被测候车室的照度值略微大于指标照度值，但总体都满足人体照明舒适性要求，为了实现节能可以不进行照度的调整，如进行调整可实现 5%的照明节能。

8.1.2.2　其他因素对照明能耗的影响

我们以上海站为例，说明各因素对照明节能的影响，以及现代铁路客运站候车室内照明的节能潜力。

1. 利用系数

灯具的利用系数是指投射到参考平面上的光通量与照明装置中的光源的额定光通量之比，一般情况下灯具固有的利用系数与灯具效率的乘积，称为灯具的利用系数，其值一般取 0.4～0.6。利用系数与功率密度成反比，改变灯具的利用系数 U，从 0.4 提高到 0.6，功率密度可以减小 33.3%。各候车室的照明照度都取标准照度值 80 lx，灯具的维护系数 K 取 0.7（候车室属于室内照明），各候车室的光源光效不变。计算结果对比见表 8-29。

表 8-29　利用系数变化的情况

场所	维护系数改变前			维护系数改变后		
	第三候车室	第五候车室	软席候车室	第三候车室	第五候车室	软席候车室
利用系数	0.5	0.5	0.5	0.6	0.6	0.6
LPD 值（W/m^2）	2.93	2.67	2.85	2.44	2.21	2.38
改变后的 LPD 值较改变前 LPD 值节能（%）				17	17	77

从 8-28 表可以看得出来，当其他因子不变，利用系数 U 从0.5 提高到 0.6 的时候，可以节能 17%。通过调查统计，上海站所有候车室内照明总功率约为 400 kW。假设每天开灯 12 h，那么每天的耗电量为 4 800 kW·h；如果灯具的利用系数都从 0.5 提高到 0.6 后，每天的耗电量就只有 4 000 kW·h。也就是说，上海站只

在候车室照明这一块,每天就能节省电量 800 kW·h。

经过相同的分析,得出其他各站在利用系数方面的照明节能空间分别为:北京西站 10%,哈尔滨站 10%,长沙站 11%,广州站 9%。

2. 维护系数

灯具的维护系数是指照明装置在使用一定周期后,在规定表面上的平均照度或平均亮度与该装置在相同条件下新装时在同一表面上所得到的平均照度或平均亮度之比。它的值与环境因素和维护管理程度有关,在候车室内的灯具,如果每年擦拭两次,其值可取 0.7。如果我们对灯具的维护管理再加强一些,是可以把维护系数值提高到 0.8 的。各候车室的光源光效与上面计算的相同。各候车室的照明照度都取标准值 80 lx,灯具的利用系数 U 取 0.5,见表 8-30。

表 8-30 维护系数变化的情况

场所	维护系数改变前			维护系数改变后		
	第三候车室	第五候车室	软席候车室	第三候车室	第五候车室	软席候车室
维护系数	0.7	0.7	0.7	0.8	0.8	0.8
LPD 值(W/m^2)	2.92	2.66	2.85	2.57	2.33	2.51
改变后的 LPD 值较改变前 LPD 值节能(%)				12	12	72

从表 8-30 来看,当加强对灯具的维护后,灯具的维护系数从 0.7提高到 0.8,可以节能 12%。如果一天的开灯时间为 12 h,上海站在候车室照明这一块一天的耗电量就是 4 800 kW·h。当维护系数提高到 0.8 以后,一天的耗电量就是 4 224 kW·h,可以节省电能 576 kW·h。

同样的分析方法,得出其他各站在维护系数方面的节能空间为:北京西站 12.5%,哈尔滨站 12.5%,长沙站 13%,广州站 11%。

光源所发出的总光通量与该光源所消耗的电功率(W)的比值,称为该光源的光效,单位为 lm/W。光源的光效跟光源的种类有关。铁路客运站候车室内所采用的主要灯具有日光灯、金属卤化物灯和节能灯(即三基色荧光灯)。车站一般在候车室内对三种灯具进行搭配使用。三种灯具的光效很接近,所以它们搭配使用后的平均光效也跟三种单独使用时的光效接近。也就是说,候车室内的光源类型是确定的,其平均光效跟三种灯具的搭配情况有关,但是变化不大,即从光效方面节能,效果不是很明显,其节能潜力很有限。

下面根据关系照度、功率密度的影响因素,以列表的形式给出实际状况和指标取值情况的比较;其中还包括光源光效、利用系数、维护系数,具体见表 8-31 和表 8-32。

表 8-31 候车室照明实际情况与最有利情况的对比

参数	最有利情况	实际各车站平均情况			
		北京西站	哈尔滨站	上海站	长沙站
光源光效(m/W)	80	80	80	80	80
利用系数	0.6	0.5	0.5	0.5	0.5
维护系数	0.8	0.7	0.7	0.7	0.7
照度值(lx)	80	117	69	96	80
LPD 值(W/m^2)	2.08	4.18	2.46	3.43	2.86
最有利情况 LPD 值与实际情况比值(%)	1.00	0.50	0.84	0.61	0.73

从 8-31 表中可以看出综合各方面技术因素,各个车站候车室照明的节能潜力分别为,哈尔滨站 16%,北京西站 50%,上海站 39%,长沙站 27%。

表 8-32 有棚站台照明实际情况与最有利情况的对比

参数	最有利情况	实际照度平均情况			
		北京西站	哈尔滨站	上海站	长沙站
光源光效	80	80	80	80	80
利用系数	0.6	0.5	0.5	0.5	0.5

续上表

参数	最有利情况	实际照度平均情况			
		北京西站	哈尔滨站	上海站	长沙站
维护系数	0.7	0.6	0.6	0.6	0.6
有棚站台照度值(lx)	30	36	32	40	25
LPD值(W/m^2)	0.89	1.5	1.33	1.67	1.04
最有利情况LPD值与实际情况比值(%)	1	0.59	0.67	0.53	0.86
无棚站台照度值(lx)	10	15	20	25	16
LPD值(W/m^2)	0.3	0.63	0.83	1.04	0.67
最有利情况LPD值与实际情况比值(%)	1	0.48	0.36	0.29	0.45

从8-32表中可以看出综合各方面技术因素，各个车站有棚站台照明的节能潜力分别为，哈尔滨站33%，北京西站41%，上海站47%，长沙站14%。

通过以上分析可知，影响照明系统能耗的主要因素有照度、光源的光效、利用系数和维护系数等，同时照明能耗还与照明系统的控制有密切的关系。因此以下从光源的选择、照明灯具及其附属装置、照明控制以及天然采光几个方面进行节能对策分析。

8.1.2.3 照明光源选择

光源的选择，主要考虑以下几个要素：光效、色温、显色指数、光源寿命和价格，这是在照明设计中做到切合实际应用很重要的要素。对于光效，大家并不陌生，但在工程实际应用中，往往会出现这样或那样的问题。在民用建筑中，主要应用的光源有白炽灯、荧光灯、HID灯，根据技术的发展，还有一些新的光源也逐渐得到应用，例如光纤照明、LED等。各种光源的技术指标见表8-33。

各种光源均有其应用范围，需做到合理地应用。在工程实际应用中，如何合理地选择光源，应根据工程的具体性质、使用的场所、人员的视觉要求、照明的数量和质量来确定，各种光源所适用的场所见表 8-34。

表 8-33 各种光源的技术指标

光源种类	光效(lm/W)	显色指数	色温(K)	平均寿命(h)
白炽灯	15	100	2 800	1 000
卤钨灯	25	100	3 000	2 000～5 000
普通荧光灯	70	70	全系列	10 000
三基色荧光灯	93	80～98	全系列	12 000
紧凑型荧光灯	60	85	全系列	8 000
高压汞灯	50	45	3 300～4 300	6 000
金属卤化物灯	75～95	65～92	3 000/4 500/5 600	6 000～20 000
高压钠灯	100～200	23/60/85	1 950/2 200/2 500	24 000
低压钠灯	200		1 750	28 000
高频无极灯	55～70	85	3 000～4 000	40 000～80 000

注:摘自《绿色照明工程实施手册》表 3-1-1。

表 8-34 各种光源所适用的场所

光源名称	适用场所	举例
白炽灯	1. 照明开关频繁,要求瞬时启动或要避免频闪效应的场所; 2. 识别颜色要求较高或艺术需要的场所; 3. 局部照明、应急照明; 4. 需要调光的场所; 5. 需要防止电磁波干扰的场所	住宅、旅馆、饭馆、美术馆、博物馆、剧场、办公室、层高较低及照度要求也较低的厂房、仓库及小型建筑等
卤钨灯	1. 照度要求较高,显色性要求较好,且无振动的场所; 2. 要求频闪效应小的场所; 3. 需要调光的场所	剧场、体育馆、展览馆、大礼堂、装配车间、精密机械加工车间
荧光灯	1. 悬挂高度较低(如 6 m 以下)要求照度又较高(如 100 lx)的场所; 2. 识别颜色要求较高的场所; 3. 在无天然采光或天然采光不足而人们需要长期停留的场所	住宅、旅馆、饭馆、商店、办公室、阅览室、学校、医院、层高较低但照度要求较高的厂房、理化计量室、精密产品装配、控制室等

续上表

光源名称	适用场所	举例
荧光高压汞灯	1. 照度要求较高，但对光色无特殊需求的场所； 2. 有振动的场所(自镇流式高压汞灯不适用)	大中型厂房、仓库、动力站房、露天堆场及作业场地、厂区道路或城市一般道路等
金属卤化物灯	高大厂房，要求照度较高，且光色较好的场所	大型精密产品总装车间、体育馆或体育场等
高压钠灯	1. 高大厂房，照度要求较高，但对光色无特殊要求的场所； 2. 有振动的场所； 3. 多烟尘的场所	铸钢车间、铸铁车间、冶金车间、机加工车间、露天工作场地、厂区或城市主要道路、广场或港口等

注：摘自《绿色照明工程实施手册》表 3-1-5。

表 8-35 不同光源经济性对比

组别	一组		二组		三组	
光源名称	60 W 普通白炽灯	11 W 电子节能灯	1 000 W 碘钨灯	250 W 高压钠灯	750 W 自镇汞灯	250 W 日光钠灯
亮度(lm)	530	540	22 000	22 500	22 500	22 500
工作寿命(h)	1 000	5 000	1 500	5 000	3 000	5 000
年耗电(kW·h)	153.3	28.1	2 555	638.8	1 916.3	638.8
年电费(元)	92	17	1 533	383	1 150	383
购买费(元)	2	42	9	156	37	333
合计(元)	94	59	1 542	539	1 187	716
投入回收期(月)	/	9	/	5	/	8

注：年耗电按每天 7 h 计算，电价按 0.6 元/(kW·h)计算。

根据上述原则和对比，现代铁路客运站候车室内应该多采用荧光灯和金属卤化物灯，这两种光源的光效都比较高(70～95 lm/W)，能够达到指标光效的要求；显色指数和色温也都符合候车室内的要求,平均寿命也都较长,可以达到 10 000 h 以上,应用上述灯具可以实现照明节能。不同光源经济性对比见表 8-35。金属卤化物灯与其他类型灯的经济对比见表 8-36。

表 8-36 金属卤化物灯与其他类型灯的经济对比

灯名	内容						
	光通量(lm)	平均寿命(h)	成本费(元)	10 000 h 耗电量(kW·h)及电费(元)			总费用(元)
				灯泡耗电	镇流耗电	电费	
250 W 金属卤化物灯	20 500	10 000	306	2 500	300	1 680	1 986
400 W 荧光高压汞灯	21 000	6 000	108	4 000	250	2 550	2 658
100 W 白炽灯	18 600	1 000	40	10 000	0	6 000	6 040

8.1.2.4 照明灯具及其附属装置选择节能

各类光源在实际的应用中很少单独使用。光源必须配备各种灯具,才能真正体现其实用价值。因此,在照明设计中,应注意选择控光效果好、效率高的灯具。灯具实际上是将光源发出的光,按照其所设计的控光方式将光线发散出来。因而也可以说,灯具是对光源进行光线控制的器件。在我们日常的设计工作中,常遇到的控光方式主要有以下几种:①光线向下投射,光线除向下投射外,不向其他方向溢出;②向上投射,将光线投射到天花板、顶棚上,利用天花板或顶棚的反射,将光线再次反射到工作面上;③向下、向上投射,光源发出的光,通过控光手段,使光线有一部分直接向下照射到工作面上,还有一部分向上投射,再通过反射到达工作面;④向全空间漫射,这种是不对光源发出的光进行控制,而是让其光线在空间全漫射的方式。

对于这几种光线的控制方式,我们可根据其应用场所,有针对性地选择合适的灯具。在选择时,灯具的效率是一项重要的指标。照明设计标准中明确规定,荧光灯灯具的效率不应低于表 8-37 的规定,对高强度气体放电灯灯具的效率不应低于表 8-38的规定。

表 8-37 荧光灯灯具的效率

灯具出光口形式	开敞式	保护罩(玻璃或塑料)		格栅
		透明	磨砂、棱镜	
灯具效率	75%	65%	55%	60%

注:摘自《建筑照明设计标准》表 3.3.2-1。

表 8-38 高强度气体放电灯灯具的效率

灯具出光口形式	开敞式	格栅或透光罩
灯具效率	75%	60%

注:摘自《建筑照明设计标准》表 3.3.2-2。

在进行照明设计中,还应注意灯具的配光曲线,这是我们进行照明设计时的依据之一。但在工程设计中,往往容易被忽视。要设计好照明,应针对不同面积和高度的房间,计算室空间比 RCR(Room Cavity Ratio),然后确定选用的照明灯具,再根据房间中天花板、墙面以及地面的反射系数,求出所选用灯具在该房间的利用系数,这才是较为科学的照明设计的方式。室空间比与灯具配光形式见表 8-39。

表 8-39 室空间比与灯具配光形式的选择

室空间比 RCR	灯具的最大允许距高比 L/H	选择的灯具配光
1～3(宽而矮的房间)	1.5～2.5	宽配关
3～6(中等宽和高的房间)	0.8～1.5	中配关
6～10(窄而高的房间)	0.5～1.0	窄配光

注:摘自《绿色照明工程实施手册》表 3-1-6。

在附属装置的选择方面主要是针对镇流器。从荧光灯到 HID 的高压钠灯、金属卤化物灯,均需采用镇流器。而目前市场上的镇流器种类较多,主要分为普通电感型、节能电感型、电子型三大类。不同类型的镇流器,其功耗有所不同,其功耗见表 8-40。

表 8-40　各种镇流器的功耗比较表

灯功率(W)	镇流器功耗占灯功率的百分比(%)		
	普通电感型	节能电感型	电子型
20 以下	40～50	20～30	＜10
30	30～40	＜15	＜10
40	22～25	＜12	＜10
100	15～20	＜11	＜10
150	15～18	＜12	＜10
250	14～18	＜10	＜10
400	12～14	＜9	5～10
1 000 以上	10～11	＜8	5～10

注:摘自《绿色照明工程实施手册》表 3-1-1。

从表 8-40 中可以看出,镇流器在照明中所占的比重,在考虑照明节能时,必须认真加以考虑,合理地选择。值得提出的电子镇流器分为"H"级和"L"级,"H"级谐波含量较大,"L"级谐波含量较小,在对谐波要求较严格的地方,则可选用低谐波"L"级。

实例:某工厂照明节能改造

某厂在照明工程改造前,机加分厂、建机 7～2 车间、钣金车间、库房、总装分厂以及电缆分厂均使用 400 W 白炽灯泡照明,照明总面积 18 150 m,数量 2 235 盏。在满足相同照度 350 lx 条件下,更换大功率节能灯 2 050 盏,具体节电效果参数见表 8-41。

表 8-41　照明改造节电效果

光源类型	原白炽灯	节能灯	备注
照明面积(m^2)	18 250	18 250	1. 每天照明时间按 6 h 计,每年按 11 个月计算; 2. 150 W 节能灯有效功率按 120 W 计算; 3. 电价按 0.6 元/(kW · h)计算
照度要求(lx)	350	350	
所需数量	2 235	2 050	
单灯功率(W)	400	150	
年耗电能(kW · h)	1 475 100	405 900	
年电费(元)	796 554	243 540	
年节电费(元)		577 368	
投资费用(元)		246 000	
投资回收(年)		0.42	

8.1.2.5 照明维护节能

表 8-42 维护系数

环境污染特征	类别	照明器擦洗次数(次/年)	维护系数
清洁场所	仪器和仪表的装配车间、封闭车间、实验室、办公室、设计室	2	0.8
一般场所	机械加工车间、机械装配车间	2	0.7
污染严重场所	锻工车间、铸工车间、碳化车间、水泥厂、球磨车间	2	0.6
室外	道路和广场	2	0.7

加强照明设施的维护也可以实现节能,主要是通过提高维护系数来实现的,通过调查得知各个车站照明器具的擦洗次数均为两次,这样做是可以节省一部分人力投入,但是从照明这一较大能耗部门来说这样做是得不偿失的,提高维护人员的人力投入明年增加两次灯具的擦拭至少可以提高 0.1 个维护系数,从下面公式可以明白。灯具的维护系数见表 8-42。

$$E_{av}=\frac{N\cdot\Phi\cdot U\cdot K}{A}$$

式中,E_{av} 为房间或场所的平均照度,lx;N 为光源的数量;Φ 为单个光源的光通量,lm;U 为利用系数;K 为灯具的维护系数;A 为房间或场所的面积,m^2。

提高 0.1 个维护系数至少可以实现 10%的照明节能,但是也不是说越多次的擦拭维护系数就越高,一般来讲当擦拭次数达到 4 次时,再增加擦拭次数维护系数提高的就很少了,这时也是得不偿失。

前面是依据实际情况与指标状况对比,按照影响照度和功率密度的因素提出相应的节能措施,但是这些没有涉及影响照明能耗的其他的重要影响因素:照明时间、同时照明总功率,合理指标的科学执行要有科学合理的控制来完成。照明时间、同时照明总功率与照明控制直接相关,照明时间和同一时间开启灯具数目要依据上面所提指标进行控制，进而实现真正的节能目标。

8.1.2.6 照明控制节能

在第7章对各个客运站的能效进行评价时，上海站的能效最高，其中很重要的一项就是因为上海站采用照明智能控制系统，照明能耗相对较低。《建筑照明设计标准》(GB 50034—2004)中，列出了多条照明控制的条文。现有的照明控制方式很多，例如，单灯控制、多灯控制、双控开关控制、楼宇自控系统控制、智能控制（总线控制）、其他控制方式（采用探测器控制）等。《建筑照明设计标准》(GB 50034—2004)第7.4.5条指出："每个照明开关所控光源数不宜太多"。照明设计要考虑当仅有少数人工作时，可按需要开一部分灯，而不必点亮更多的灯，以免造成不必要的能源浪费。第7.4.6条指出："房间或场所装设有两列或多列灯具时，宜按下列方式分组控制：所控灯列与侧窗平行。"另外第8.3.7条中的后一句话："在有天然采光时，近窗和远窗处可分别设置开关"，更应引起我们的重视。将靠近窗户的外区照明和内区的照明分开控制，则可以达到很好的节能效果。

实例：太原站站台照明智能控制系统应用

太原站站台照明负荷为185 kW，用电量占全站用电的50%以上，年用电达100万千瓦时左右。其中大量时间属于无效用电，这是由于列车到达、始发作业时间密度不均，列车出库、入库停靠时间不同，客流及行包、邮政业务所需时间不一，如采用手工制动操作频凡，给工作带来不便，此法不可取。所以多采用夜间开灯，直至次日晨关灯，造成大量时间属于无效用电。

通过对太原站站台照明及相关设备条件进行认真细致的技术调研，采用集中控制，分散执行，设置计算机主通信控制器，对车站站台照明系统进行智能控制。经过一段时间的运行检验，该系统通过了太原局科委的鉴定，运行及节能效果如下：

(1)值班灯照明控制系统可实现夜间基本安全照明。

(2)乘降灯照明控制系统可实现车来灯亮，车走灯灭。

(3)无需人工操作整个过程自动控制。

(4)节省电能效果显著。通过对太原站站台照明智能控制系统运行一年的实测,其节电量为 181 357 kW · h,节电率可达 20%左右,节约人民币约 11.43 万元。

实例:杭州某大学基于 Lon Works 技术的智能照度控制

对于杭州某大学,在没有进行照明技术改造前,80%的教学楼存在着在白天光照良好的情况下,教室灯具开启和午休时间长明灯的现象。整个大学教学楼照明灯具负荷共计约为 480 kW(不计线路损耗),每天如果按长明灯 2 h 计算,1 d 就浪费电能 960 kW · h,以杭州地区电价 0.538 元/(kW · h)计算,折合电费 516.48 元。再以学生一年在校 9 个月计算,一年将浪费电能 25.92 kW · h,折合电费 139 449.6 元。如果加上线路损耗和灯具长时间使用造成的损坏,费用还要高许多,这种粗放管理带来的电能浪费和高校后勤管理费用的增加就显而易见。经过基于 Lon Works 技术的智能照度控制器设计改造后,使用该智能照度控制器,可有效地调节照度,保护了人们的视力,与未使用该智能照度控制器时相比较,节约电能约 10%。

8.1.2.7　天然采光节能

利用天然采光以达到有效减少照明能耗的目的是可能的,但利用天然采光往往又会与为减少夏季空调冷负荷而采用的遮阳手段相矛盾。从第 7 章可以看出上海南站充分利用天然采光,照明能耗很低,但空调能耗很高。所以如果能够在恰当控制天然采光量的基础上保证遮阳,就能够在有效减少照明能耗的同时又能够降低日射带来的空调冷负荷。

充分利用天然采光,要点是要有足够大的采光口、避免眩光以及保证照度均匀度。有的利用反光镜或反光板的采光方法,其原理是不限于利用天空扩散光,而是充分利用太阳的直射光,用反光装置将直接光反射到天棚,通过天棚材料的散射得到较均匀的一般照明。这样不仅可以充分利用通过有限的采光口的昼光,而且避免了眩光,保证了照度均匀度。

充分利用天然光可以减少白天室内照明的电耗，这对于大进深的建筑，如开放式办公室建筑是非常有意义的，但这需要把天然光与人工照明优化控制相结合。例如，优先用百叶控制天然光照度，然后灯具根据照度测量的结果进行连续调控，根据天然光不足的程度进行补充人工光，使得整个室内空间都获得均匀的照度。这样就可以有效地节省照明能耗，节省的份额甚至可以达到40%。

除利用固定反光板、自动追踪太阳光反光板，以及百叶天然采光与人工照明联合控制方法以外，目前还有很多新的天然采光形式，如各种平面、凹面或凸面反光镜、光导管、凸透镜加光纤集光系统等。

8.1.3 自动扶梯节能对策研究

8.1.3.1 自动扶梯节能参数设定

自动扶梯节能参数设定见表8-43。

表8-43 指标设置参数

参数设置			
理论输送能力	实际通过率	自动扶梯的输出率	乘客最高到达率
$w_1=6\ 750$ 人/(h·m)	$\xi=50\%$	$\mu_1=w_1\times d_1\times\xi=0.76$ 人/s	$\lambda_{max}=a\times m=5.1$ 人/s

(1)自动扶梯实际输出率受扶梯宽度、扶梯通过能力以及扶梯利用率的影响；输出率同时影响候梯时间，生成最大候梯时间表达式为：

$$t_s=\lambda_{max}\times t_0/(n\times\mu_{max})-t_0$$

(2)为使自动扶梯安装经济合算，其数量应满足如下要求：

$$\begin{cases} n\leqslant\lambda_{max}/\mu_{max} \\ n\geqslant\lambda_{max}\times t_0/\mu_{max}(t_0+10) \end{cases}$$

根据通过率 μ_{max} 和输入率 λ_{max} 的统计值即可求出所需扶梯台数，这样求出的扶梯系统无候梯时间。

通过研究候梯时间，可得出旅客在扶梯处停留时间，采取加开扶梯方式可使此时间为零，如何采取有效措施既提供快捷服务又节能则属于自动扶梯能耗指标研究范畴。

8.1.3.2　自动扶梯人员规律分析及节能对策

随着发送车次的变化，每天会形成很多的客流高峰，若绘成曲线就会呈现一定的规律性，下面给出随着车次的变化形成的客流简图，依据图形所示人流与时间的关系提出相应的电梯节能方案。

由图 8-1 可以知道，人流在凌晨时是最小的，在中午 13 点时人流是最多的，按照图示的人流规律，电梯数目按人流最高峰进行设计，运行时按照人流规律，0 点到 8 点开一半电梯，8 点到 19 点电梯全开，19 点到 0 点开一半，若电梯较多，如北京站，可以分成多个时段分配电梯开动台数，也可以利用软件结合人流情况动态控制电梯。

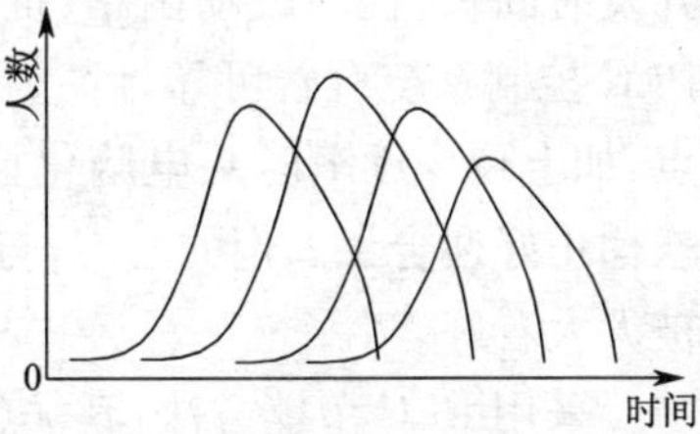

图 8-1　随着车次的变化形成的客流简图

经过第 6 章的研究知道候梯时间不到 3 s，是一个乘客可接受的范围。其实，这只是较大范围考虑，实际的平均候梯时间不会比这长，而是要小一点，特别是在有楼梯的情况下，若有排队等候乘坐扶梯，则会有更多的人选择走楼梯，还有扶梯的实际负载率很可能大于 50%。所有这些会使平均候梯时间再小点的。

从前面几章的分析可知，旅客进站是呈周期变化的，这样要求电梯运行模式也要随之变化。第 6 章重点分析了在不同客流量下变台数的运行控制，这里主要介绍自动扶梯的变频控制，主要包括以下几个方面：自动控制系统、自动调节电压法、“自动重新启动”运行模式、△—Y 切换法、“交—交”变频方式、在自动扶梯中使用变频器驱动。采用各种不同节能方式室，自动扶梯所能取得的节能效果见表 8-44。

表 8-44　各种方式的节能效果

方法	自动控制系统	自动调节电压	△—Y 切换法	“交—交”变频方式	使用变频器驱动
节电	15%～30%	20%～50%	约 20%	20%～40%	20%～40%

8.1.3.3　自动控制系统

自动扶梯控制系统有 3 种：继电器控制系统、PLC 控制系统和微单片机控制系统。目前市场上所使用的自动扶梯还有继电器控制的，由于继电器控制系统噪声大、维修不便、控制方式落后等，已不适应现代人的需求，正逐渐被人们所淘汰。微单片机控制系统虽然在智能化方面有很大的发展，但由于微单片机控制系统的开发时间长、程序改动困难、抗干扰等问题而限制了其应用。而 PLC 控制系统有着可靠性高、稳定性好、维护检修方便等显著优点，加上现今逐渐时兴电脑化控制的电气设备，PCL 控制的自动扶梯正好迎合了人们的心态，与市场需求紧密相连，其开发前景已被大大看好。

采用 PLC 节能方法，其优点在于：

(1)无人乘梯时，保证扶梯自动平稳过渡到节能运行，以 1/5 额定速度运行，节约了能源。

(2)有人乘梯时，保证扶梯自动以节能速度平稳过渡到额定速度运行，保证了正常的使用。

(3)由于无人乘梯时节能速度很慢，使得机械部分的磨损大大降低，相对延长了扶梯的使用寿命。

(4)技术成熟，便于实施和推广。PLC 采用继电器型，编程简单，工程技术人员便于根据实际需要进行修改。所采用的变频器功能齐全，操作简单，且该装置体积不大，便于安装，可以直接加装在扶梯的上下平台内。

(5)变频技术的采用，大大降低了扶梯启动时对电网的冲击，采用变频器可有效改善电网的功率因数，降低无功损耗。

通过 PLC 控制系统对自动扶梯的运行控制，空载时通过变频器把转速降低为20%速度时，对于11 kW以下的电机，扶梯耗能仅为电机额定功率的3%～5%，即300～400 W左右。无论上行或者下行，在20%的蠕动速度都可达到80%的节能效果。

8.1.3.4　自动调节电压法

当前我国自动扶梯的驱动几乎都是利用三相异步电动机。自动扶梯在某一负荷下工作所需的实际驱动功率，就是电动机在该运行状态下的输出功率。而电动机的输入功率大于输出功率，多余的部分即为损耗功率。损耗功率作为无用功，在电动机内转变成热而散发掉，同时还使得电动机温度升高。当电动机在额定电压下工作，损耗功率的百分数随负载大小而变化。在负载很轻时(有的效率低至20%)，损耗功率可达其实际输出功率的4倍左右，即使接近额定负载时效率达75%～85%，损耗功率也占实际输出功率的20%左右。

总损耗中的绕组损耗与电流的平方成正比，即与负载大小有关；机械损耗及铁耗大小与负载大小几乎无关，但铁耗与电压的平方成比例。因此，自动扶梯的负荷低于额定负荷，其效率和功率因数都较低时，可及时降低电动机电压来运行。这样，不但可以减小铁损耗和杂耗，也减少了定子电流中的励磁电流(约为额定电流的30%～40%)，从而大大地减少了电损耗，电动机的功率因数和效率都得到提高，使电动机处于最佳运行状态。

可以证明，随着电动机负载减轻，为节能可降低电压运行。只要降压后电动机的功率因数近似等于其在额定运行时的功率因数，电动机的最大转矩必大于此时的负载转矩，而不会造成电动机停转。其具体工作原理是根据电动机负载的大小，自动及时地调节电动机的工作电压，使之能耗最少。新型的节能器是按电量的有效值检测电动机功率因数，而且是应用瞬时检测技术，在电动机全部运行时间内对其各相的电压和电流的大小和相位进行检测，据此来调节电动机端电压，使之能耗最少，使电动机在不同负载情况下都运行在最佳状态，功率因数和效率都得以提高，能对电动机电流波和电压波的检测是每相每半周期检测一次。比较这两个波的相位差角。当此差角等于额定运行的功率因数角时，电动机应供额定电压且输出额定功率，属正常工作，信号电压通过整形放大后调节触发电路控制晶闸管的导通角；当检测的相位差角越大，信号电压越强，使晶闸管导通角变小而降低电压，同时也降低了电流和功率。电压降低的程度由检测的相位差角信号与额定运行(效率和功率因数都较高时)电压与电流的相位差角进行比较，使得检测的相位角等于额定运行的相位差角，电压降至此而稳定，电动机在最佳状态下运行，能耗最少。这个过程在电动机运行时会不断进行检测调节，只要电动机负载发生变化，电压与电流相位差角就会偏离额定运行时的功率因数角，都会出现电压向低或向高调节，维持到近似恒功率因数运行。节能的多少因负载的大小而不同，约在20%～50%之间。装置中还设一补偿电路，其作用是防止一旦电动机从零速软启动(启动电流仅为直接启动的50%)或由于某种原因负载突然加大而使电动机停转，给电动机加上最大电压。电路的关键技术是平衡及同步的相位检测，信号处理及晶闸管的脉冲触发器的控制。这种节能器体积小、重量轻、成本低，工作可靠无需维护。

8.1.3.5 “自动重新启动”运行模式

“自动重新启动”运行即指自动扶梯在无乘客时自动停止运行，当有乘客时又自动重新启动运行的一种方式。这种运行模式已经被标准所认可，并且在标准中规定了详细的条款来限定这种运行模式的使用方法。由此可见，“自动重新启动”的运行模式已有一定的历史了，事实上采用这种运行模式的自动扶梯一般在飞机场或高级宾馆较为常见。这是因为，这些地方的自动扶梯的载荷情况比一般商场普通型自动扶梯还要轻松。很容易看出，“自动重新启动”的自动扶梯与不采取任何措施的扶梯相比，在能源的节约方面相当可观，当然这取决于停梯时间的长短。另一方面，这种运行模式也使自动扶梯的磨损大大减少，而使用寿命则大大延长。遗憾的是在很多场合中不允许自动扶梯停止运行，这就大大限制了该模式的应用，使得当今大量在用的自动扶梯在空载和轻载的工况下白白地浪费了很多的能源。在自动扶梯不能停止运行的前提下,我们不得不采取其他的节能措施。

8.1.3.6 △—Y切换法

这种方法是电机及拖动界讨论的一个经典问题。其基本方法是:当扶梯启动时,就像通常一样按Y接法进行启动,但不再是通过时间原则切换成△接法运行,而是当扶梯上的乘客达到某一数量之前,扶梯一直在Y接法下运行,当乘客达到设定的数量之后,自动扶梯才切换成△接法运行,当乘客减少到设定的数量以下时,自动扶梯又切换成Y接法运行,如此循环往复。

要实现上面的运行方式,可以在普通的自动扶梯进出口处加装光电记数装置,根据扶梯的运行方向,将上下计数器分别设定成递增和递减。当然,根据这种思路,也可以把电机的转速作为切换的条件进行监控,或者把电机的电流作为切换的条件进行监控。总之,切换条件的选择方法各种各样,基本的原则还是"轻载时运行于节能模式,重载时运行于正常模式",这一原则同样适用于下面分析的各种降压节能方式。上述方法为什么能节能呢?节能的效果又如何呢?应该说对于这两个问题,没有简单明了的答案。直觉的考虑是除了有效功率以外,多余的消耗无非是机械方面的损耗和电器方面的损耗。△—Y切换运行时由于电机转速变化很小,看上去这些损耗特别是机械损耗是基本不变的,似乎节能的效果不大,而且从理论角度对自动扶梯各个部分的基点能耗作较详细的分析又比较复杂和困难,因此很自然地会低估了△—Y切换措施在自动扶梯上的节能效果。

在空载或接近空载的工况下,虽然扶梯的运行速度并无明显变化,但是Y接法也比△接法显著节能,节能可达20%左右。应该说这是比较可观的,特别是在自动扶梯台数很多的情况下节能效果更加显著。另外从测试结果分析,我们认为节省下来的能量主要是电机的各种电损耗。因为运行速度并无明显变化,机械损耗确实不应有大的变化。

实例:通过对某自动扶梯电能功率消耗的实际测试,测试的对象是1台提升高度为45 m,额定运行速度为0.50 m/s,梯级宽度为1 m,电机功率为11 kW的自动扶梯,测试的结果见表8-45。

表8-45 实测扶梯输入电功率对比

运行模式		空载(kW)	每3个梯级站1人(kW)	每3个梯级站2人(kW)
△接法	上行	2.28	3.72	5.03
	下行	2.18	1.02	0.16
Y接法	上行	1.81	3.05	4.73
	下行	1.69	0.45	0.36

上述测试的工况为轻载和空载,运行方式按电机进线接法分为两种:即Y接法和△接法。两者进行切换的工作方式,其实质是对交流电机的调压,只不过调压是有级别的。从测试结果可见,在空载或接近空载的工况下,虽然扶梯的运行速度并无明显变化,但是Y接法也比△接法显著节能,节能可达20%左右。

8.1.3.7 “交—交”变频方式

这种变流方式实际上是变频调速的一种,主要采用晶闸管作为电子开关。在电梯等高性能设备上很少采用这种调速方式,主要是因为其变频的范围太小,一般不超过50%的工频,另外其输出的电压波形也不是太好。在自动扶梯中由于本身就不需要很宽的调速范围和较高的调速性能,恰好可以采用这种调速方式,而且由于要求较低,实际上还可简化其主电路和控制的方式,形成最简单的变频调速装置,使自动扶梯空载时在很低的电源频率下进入节能运行模式。

△—Y切换节能方式的主要缺点是自动扶梯的运行速度几乎不变,因此空载情况下节能和降低机械磨损的潜力没有充分发挥。电子调压方式的主要缺点是要有专门的变流装置,增加了系统的复杂性,而且也不能在空载时以较低的速度长期运行,否则电机的发热将成为问题。“交—交”变频的方式,其缺点也是要有专门的变流装置,变流装置中的开关元件数量也较多,同时在轻载时的节能效果欠佳,另外由于电压波形不太理想,使电机的运行性能变

坏，可能导致电机的过热。

8.1.3.8 在自动扶梯中使用变频器驱动

要实现最佳的节能效果和最好的运行性能，自动扶梯驱动中必须使用变频驱动装置。这里所说的变频驱动装置是指高性能的变频器，如“交—直—交”PWM型变频器。变频器在主电路中的使用方法几乎与上述其他电子变流装置相同，其不同运行模式下的切换原则都是一样的。由于变频器的采用，可以在无人时很容易实现极低频率极低电压对电机供电，使自动扶梯在空载时以极低的速度“蠕动”运行，此时其节能效果可以与“自动重新启动”运行模式相媲美。而实际上总的节能效果甚至超过“自动重新启动”运行模式。这是因为在轻载的工况下，变频驱动可以实现降压节能运行。这样，采用变频器以后，自动扶梯可以采取“蠕动＋降压”的运行模式分别在空载和轻载下节能。应特别指出的一点是，变频器有一种特殊的运行方式，就是“只调压不调频”。通常我们提到变频时总是联想到VVVF，即“调压调频”，事实上几乎所有的变频器都有一个功能，那就是所谓的节能运行功能。其基本原理就是“只调压不调频”，由半导体变流特别是变频器原理可知，这在变频器中是很容易实现的。显然这种运行模式纯粹就是将变频器当调压器使用，适合在速度不能有太大降低而负载减轻的场合使用，尤其适合像风机这类负载特性为2次方的场合采用。

另外，为了充分利用变频器并且节约制造成本，变频器的容量可以比电机小。一般变频器的功率可以为电机功率的50%～60%左右，这是因为在较高的负载下或全功率下运行时，没有必要由变频器向电机供电，而可以跨接变频器而直接对电机供给工频电源。这一节约思想在使用上述其他电子变流装置时也是适用的。

在空载时不允许停梯的场合，为了理性地实现上述节能要求，最好的节能措施就是采用变频器驱动。空载时电机降压降频“蠕动”运行，而在轻载时变频器只变压不变频，以实现降压节能运行。

根据这一思想，基于变频器的自动扶梯运行模式控制流程，见图 8-2。

实例：吉林国贸购物中心自动扶梯变频改造

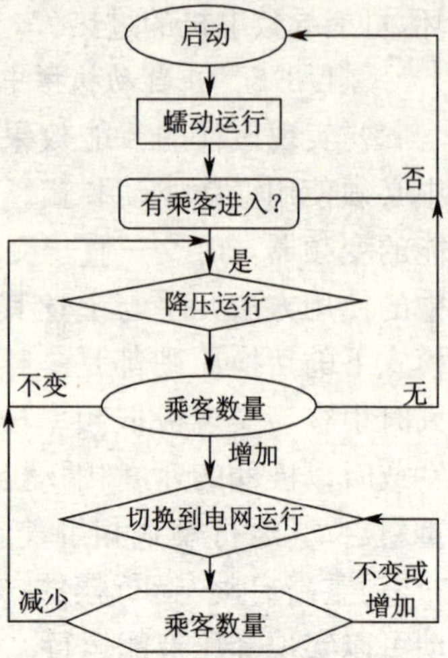

图 8-2　基于变频器的自动扶梯运行模式控制流程

吉林国贸购物中心有 16 部扶梯，每部扶梯电功率 8 kW，每部扶梯日耗电 70 kW·h 左右，每天运转 11 h，而且始终都是恒定速度运行，在大多数情况下，扶梯较多地运行于 2/3 额定载客量以下，每部扶梯每天无人空载时间累计约 5 h。如果扶梯在无人空载时停运或缓行，将大大减少用电量。如果将扶梯运行方式由每天连续恒速运行改为有人乘梯时正常恒速运行，无人乘梯时慢速行驶或停止，就能实现节电的目的。

经过对扶梯电气控制线路加装变频器改造后，对吉林国贸购物中心扶梯耗电情况进行监测，改造前后扶梯用电量见表 8-46。

表 8-46　扶梯变频改造前后用电量对比

	使用变频器前	使用变频器后	节约
每台日耗电量(kW·h)	70.4	49.28	30%
总计日耗电量(kW·h)	1 126.4	788.48	

由表 8-46 可知，使用变频器之后吉林国贸购物中心 16 部自动扶梯日节电 337.92 kW·h，年节省电能 123 340.8 kW·h。若电价为 0.8 元/(kW·h)，则年节省运行费用 98 672.64 元。

实例：相控节电控制器在深圳市高交会展馆自动扶梯中的应用

相控节电器能够在配电网和电动机之间提供“柔性化”的用电智能管理功能，按照“所供即所需”的方式供电，节约自动扶梯在空载或轻载条件下运行的电能消耗。相控器采用闭环反馈系统进行优化控制,通过实时检测电动机运行的电压、电流和相位差,来判断电动机所处的运行负荷和效率状态,并将实际相位差与依据电动机特性的理想相位差进行比较,依此来控制 SCR 可控硅整流桥触发角以调节供给电动机的电压,使提供给电动机的输入功率保持与负载相匹配。当电动机轻载运行时,相控器检测的相位差较大,使 SCR 可控硅触发角变小从而降低电压,同时也降低了电流和功率,使电动机在最佳状态下运行,功率因数和效率都得以提高,能耗最少。

通过对安装在深圳市高交会展馆的 1 台自动扶梯进行了测试,该样梯电动机的参数见表 8-47。

表 8-47 所测试自动扶梯电动机的参数

型号	YZTD160A－4	绕组接法	△
额定功率	11 kW	转速	1 460 rpm
额定电压	380 kW	额定功率因数	0.84
额定电流	22 A	频率	50 Hz

先在未投入相控器的情况下测试电动机各相的电压和电流、有功功率、视在功率以及启动冲击电流。然后在投入相控器的情况下对上述各项进行测试,测试结果见表 8-48。

表 8-48 相控器应用在自动扶梯的测试结果

	A 相		B 相		C 相		有功功率(kW)	视在功率(kW)	启动冲击电流(A)
	电流(A)	电压(V)	电流(A)	电压(V)	电流(A)	电压(V)			
相控器未投入	9.7	212	9.6	204	9.5	190	3.58	3.71	125
相控器投入	7.2	155	6.6	140	6.6	138	2.23	2.9	70
节约							37.7%	21.8%	44%

从测试结果可以看出,自动扶梯接入相控器之后,电动机各相

的电压和电流、有功功率、视在功率以及启动冲击电流均明显减少了。

实例:广州地铁自动扶梯的综合节能技术

自动扶梯是一种高耗能设备,广州地铁在已经开通的4条线中,投入使用的自动扶梯已达到近600台,能耗巨大。因而广州地铁从三个方面采取措施实现自动扶梯的节能:①电机选型时要求转差率不大于4%,以提高低负载时的效率;②配用齿轮减速箱,以提高扶梯机械传动效率;③应用变频技术,使扶梯在无人时自动低速运行。实现自动扶梯节能最大化的设计理念,达到了良好的经济效益和社会效益。

(1)电机选型

对自动扶梯而言,在轻载情况下,如果扶梯电机仍能保持较高的效率,将有效降低自动扶梯的能耗,故要求扶梯电机在25%~50%负载区间具有较高的效率。广州地铁自动扶梯在电机选型设计中,为了采用高效率电动机,要求电机的转差率不大于4%,实际使用中各种功率电机的平均转差率在3%以下,保证了扶梯在低负载时具有较高的电机效率。而普通扶梯的电机转差率一般都在4%以上,相比之下,电动机的效率提高幅度为2%~7%。从已投入使用的近600台扶梯来看,以平均提升高度8 m计算,意味着年节电可达100~350万kW·h时。

(2)减速箱的选型

自动扶梯的机械传动效率主要由减速器传动效率、驱动链、梯级链和扶手带驱动链的传动效率构成。链传动是目前自动扶梯的固定结构,因此提高扶梯机械传动效率的主要途径,是采用高传动效率的减速箱。传统的扶梯减速箱多为蜗轮蜗杆结构,传动效率低,最高约85%左右。采用齿轮减速箱,其传动效率可提高到96%以上。其中,采用伞齿轮+斜圆柱齿轮二级减速机,其传动效率可提高到96%;采用二级斜齿轮圆柱齿轮,效率可达98%;采用行星齿轮减速机效率也可达98%。广州地铁从10多年前的一号线建设开始,就在重载公交型扶梯的设计中,从节能角度,要求自动扶梯必须配用齿轮减速箱，从已投入使用的近600台扶梯来看，以平均提升高度8 m计算，10%以上的传动效率的提高，意味着年节电可达500万千瓦时以上。

(3)应用变频技术

广州地铁从二号线开始(2002年12月开通)，应用变频技术，使扶梯能够在无人时，自动以低速运行。对一台提升高度8.7 m的自动扶梯样机进行测试，测试条件是在自动扶梯空载情况下，采用变频技术和不采用变频技术两种方案，其用电情况见表8-49。

表8-49　电机输入功率测试表

	0.65 m/s额定速度空载运行		0.13 m/s额定速度空载运行	
	上行	下行	上行	下行
视在功率(kW·A)	8.70	8.74	2.5	2.46
有功功率(kW)	6.35	6.10	1.70	1.67
功率因数(cosφ)	0.23	0.24	0.69	0.66

为了检测自动扶梯的实际运营情况，对不同车站的自动扶梯进行了一天或一个星期不同模式下的用电量对比跟踪测试，测试结果见表8-50。

表8-50　不同模式扶梯用电量对比表

运行方向	模式	运行时间(h)	用电量(kW·h)	节电率(%)
站内扶梯(11 kW)	非节能	18	53	18.9
	节能	18	43	
出入口扶梯(18.5 kW)	非节能	130	384	38.8
	节能	130	235	
站内扶梯(30 kW)	非节能	18	47	23.4
	节能	18	36	

测试说明：对扶梯加装三相电度表，非节能(即取消变频器)模式下，扶梯上行运行N小时，计量用电量；对扶梯加装三相电度表，节能(即采用变频技术)模式下，扶梯上行运行N小时，计量用电量。

8.2 基于管理优化的节能措施

《中共中央关于制定国民经济和社会发展第十一个五年规划的建议》提出,“十一五”期末单位国内生产总值能源消耗比“十五”期末降低20%左右。这是针对我国资源环境约束日益突出的问题提出的,是“十一五”规划目标中最重要的约束性指标之一,充分体现了落实科学发展观,加快经济增长方式转变,建设资源节约型、环境友好型社会和实现可持续发展的要求。

为达到这一目标,除了在技术层面上利用先进技术进行技术节能外,现代管理学的引入,将有助于现代铁路客运站进行管理层面的管理节能。节能管理的目的正是合理利用能源,以最小能源消耗,获得最大的经济效益和社会效益。

8.2.1 传统节能管理措施

8.2.1.1 能耗动态监测

为科学、规范地建设现代客运站分项能耗数据采集系统,统一能耗数据的分类、分项方法及编码规则,为能耗监测、能耗统计、能源审计、能效公示提供数据支持,为指导现代客运站节能管理,能耗动态监测系统的建设、验收、运行的管理工作,现综合为现代铁路客运站能耗分析。

1. 现代客运站分项计量的设计

现代客运站分项计量的设计安装包括两大部分:电能分项计量部分和冷、热量计量部分。

(1)现代客运站的电能分项计量部分

①分项计量改造不应改动供电部门计量表的二次接线,不应与计费电能表串接。明确分项计量设计的基本原则,分项计量决不能影响计费系统的正常工作。

②应充分利用现有配电设施和低压配电监测系统,结合现场实际合理设计分项计量系统所需要的表计、计量表箱和电量信息

传输系统。

有些既有建筑已经设置了低压配电监测系统，实施时应优先考虑利用原有系统，当原有配电监测系统设置的表计满足分项计量系统要求时，可利用原有系统，采用合理形式将配电监测系统数据纳入到分项计量系统中。当原有配电监测系统设置的表计无远传功能时，更换或增加符合本导则要求的具有远传功能电能表。这样可以大大减少设置表计和数据采集器的数量。

③应合理设置分项计量回路，以下回路应设置分项计量表计：变压器低压侧出线回路、单独计量的外供电回路、特殊区供电回路、制冷机组主供电回路、单独供电的冷热源系统附泵回路、集中供电的分体空调回路、照明插座主回路、电梯回路、其他需要单独计量的用电回路。

(2)现代客运站分项计量的冷、热量计量部分

①热量表的设置要求：供热采暖空调水系统的冷、热量应采用热量表计量。供热采暖空调水系统热量表应设在主管道上，进行总供冷及供热量计量。热量表入口宜配置过滤装置。供热采暖系统宜设在一次侧。

②热量表的选型：热量表工作温度及压力应满足供热采暖空调水系统温度及压力条件。同时根据工作流量和最小流量合理选择流量计口径。

2.分项能耗数据采集

(1)采集对象与指标

①现代客运站基本情况的数据采集指标应根据客运站规模、功能、用能特点等划分为基本项和附加项。其中基本项为客运站规模、功能等基本情况的数据，包括客运站的建设年代、功能、总面积、空调面积、经济指标(电价、水价、气价、热价等)；附加项为区分客运站用能特点情况的客运站基本情况数据。

②能耗数据采集指标分为6项，包括：电量(kW·h)、水耗量(t)、燃气量(天然气量或煤气量)(m^3)、集中供热耗热量(kJ)、集中供冷耗冷量(kJ)、其他能源应用量。

(2)能耗数据采集方法

能耗数据采集方法包括建筑基本情况数据采集指标的人工采集和分项能耗数据的自动实时采集。

(3)能耗数据采集系统

分项能耗数据采集系统由数据采集子系统、数据中转站、数据中心、部级数据中心组成。

①数据采集子系统包括监测建筑中各计量装置、数据采集器和数据采集软件系统。

②数据中转站接收辖区内的建筑能耗数据,并可具有暂时存储建筑能耗原始数据的功能。

③数据中心直接接收省直国家机关办公建筑的能耗采集数据,同时接收来自所在省内各城市数据中转站的采集数据;并将各种分类汇总数据上报给部级数据中心。

④部级数据中心对全国各省的数据中心上报的能耗数据进行分类汇总后形成国家级的分类汇总数据;发布全国和各个省的能耗数据统计报表以及各种分类汇总表。

(4)能耗数据展示

①部级数据展示内容应包括:客运站的数量、总建筑面积(包含全国总数和各市、各省的总数和分布情况等)。各省市的平均用能、标杆能耗情况;各省市相关能耗指标的最大值、最小值;不同地区的相关能耗指标的比较;国家、省、市客运站的能耗变化趋势。

②监测客运站数据展示应包括:客运站的基本信息,能耗监测情况,能耗分类分项情况。各监测支路的逐时原始读数列表(实现远程抄表代替人工抄表,检测工作)。各监测支路的逐时、逐日、逐月、逐年能耗值(列表和图)各类相关能耗指标图、表。单个客运站相关能耗指标与同类参考建筑(如标杆值、平均值等)的比较(列表和图)。

③数据展示可采用各种图表展示方式。图表展示方式应直观反映和对比各项采集数据和统计数据的数值、趋势和分布情况。图表展示方式包括:饼图、柱状图(普通柱状图以及堆栈柱状图)、

线图、区域图、分布图、混合图、甘特图、仪表盘或动画等。

(5)能耗数据质量控制

现代客运站的分项能耗数据采集系统所采集各类数据应保证数据的可靠性、准确性和完整性。数据中心应对客运站分项能耗数据采集系统所采集各类数据的数据质量进行科学的评估。分项能耗数据采集系统建成验收时和建成验收后每隔 12 个月定期均应进行数据的大数审核，发现较大误差或错误应采取及时必要的更正措施。

大数审核内容主要包括：人工方式即是通过人工方式采集的客运站基本情况的基本项数据必须齐全；自动方式即是通过自动方式采集的建筑分项能耗数据和分类能耗数据应能真实反映建筑能耗动态变化的状态，保障采集数据的实时性、正确性和合理性。

3. 现代客运站分项能耗数据传输

数据传输系统组成包括分项能耗数据传输系统和数据采集子系统。分项能耗数据传输系统由数据采集子系统、数据中转站、数据中心、部级数据中心组成。数据采集子系统包括监测建筑中各计量装置和数据采集器。

(1)计量装置应符合文献《楼宇分项计量设计安装技术导则》中的规定。计量装置应具备数据通信功能，并使用符合行业标准的物理接口和通信协议。

(2)数据采集器除应符合本导则的规定外，还应满足文献《分项能耗数据采集技术导则》、《数据中心建设与维护技术导则》中对数据采集器的功能要求，并符合文献《楼宇分项计量设计安装技术导则》中对接线、安装和施工的规定。

(3)数据中转站、数据中心和部级数据中心应符合文献《数据中心建设与维护技术导则》中的规定。

8.2.1.2　能源消耗定额管理

能耗定额管理工作是节能管理工作中的一项基础工作。能源消耗定额反映了生产建设过程中能源消耗的客观规律，它是能源利用率的考核依据之一。能源消耗定额是否先进合理，不仅反映了生产技术水平,同时也反映了生产组织管理水平。能源消耗定额,也是人们对各种能源消耗规律的认识和运用。合理的能源消耗定额,将引导现代铁路客运站节能工作的顺利进行。

1.能源消耗定额的作用

没有量的概念和界限,谈任何管理都是很难想象的,尤其是节能管理。节能管理的首要任务之一,就是通过按质、按量、配套、及时、均衡地供给生产单位各种能源,保证生产正常进行和迅速发展的需要。"量"的准确性是节能管理科学化和现代化的基础,而要想对能源工作进行准确的计量管理,就需要制定科学的能源消耗定额。在整个节能管理过程中,能源消耗定额始终是计量管理能源的基本依据。合理的能源消耗定额应当是在人们对能源消耗规律充分研究的基础上制定的,这就决定了能源消耗定额本身应当排除能源的不合理消耗因素。因此,在执行能源消耗定额过程中,也就要求人们合理地使用能源。实践证明,凡是认真管理能源消耗定额的单位,能源消耗会不断降低,而能源单耗的降低,又往往会引起其他方面的节约。

2.制定能源消耗定额的基础原则

制定能源消耗定额必须贯彻勤俭节约的方针,反对浪费,促使企业更好地合理使用能源和节约能源,促进生产不断发展。

节约的原则:节约是社会主义经济的基础原则之一,制定能源消耗定额的目的之一,就在于有效地节约能源。实事求是的原则:制定科学的能源消耗定额必须采取老老实实、实事求是的态度,消耗定额定高了,轻而易举地就可以完成,不能激发工作人员的积极性和创造性,也就是对能源的浪费。平均先进的原则:为了节约能源,促进生产的发展,充分发挥铁路职工生产的积极性,必须在制定消耗定额时,贯彻平均先进的原则。综合效益的原则:所谓综合效益的原则,就是优质、高产、低消耗、改善环保等统一的原则。能源消耗定额的制定工作,必须进行综合分析,正确处理各种矛盾,使之向着有利的方面转化,从而达到优质、高产、低耗、改善环保四者统一的目的。

3. 制定能源消耗定额的方法

制定能源消耗定额的主要方法有：技术计算、实际测定和统计分析 3 种。如果缺乏必要的技术资料和未安装足够的计量仪器，则只能用统计法（一般称为水平法）来确定定额。为了提高能源消耗定额的准确性和可靠性，一般应以技术计算和实际测定法为主制定能源消耗定额。

技术计算法是根据产品设计、工艺过程、管理水平等各方面因素，通过精确计算，并考虑已达到的先进单耗指标水平和采用节能技术措施等因素后制定定额的一种方法。技术计算法是按照设备或工序的技术资料，结合所使用能源的发热量，计算出单位产品对某种能源的理论需要量，最后折算成标准燃料的消耗定额。

实际测定法是根据现场能源消耗的条件，用实际计算方法，对能源消耗进行测定来确定能源消耗定额。实际测定法也可通过对现有设备（工序）进行热平衡测试，计算出该工序或设备的某种能源的实耗数量，再结合设备改造，改进操作和其他节能措施的实施，最后确定该设备（工序）的能源消耗定额。

统计分析法是指在分析研究统计资料，并全面考虑有关工艺技术、操作技术水平、能源供应的规格、质量等因素的基础上制定出来的能源消耗定额。在使用统计分析法确定能源消耗定额时，应注意原始记录的准确性，尽可能使用生产时间较长、批量较大的产品的统计资料，对其浪费因素应加以排除。这种方法多用于计量手段有困难的单位。

4. 合理的用能计费制度

客运站的能源消耗如果只有一个业主的情况，往往没有单独计量能源的消耗量，所以，采用了节能措施，节能效果也往往体现不出来，客观上起不到鼓励节能的作用。而分开出租出售的商业部分，更是由物业公司按面积向业主收取费用，这种不按实际消费收取费用的办法使得各方面的节能意识几乎为零。因此，必须建立按各个车间（如客运、售票、运转等）、按功能（如空调、采暖、照明、电梯、热水等）实际消耗的能量进行收费的措施。同时，使用者也有权利提出交费的合理标准，因为如果由于建设者和管理者的原因造成能耗费用过高，再将其转嫁到使用者头上，是很不合理的。这时，需要有专业的权威机构来进行评判。

5. 能源消耗定额的考核

能源消耗定额的考核是定额管理的又一重要环节。定额在执行中要保持一定的相对稳定性，使它起到衡量能源消耗是否节约的作用。然而，生产是不断发展的，必须随时或定期地对贯彻执行的能源消耗定额进行考核，以掌握其发展变化的情况。

通过定额考核，要与本客运站历史上最好的水平和国内先进水平进行对比，找出差距，拟出措施，订出计划，力争迅速赶上并超过国内先进水平；通过定额考核，可以积累完整的历史资料，还可向有关部门及领导提供系统的定额执行情况报告，为指导生产和有效地进行能源管理提供科学的依据；通过定额考核，可以促进能源消耗定额管理工作的加强。

在实践中，一些铁路客运站已经使用了能源消耗定额管理的办法，并进行考核。以长沙铁路客运站为例，各部门（车间）、各班组，都设定了能源消耗定额，定期对其能源消耗情况进行考核，将各部门（车间）、各班组能源消耗情况与历史同期、历史最好相比较，并且制定了相应的奖惩措施，有力地推动了长沙客运站节能工作的进展。

8.2.1.3 能源审计

审计是一种科学管理的手段与方法，它具有很强的监督与管理作用。能源审计是一种专业性审计活动，是属于管理审计范畴。把审计的管理与控制方法，引入企业节能管理工作，在我国的经济改革中也是一种尝试。

能源审计是由节能主管部门授权的能源审计机构和具有资格的能源审计人员依据国家节能法规和标准，对能源利用状况进行审核与评价。主管部门通过能源审计，加强能源管理，合理使用能源资源，提高能源利用率，节约能源，保护环境，持续地发展经济。

1.能源审计的内容

能源审计的主要内容包括:能源管理状况,包括组织、人员与管理标准;用能概况;生产工艺与用能流程;主要用能设备的运行效率;能源计量、监测系统和统计台账;单位产品能耗;节能技术改造项目;能源使用的经济分析和环境影响。

2.能源审计的类型

能源审计方法是一种内部管理的有效方法,可以帮助生产组织者、管理者及时分析、评价用能状况,寻找节能方向,确定节能技改方案和正确的组织与管理生产,提高能源利用率,降低成本。

(1)初步能源审计

进行能源审计的对象比较简单,花费时间较短,通常只做初步能源审计,其主要工作有两个方面:一是进行能源管理的调查,二是能源数据统计与分析。通过对能源管理状况调查,能源审计人员可以了解能源管理状况、影响节能技术改造的原因与决策的机制。初步能源审计工作可以找出明显的节能方向,以及在短期内就可以提高能源效率的简便措施,十分有效。有的客运站初步能源审计只用1至2天就可以完成。采用一些容易找到的节能措施,对于热管网保温失效,蒸汽、压缩空气、冷媒体和水的漏失,计量仪表失效,对燃烧时空气过剩系数控制不灵,或者发现了组织管理的漏洞,都可以马上采取措施。

(2)详细能源审计

在初步能源审计之后,要对客运站用能系统进行更深入的分析与评审,就要做详细能源审计。要采集客运站用能的数据,必要时还要做一些能源检测工作,补足一些重要数据,进行能量平衡分析,对重点耗能设备或系统进行分析,寻找可以节能的机会,提出节能技术改造方案,对其方案要进行经济技术评价和环境效益评估。提出的节能技术改造方案分为无成本、低成本和重大投资项目,对重大投资项目要进行可行性研究、环保评价和能源审计工作,还要讨论投资风险和资金筹措等项工作。提出一个能源审计报告,其中包含可行的节能方案的建议。

3. 能源审计的过程

能源审计过程虽有很多差异，但是也有共同的步骤，大体上包括 9 个步骤。

(1)立项

确定审计范围、目标；制定工作计划表；挑选审计队成员、分工；配备所需测试仪器。

(2)数据采集

确定工艺流程；确定能源流向与物流图(包括煤炭、油制品、天然气、焦炭、煤气等)；电力来源分自发电和购买网电，电力负荷；耗能工质(冷却水、压缩空气等项)；蒸汽网络的工作参数(压力、温度、流量……)和运行状况(保温、泄漏……)；能源费用(能源价格、运费、税收……)。

(3)能源检测

对已掌握的能源数据进行分析与评审过程，发现信息不足时，就必须进行能源检测，对于详细能源审计更为重要。对客运站主要的用能系统和设备或重要工序的能源消费数据必须清楚。为了取得这些数据，还要亲自到现场调查，要注意计量仪表工作位置与工作状态，也可以和现场工程师与操作工人交谈。能源审计人员现场调查时，要绘制草图，了解所取得数据的具体工况，标注所取得的统计数据的位置，便于综合分析与采取节能措施。

(4)能量平衡分析

(5)改善能源管理

通过能量平衡分析，强化能源管理，提高能源利用率，制定能源管理标准与制度。

(6)改进维修与操作

为了提高企业能源利用率，在技术维修、保养上强化管理。

(7)无成本/低成本项目

通过能源审计，可以确定的无成本/低成本节能技术项目，必须优先实施，这也是见效快的好办法。

(8)重大项目

重大节能技改项目，是提高能源利用率最根本的措施，其经济效益与环保效益都好，必须加强调查，要特别注意以下几点：编好项目可行性研究报告、编好项目环境评审报告、编好项目的能源审计报告、制定资金筹措计划、提出项目进度表。

(9)最终报告

在国外，能源审计已经比较成熟，从事能源审计的专业审计公司也比较多。但在国内，能源审计多为政府的官方行为，由铁路客运站直接授权的能源审计活动还不多。但从能源审计的内容来看，铁路客运站完全能够联合高校、科研机构、专业审计公司等单位，进行对铁路客运站能源消耗情况的调查、统计与分析。在本项目便对北京西站、上海站、哈尔滨站、长沙站等四个大型铁路客运站进行了能源消耗的调查、统计和分析，其内容与能源审计一致。

8.2.1.4　节能标准化管理

能标准化是以能源系统为对象，运用标准化的原理和方法，对重复性事物和概念通过制定、发布和实施节能标准，达到统一，以获得最佳秩序和社会效益的活动。节能标准是指在节能领域内，对普遍的广泛通用的共性认识的统一所制定的标准。

1. 节能标准化对节能的主要作用

节能标准化是节能法制和节能技术经济政策的具体化，是节能科学管理的基础和手段，是深入节能的重要途径。节能标准化对于节能的作用在于：一是节能标准化对杜绝能源浪费具有法律作用；二是节能从标准化入手，对于减少能源开发、加工、输送、转换和消费过程中所产生的能源损失可以起到规范作用，从而提高系统的能源利用率；三是通过采用国际标准和国外先进标准，可以提高我国耗能产品制造的标准化水平，促进节能型产品的发展。

2. 节能标准制定、修订的基本原则

在制定节能标准时，除了《标准化法》所规定的标准制定的原则外，还要结合国家有关节能方针政策、法律法规，根据标准化原理，用系统工程的理论和方法，以节约能源，减少环境污染，获得最佳经济效益为宗旨，指导节能标准的制定。因此，节能标准制定、修订的基本原则是：

制定节能标准时要遵循国家确定的能源开发与节约并重的原则，要根据使用要求和工作条件等综合考虑，合理利用国家资源。

制定节能标准要充分考虑使用要求，必须在现行的耗能基础上，以实现进一步节能的目的，其指标建立在科学研究、试验验证、对比分析的基础上，使节能标准具有先进性。

制定节能标准特别要注意综合标准化的要求，要注意严格统一性、协调一致性、衔接配套性。应按照标准化基本原则"简化、统一、协调、优化"，指导节能标准的制定。

制定节能标准应做到技术上先进、经济上合理、使用上安全、有利于环境保护，注意理论与实践密切结合，有些耗能指标应研究采用目前在国际上普遍使用的能效等级方法，对耗能指标进行分等、分级。制定节能标准应以节能新技术和先进的生产经验为基础，标准规定的技术指标和要求应当适应节能技术经济发展的水平，力求反映节能技术的先进成果。节能标准不仅在节能技术上要先进，同时必须经济上合理。节能标准只有具备先进水平，才能促进节能技术进步，才能提高企业合理用能水平，提高能源利用率。而经济上合理，才能使节能投资获得最大的节能效益和经济效益。

制定节能标准应把生产实践中积累起来的提高设备用能效率，降低能耗的合理用能经验和先进的节能操作方法及有关节能管理经验，尽量以标准形式规定下来，推广应用。

密切结合我国的国情，积极采用国际标准和国外先进标准。

3. 节能标准体系的作用

节能标准体系是由节能领域内具有一定内在联系的标准组成的科学有机整体，用来说明节能标准化的总体结构，反映节能领域内整套标准的相互关系。

节能标准体系表是节能标准体系的图表表现形式，把必需的现行标准、正在制定的标准和预计应制定的标准按其性质、类别和标准间的隶属配套关系，逐项分层、分门别类地安排在图表的确定位置上。

建立节能标准体系的作用主要是：反映节能标准化工作的整体框架和发展蓝图；指导节能标准制定、修订计划的编制；为采用国际标准和国外先进标准提供全面准确的信息；为安排标准化科研计划提供依据；有助于生产科研及管理工作。

现代铁路客运站一方面要积极采用国际标准和国外先进标准；另一方面，要密切结合我国国情以及当地发展水平和客运站实际情况，制定出合理的节能标准，为节能工作提供依据。

8.2.1.5 节能监测

1.节能监测的含义

节能监测是指由政府授权的节能监测机构，依据国家有关节约能源的法规(或行业、地方的规定)和技术标准，对能源利用状况进行监督、检测以及对浪费能源的行为提出处理意见等执法活动的总称。

2.节能监测的目的和意义

节能监测的性质是行政执法活动，其目的是保证节能法律法规和节能技术标准的贯彻执行，以法律手段调节能源开发、输送、加工转换、分配利用等各方面的关系，最终达到以最小的能源消耗取得最大的经济效益和社会效益的目的，也就是说，节能监测的最终目的在于促进社会的节能工作，它的意义也正在于此。

3.节能监测标准

节能监测是依据国家有关节约能源的法规和技术标准对能源利用状况进行监督检测。开展节能监测工作的技术依据，特别是开展对耗能设备的节能监测，首先必须制定设备的节能监测标准。节能监测标准是节能监测管理的重要技术依据和手段，没有大量的节能监测标准，就谈不上节能监测的有效实施。

节能监测标准是人们在开展节约能源活动中基于对能源利用过程进行监督的需要而产生的，是一种为了取得最佳的能源利用效果，在总结实践、科学分析和充分协商研究的基础上，对设备运行过程中能反映其能源利用效果并能有效地实施监督的内容和要求，以特定的程序、形式颁发的统一规定。制定节能监测标准是从节约能源、合理利用能源的要求出发的，最终目的是为了取得最大的经济效益和社会效果。效果的好差、效益的高低是衡量标准是否先进的主要依据，也是推动节能监测标准水平不断提高的动力。由于标准的产生是对生产实践活动经过大量调查总结、科学分析计算并经过充分协商研究的过程，因而体现了标准的科学性、可行性。标准最终是依据标准化法和其他有关法规的要求以特定的程序和形式颁发的统一规定，这一规定在其有效期和规定的范围内是必须遵守、不能违背的，因而体现了标准的严肃性、权威性和法制性。贯彻实施节能监测标准既体现了贯彻执行节能法规的要求，又体现了贯彻执行标准化法的要求。

4. 节能监测的方法和要求

节能监测测试计算方法应科学、简便，尽可能采用现场仪表和先进的便携式仪表，在保证测试数据准确度要求的前提下，计算方法要尽可能简化。节能监测测试要求中应列入影响测试数据的可靠性和可比性的监督检查内容，如：

(1)设备负荷率

设备负荷率是否列入监督检查项目是有争议的问题之一。一般情况下，设备在额定工况下运行效率最高，此外，在额定负荷条件下进行监测比较合理和具有可比性。但目前不少企业的一些设备，由于种种原因，不可能在额定负荷条件下运行，若硬性作出额定负荷的要求，既难以在实际中执行，而且这样反而不能反映设备运行的实际情况，从而使节能监测失去其实用价值，所以，监测工况确定在生产稳定的正常负荷条件下进行是较为适宜的，在监测要求中可以对设备负荷率作适当的规定。

(2)产品质量

产品质量合格是进行节能监测的前提。监测设备效率和产品单耗时，产品的合格率更有直接的关系。前面已经提到，质量参数可列为监测项目也可列为检查内容，这样才能保证监测结果的真实可靠。

(3)监测时间、测试次数、测点布置

应根据具体情况做出合理要求,以保证测试结果准确可靠,除此以外对正常操作和测试环境也应提出必要的要求。

5.节能监测的主要内容

节能监测的主要内容有:检测、评价合理使用热、电、油及主要载能工质状况;对供能质量等情况进行监督、检测;对节能产品的能耗指标监测、验证;对用能产品、工序的能耗检测、评价;对用能工艺、设备、网络的技术性能检测、评价;监察企业及其内部各供用能单位的节能管理现状;参加新建、改建、扩建、节能技术改造工程(项目)的能源合理利用评价(论证);对新建、改建、扩建、节能技术改造工程(项目)的节能效果检测、评价(竣工节能验收);对节能特等炉能耗指标在线检测、评价;对节能特等工序审核、评价;对企业的能源计量完善程度和能源统计数据的准确性、可靠性进行监察;对企业的综合监测。

节能监测与节能标准化管理密不可分,一方面,节能监测依据国家有关节约能源的技术标准,对能源利用状况进行监督、检测;另一方面,铁路客运站通过实施节能监测,为节能标准化管理提供必要依据,能够进一步促进节能标准化管理更科学、更合理的实施。

8.2.2　节能管理新措施

8.2.2.1　合同能源管理

1.合同能源管理的概念

20 世纪 70 年代中期以来,一种基于市场的、全新的节能新机制——合同能源管理(Contract Energy Management,CEM)在市场经济国家中逐步发展起来。基于这种节能新机制运作的专业化的节能服务公司(Energy Service Company,ESCO)的发展十分迅速,尤其是在美国、加拿大和欧洲,ESCO 已发展成为一种新兴的节能产业。CEM 机制的实质是以实施节能项目取得的节能收益来支付项目全部费用的节能筹资方式。

CEM的实施是通过节能服务公司来运作的，节能服务公司是一种全新的节能运行机制，是为了克服推行需求侧管理和综合资源规划的障碍而发展起来的。成立ESCO，通常要得到政府、企业或银行的支持。其运作以效益分享为基础，先由ESCO对用户进行节能诊断，提出方案，签订合同后，由ESCO为项目筹资，采购并安装设备，培训人员，投产运行，用户按合同规定，用节能效益向ESCO支付项目费用。ESCO服务的客户不需要承担节能实施的资金、技术及风险，并且可以更快的降低能源成本，获得实施节能后带来的收益，并可以获取ESCO提供的设备。

合同能源管理与其他节能项目最大的不同是：它推销的不是产品或技术，而是推销一种减少能源成本的财务管理方法。通过节能投资服务管理，客户见到节能效益后，实施CEM的公司才与客户一起共同分享节能成果，取得双赢的效果。同时，合同能源管理具有节能效率高、客户零投资、投资回收短、节能更专业、技术更先进、客户风险低、管理更科学等优点。

2. 节能服务公司的经营模式

能源服务公司在国外简称ESCO，在国内简称EMC(Energy Management Contract)，一种以合同能源管理机制运作、以赢利为目的的专业化公司。

EMC是一种比较特殊的产业，其特殊性在于它销售的不仅是产品或技术，更重要的是EMC为客户提供的综合性的节能服务，也就是为客户实施节能项目，其实质是EMC为客户实现节能量，项目的节能效益占项目总效益的一半以上。EMC一般通过以下步骤向客户提供综合性的节能服务。

(1)能源审计

EMC针对客户的具体情况，评价各种节能措施。测定客户当前用能量，提出节能潜力之所在，并对各种可供选择的节能措施的节能量进行预测。

(2)节能改造方案设计

根据能源审计的结果，EMC为客户的能源系统提出如何利用成熟的技术来提高能源利用效率、降低能源成本的整体方案和建议(这种方案区别于单个设备的替换或节能产品和技术的推销);如果客户有意向接受 EMC 提出的方案和建议,EMC 就为客户进行项目设计。

(3)能源管理合同的谈判与签署

在能源审计和改造方案设计的基础上,EMC 与客户进行节能服务合同的谈判。在通常情况下,由于 EMC 为项目承担了大部分风险,因此在合同期(一般为 3 年左右)EMC 分享大部分项目效益,小部分效益留给客户;待合同期结束,全部效益归客户所有。因此,“合同能源管理”是 EMC 和客户双方都受益的机制,即双赢机制。在某些情况下,如果客户不同意签订能源管理合同,则 EMC 将向客户收取能源审计和项目设计费用。

(4)原材料和设备采购

EMC 根据项目设计负责原材料和设备的采购,其费用由 EMC 支付。

(5)施工

项目的施工是由 EMC 负责的,通常由 EMC 或委托其他施工机构进行。在合同中规定,客户要为 EMC 的施工提供必要的条件和方便。

(6)运行、保养和维护

在完成设备安装和调试后即进入试运行阶段。EMC 为客户培训设备运行人员,负责试运行期的保养和维护,并承担有关的费用。

(7)节能及效益保证

EMC 与客户共同监测和确认节能项目在合同期内的节能效果,以确认在合同中由 EMC 方面提供项目的节能保证。

(8)EMC 与客户分享节能效益

由于对项目的全部投入(包括能源审计、设计、原材料和设备的采购、土建、设备的安装与调试、培训和系统维护运行等)都由 EMC 提供,因此在项目的合同期内,EMC 对整个项目拥有所有权。客户以节能效益分享的方式逐季或逐年向 EMC 支付项目费用。在根据合同所规定的费用全部支付完以后，EMC 把项目交给客户，客户即拥有项目的所有权。

(9)项目资金的来源

EMC 的资金来源可能是：EMC 的自有资本，银行商业贷款，政府贴息的节能专项贷款，设备供应商允许的分期支付，电力公司的能源需求方管理基金，国际资本等。

3. 合同能源管理在现代铁路客运站推广的前景

过去，我国的节能工作主要是通过政府节能主管部门、各级节能服务机构和企业节能管理部门三位一体的能源管理机制运作。对于铁路客运站而言，即铁道部、铁路局、客运站，三级机构共同进行节能管理。这一节能体系在原来的计划经济体制下，发挥了重要的作用，取得了显著的节能成就。但是，随着我国经济体制面向市场的转变，原有的节能管理体制已不适应变化了的形势，也必须随之转变。

(1)铁路客运站的主要社会和经济功能与节能无关，这就决定了铁路客运站本身并没有很强的节能意识和专业的节能技术。铁路客运站采取节能措施，往往是在发现了某一巨大能耗之后，只是针对单一能耗进行节能，并没有系统、彻底地对已有的能耗情况进行调查研究，采用的节能技术也不具有专业性。正因为铁路客运站节能管理存在滞后性、单一性和非专业性，使得客运站的能源消耗情况不能得到系统、专业的改善。而 EMC 作为专业的能源服务公司，无论是节能意识还是节能专业水平，都大大超过客运站本身。EMC 可以更系统、更科学地分析铁路客运站的能源消耗情况，并且带有前瞻性。同时，EMC 拥有专业、先进、成熟的节能技术，并且拥有成功的节能案例。交由专业的 EMC 对铁路客运站进行节能管理，会更高效、更安全。

(2)铁路客运站进行节能改造或节能管理，需要大量的资金支持，这对于多数客运站而言都是一笔不小的开支。以合同能源管理开展的项目，铁路客运站可通过 EMC 获得部分或全额项目融资，以克服资金障碍。因为 EMC 为客户实施的节能项目，通常会有明显的节能及经济效益，具有高回报率，一般的项目投资回收期在 3 年左右。铁路客运站可以节约的能源费来偿还项目贷款及支付 EMC 的服务费用，并取得自身的经济效益。

(3)合同能源管理可解决铁路客运站开展节能项目所缺的资金、技术、人员及时间等问题，让现代铁路客运站将更多的精力集中于主营业务的发展。

4. 现代铁路客运站实施合同能源管理的阻碍

(1)EMC 的企业规模、技术水平、资金实力、经营状况等情况良莠不齐，使得铁路客运站在选择服务时难以选择而且容易盲目。

(2)铁路客运站作为国有企业，其管理具有行政命令运作的特点，缺乏自由性。当一个客运站要进行节能改造时，要向主管路局进行汇报，在得到许可之后方能进行，一些大型的工程甚至要上报铁道部。铁路客运站的这一特点使得在进行合同能源管理的时候具有相当大的局限性，不能完全市场化的运作。

(3)大多数铁路客运站从自身的短期经济利益考虑，把主要注意力放在客运主业上，对节能工作不够重视；或者由于资金限制，往往采用局部节能、逐步节能的方式，很少考虑系统、全局节能的合同能源管理模式。

(4)对于很多企业而言，水、电等能源就是它们的命脉，对于铁路客运站也是如此。因此，作为公共建筑的铁路客运站往往会认为实施合同能源管理、由 EMC 进行能源管理存在着风险，管理层也为了避免出现意外而放弃实施合同能源管理。

5. 合同能源管理案例(中央空调)

中央空调是现代铁路客运站的主要能耗设备。以下是某 EMC 对铁路客运站通过采用先进的中央空调控制系统进行节能改造：

(1)由 EMC 对需要改造的客运站进行实际考察，包括地理条件、气候条件以及该客运站现在使用的中央空调系统。

(2)决定需要解决的问题，提出改造方案，包括采用的设备和技术。

(3)通过合同能源管理方式运作,签订合同,合同中包括双方的责任、节能效益的分配和设备的产权归属,具体如下:

1)双方的责任

铁路客运站的责任:提供设备的安装条件和场地;负责设备的使用、管理;负责耗电量记录和节能收益计算,并按合同规定向节能服务公司支付节能收益。

EMC 的责任:负责现场能源效率诊断;负责节能改造方案设计;负责设备的制作、运输、安装、调试和用户培训;负责设备的运行保障;负责节能监测和节能量保证。

2)节能收益的分配

采用铁路客运站与 EMC 共享项目实施后节能收益的原则。

本项目合同期为 3 年。合同期内,从节能改造完毕正式验收并移交铁路客运站使用之日开始,3 年内 EMC 分享节能收益的 90%,以回报其投资;铁路客运站分享节能收益的 10%。合同期满后,全部节能收益归铁路客运站。

3)设备的产权归属

合同期内,设备的所有权归 ENC,客户只享有设备的使用权。合同期满后,EMC 将设备所有权移交给铁路客运站,铁路客运站拥有设备及全部节能收益。

(4)由专业能源审计机构对节能效果进行检测,包括节能效益和环境效益。

上述案例的特点和经验是一方面把合同能源管理模式作为市场营销的重要手段,促进铁路客运站实施节能改造,共享节能效益;另一方面是采用了相对完善的风险控制手段,包括技术风险、设备风险、人员风险、市场风险等,保证了现代铁路客运站合同能源管理项目的顺利实施和圆满结束。

8.2.2.2 电力需求侧管理

需求侧管理(Demand Side Management,DSM)是指采取有效的激励措施,引导消费者改变用能方式和时间,使资源得到优化配置的活动。这种管理技术首先在网络化供应的电力、煤气、热力等公用事业部门中使用，其中在电力事业上应用比较成熟，并取得明显的效果。

在电力事业推行需求侧管理旨在减少不合理的电力消耗，提高用户终端用电效率，节约能源；减少用户在电网高峰时段对电力的需求，以提高电网的负荷率及其运行的经济性，并减少或延缓新增的发电装机容量。在减少电能消耗的同时，减少发电废物的排放量，改善和保护环境。因此，需求侧管理是当前国际上推行的一种先进的能源管理技术。

1. 电力需求侧管理的概念

电力需求侧管理简称 DSM，DSM 的定义大致可以表述为：通过有效的激励措施，引导电力用户优化用电方式，提高终端用电效率，优化资源配置，达到节约能源、改善和保护环境的目的，是促进电力工业与国民经济、社会协调发展的一项系统工程，对实现能源、经济、环境的协调发展具有重要意义。

这个定义概括了 DSM 的三大功能：提高终端用电效率、节省资源、改善环境。电力需求侧管理将综合资源规划方法在电力资源规划上运用。即除电力供应方资源外，还把需求方提高用电效率减少的电量消耗和改变用电方式降低的电力需求视为一种资源同时参与电力规划。

2. DSM 运营特点

(1)DSM 与三电管理的区别

DSM 与 20 世纪 70 年代推进的三电管理(即计划用电、节约用电和安全用电)存在本质上的差异，三电管理是计划经济条件下电力紧缺时期的产物，节电在一定意义上是按紧缩的计划用电，目标是减少电量的消耗缓解供需矛盾，根本谈不上保护环境和提高电能利用效率。

而 DSM 则是在市场经济条件下，借鉴国外发达国家如美国、日本、加拿大、德国等国成功的节约用电管理办法。从过去的单纯强调节省、少用发展到鼓励多用电，引导用户更科学更合理地把电用好，同时还要突出环境保护和资源节约的社会效益。真正含义上的 DSM 是指"通过提高终端用电效率和优化用电方式，在完成同样用电功能的同时减少电量消耗和电力需求，达到节约能源和保护环境，实现低成本电力服务所进行的用电管理活动"。它需要有供电方、用电方、节电中介机构、节能设备制造商及全社会的共同参与，它是三电管理活动的提高和发展。

所以电力需求侧管理与电力部门传统的用电管理相比本质上不是一码事，而是管理方式的一种演进和变革。

(2)实施 DSM 运营供用电双方都是赢家

电力需求方即用户是实施 DSM 的对象，实施 DSM 运营中可获得实实在在的利益，大幅度降低生产成本甚至可使一个濒临倒闭的企业起死回生。而供电企业是实施 DSM 的主体同样也是受益者。

从表面上看，更多的用户实施 DSM 节电效果好，既节约用电量，又降低用电均价这样会导致供电方售电量、均价和经济效益整体下降，其实不然。

用户重视削峰填谷，促使电网负荷率提高，发配电设备利用率相应提高，电网运行状况得以改善，缩小了峰谷差的同时，降低了输配网络的线损，这样从整体上提高了电网的经济性；用户实施 DSM，高峰期腾出供电容量满足了不同需求的用户，降低了拉闸限电的概率，增加了售电收入；用户实施 DSM，用户用电单价下降，可刺激用电消费，加速电代油、电代气、电代煤，淘汰自备燃油机组，扩展了电力市场；用户实施 DSM，实实在在地降低了生产成本，提高了市场竞争力，求得了自身生存和发展的同时，又促进了电力的发展；用户实施 DSM，成本下降，利润上升，企业有了效益，这样电费支付困难就小，供电企业电费收缴率自然会高；用户实施 DSM，住宅区移交供电局直供，实施"两电分离"，这样可以让用电企业腾出手来抓生产，而供电企业在接管工业企业住宅区用电管理改造工程中可以发展，扩大了管理领域，在完善服务中使售电量成倍上升。

3. DSM 的技术手段

电力需求方管理的目标，主要集中在用户电力和电量的节约上。通过负荷管理技术改变用户的用电方式，降低电网的最大负荷，取得节约电力、减少电力系统装机容量的效益；通过用户采用先进技术和高效设备提高终端用电效率，减少电量消耗，取得节约电量效益，同时获得节约电力减少系统装机容量的效益。

4. DSM 的目标

目前我国电力发展的现状是：一方面，电力需求增长势头迅猛，一次能源供应后劲不足，隐忧不断，近期电力发展受到煤炭供应、淡水资源、铁路运输和环境容量的严重制约；另一方面我国能源效率低，能源浪费严重。如果这种情况不加改变，电力工业将难以承担起有效支撑国民经济和社会发展的重任。因此，我国电力工业必须坚持全面、协调、可持续的发展观。在这方面，DSM 发挥着非常重要的作用。通过加强 DSM，采用节能技术和节能产品，提高能源利用效率，实现最小成本服务。同时，通过加强 DSM，缩小电网峰谷差，提高电网负荷率，发电侧避免了频繁调整发电出力，能够减少煤、油和水等自然资源的消耗，也同样促进了电力与资源、环境的协调发展。通过 DSM 缓解电力供应紧张的压力，只是权宜之计；作为促进电力与经济、资源、环境协调发展的能源战略，才是 DSM 的使命所在。

对于铁路客运站而言，电力消耗达到了总能耗的 30%左右，采用电力需求侧管理，减少不合理的电力消耗，提高终端用电效率，对铁路客运站节能具有重大意义。

8.2.2.3　能源效率标识

能源效率标识是附在用能产品上的一种信息标签，用于表示产品的能源性能（通常以能耗量、能源效率或能源成本的形式给出），为消费者（包括企业、政府和个人）的购买决策提供必要的信息，以引导和帮助消费者选择能效更高的产品。

能效标识可以强制实施，也可自愿实施，从已实施此项制度的国家和地区来看，绝大多数采用强制方式，由政府节能主管部门组织实施。能效标识制度投入少、见效快、对消费者影响大。目前，已有 37 个国家和地区实施了能效标识制度，取得了显著的节能、环保和经济效益。

建立和实施能效标识制度，是市场经济条件下政府节能管理的一项重要措施；是发挥市场机制作用，促进企业节能技术进步，不断提高产品能效水平的有效途径；是规范节能产品市场，创造公平的市场环境的有力手段；是提高我国节能产品市场竞争力，积极应对绿色贸易壁垒的客观要求。建立和实施能源效率标识制度，对提高耗能设备能源效率，提高消费者的节能意识，加快建设节能型社会，缓解全面建设小康社会面临的能源约束矛盾具有十分重要的意义。

1. 能效标识的分类

按照国际通行的概念，能源效率标识的广义概念是指附在用能产品上的信息标签，主要用来表示产品的能源性能，通常以能耗量、能源效率或能源成本的形式给出，以便在消费者购买产品时，向消费者提供必要的信息。经过 20 多年的发展，能效标识制度不断完善，标识种类也不断增多。目前，主要有 3 种标识类型：保证标识、比较标识和纯信息标识。

(1)保证标识

保证标识，也可称为认证标识或认可标识，主要是对数量一定且符合指定标准要求的产品提供一种统一的、完全相同的标签，标签上没有具体的信息。例如许可证、合格证、全羊毛标志、真皮标志、一等品、二等品等，不管其规范与否，均属于保证标识。

美国的"ENERGYSTAR(能源之星)"及我国的节能产品认证即属于保证标识。能效保证标识只表示产品已达到或超过某一能效水平，而不能表示达到程度的高低。这种标识通常针对能效水平排在前 10%～20%的用能产品，即仅限于在市场中能效水平很高的产品，使用它主要用来帮助消费者区分相似的产品，使能效高的产品更容易被认同，如紧凑型荧光灯比白炽灯更节能。保证标识一般采用自愿性原则。

(2)比较标识

比较标识通过不连续的性能等级体系或连续性的标尺，为消费者提供有关产品能耗、运行成本、能效或其他重要特性等方面的信息，这些信息易被消费者理解。消费者在做出购买决定时，可将能效与价格、可靠性、便捷性和其他一些特性一同考虑，并且可与相似产品的能源性能进行比较。

根据表示方法的不同，比较标识可进一步分为能效等级标识和连续性比较标识。

能效等级标识——这种标识使用分级体系，为产品建立明确的能效等级，使消费者只需查看标识，就能很容易地知道这种型号产品与市场上同类型产品的相对能效水平，并了解它们之间的差别。这种标识有时还包含该型号产品的运行特性、价格、能耗等具体信息。采用能效等级标识的国家和地区有很多，如欧盟、伊朗、巴西、澳大利亚、新西兰、韩国、中国香港和泰国等。

连续性比较标识——这种标识使用带有连续标度的标尺来表示该型号产品在所有同类型产品中的相对位置，消费者可从中得到对比信息，进而作出购买选择。美国、加拿大采用的是连续比较标识。

国际实践证明，用等级标识标注产品能源性能，简单、明确；容易被消费者和用户“读懂”，最能影响其消费行为。

(3)纯信息标识

纯信息标识只提供与产品本身有关的技术信息，如产品的年能耗量指标等，运行费用及其他重要特性等具体数值，而没有反映出该类产品在市场上的平均能耗水平。除了业内人士，普通消费者看不出标识所给的信息到底是高是低、是好是劣，类似于产品标牌所给的信息但更详细，用户无法与其他同类型产品直接比较。这类标识只包含纯技术信息，不便于消费者进行比较和选择。目前菲律宾等少数国家使用纯信息标识。

2. 能效标识的作用

总结各国能效标识的实施经验，能效标识主要有 4 个方面的作用:一是给消费者提供信息,以便他们能够做出知情选择(选择最高效和适用的产品);二是鼓励制造商改善产品的能源特性;三是鼓励销售商销售高能效的产品;四是为政府决策提供信息,并为国家带来节能与环保效益。

3. 能效标识的主要特点

(1)统一性

以前没有建立统一的能效标识管理制度,一些企业为开拓市场或以促销为目的,在产品上粘贴了采用标准不一、式样各异的能源效率标识。与此同时,有的地方和中介组织,鼓励企业"自愿"粘贴经自己"公正"或"监制"的标识,或依据自己设立的技术规范对用能产品进行"市场准入"管理。这样形形色色的标识,由于缺乏统一的标准、统一的实施规则、统一的样式和有效的监督管理体系,很容易迷惑和误导消费者,干扰正常的公平竞争环境。能源效率标识制度的统一性表现在产品目录的统一、适用标准的统一、实施规则的统一以及标识样式和规格的统一。

(2)强制性

能源效率标识制度的本质是:基于能源效率信息的不对称性,政府建立能源效率信息披露制度,并对信息的真实性进行监管。因此是采用强制实施还是自愿实施,是能效标识制度建设中的关键。有些国家实施了自愿性的能源效率标识,如泰国、印度等国家,但大部分国家和组织如欧盟、澳大利亚、美国、加拿大、日本、菲律宾、墨西哥、韩国等都对此类型标识进行强制实施。可以说,强制实施能源效率标识是国际通行的做法。

(3)自我声明

在国际上,自我声明模式是通行做法,产品上加施标识不需要申请第三方认证,生产者可测试自己产品的能效(一般都是企业内部实验室,偶尔使用第三方的测试实验室),并在标识上表述其测试结果,自己为标识信息的准确性负责。借鉴国际成功经验,我国能源效率标识也实施企业自我声明的模式,由企业自行或委托国家认可的检测机构检测其产品的能源效率指标,以此确定产品的能源效率等级。

(4)分期分批发布产品目录

实施能源效率标识的对象是用能产品。由于用能产品门类品种繁多、同类产品的数量和耗能情况差异较大,以及实施的难度(市场成熟情况、检测能力、行业自律水平)不一,国家将以分批发布目录的形式,成熟一个、推出一个,逐步对使用面广、节能潜力大的用能产品实施能效标识制度。"节能潜力大、使用面广"是产品目录筛选的基本原则,主要是考虑实施的效果和成本效益。

4. 能效标识的应用

能效标识直观地明示了用能产品的能效、能耗以及其他比较重要的性能指标,产品的能效等级越低,表示能源效率越高,节能效果越好。目前我国的能效标识将能效分为1、2、3、4、5共五个等级,等级1表示产品达到国际先进水平,最节能,耗能最低;等级2表示比较节能;等级3表示产品的能源效率为我国市场的平均水平;等级4表示产品能源效率低于市场平均水平;等级5是市场准入指标,低于该等级要求的产品不允许生产和销售。为了在各类消费者群体中普及节能增效意识,能效等级展示栏用3种表现形式来直观表达能源效率等级信息:一是文字部分"耗能低、中等、耗能高";二是数字部分"1、2、3、4、5";三是根据色彩所代表的情感安排的等级指示色标,其中红色代表禁止,橙色、黄色代表警告,绿色代表环保与节能。

为实现节能增效,铁路客运站应该尽量通过节能标识选择最节能的产品。同时,也可以通过节能标识来对实施合同能源管理的EMC进行有效监督,提高节能的效果。

8.2.2.4 节能评估与审查

节能评估与审查是推动建筑节能的有效保证,测评机构由建设行政主管部门认定。它的作用在于:能明示建筑能耗状况;成为建筑节能的助推器;特别是可以成为实施建筑节能经济激励政策的基础。

节能评估与审查主要用于各类新建、改建、扩建的民用建筑,办理程序如下：

1. 办理项目审批

办理项目审批阶段需向政府主管部门提交项目概况；项目所在地能源供应条件；项目合理用能标准和节能设计规范；项目能源消耗种类和数量分析；项目建筑节能情况；项目主要用能设备效能指标情况；项目节能措施及效果分析；其他与项目节能有关的内容。

2. 办理项目规划

办理项目规划阶段需要向政府主管部门提交：项目方案设计；节能目标、措施和采用的规范标准；建筑专业执行节能设计标准情况分析报告；空调、给排水、电气专业执行节能设计标准情况分析报告及系统图；居住或公共建筑执行节能设计技术、设备、材料评估审查备案表。

3. 节能评估审查

建筑项目节能评估审查专家小组或节能评估机构进行技术评估审查工作，并向建设行政主管部门提交节能评估审查报告，对申报项目出具通过或者不予通过的节能评估审查意见书，作为项目审批、核准及规划审批、工程施工图设计的依据。

建筑节能评估审查的主要内容有：建筑项目是否符合国家、当地的产业政策和有关节能法律、法规、规章；申报项目是否符合国家和当地的居住建筑、公共建筑节能设计强制性标准，是否采用节能新技术、新工艺、新设备和新材料，有无采用国家明令禁止或者淘汰的落后技术、工艺、设备、材料；项目用能总量及能源结构是否合理；主要用能设备系统的各项节能措施是否合理、有效；是否提出合理化的节能建议等。

项目建设单位不得随意变更通过评估审查的节能设计方案和节能申报材料内容，因建设规模、建设内容、节能技术方案等发生变化，项目建设单位应及时以书面形式向原审查部门申请办理项目节能评估审查意见书的变更手续。工程设计单位应严格按通过审查的节能方案进行施工图设计。

依据《国务院关于加强节能工作的决定》，有关部门和地方人民政府要对固定资产投资项目(含新建、改建、扩建项目)进行节能评估和审查，对未进行节能审查或未能通过节能审查的项目一律不得审批、核准，从源头杜绝能源的浪费。

现代铁路客运站作为大型公共建筑，在新建、改建、扩建时，应该严格遵循国家规定，进行节能评估审查，从源头进行节能。

总之，现代铁路客运站在使用先进节能技术的基础上，还应该学习先进管理经验、引进先进管理措施，通过管理来实施节能。只有技术节能和节能管理双管齐下，才能真正实现合理利用能源，以最小能源消耗，获得最大的经济效益和社会效益。

为了实现铁路部门"十一五"节能减排目标，除了利用先进技术进行技术节能外；现代管理学的引入，也有助于现代铁路客运站进行管理层面的管理节能，其最终目的是合理利用能源，以最小能源消耗，获得最大的经济效益和社会效益。

8.3 车站节能认证书

铁路客运站的节能认证书以北京西站为例进行说明，见附表14-A1、14-B1 和 14-C1。

北京西站节能认证书说明北京西站候车室照度值大于推荐标准值，但是基本在舒适性照度范围 113.6～73.2 lx 内，舒适性是满足的。但是出于节能考虑，北京站候车室照明照度有降低空间，也就是就不影响舒适性前提下可以降低照度实现节能。功率认证部分可以明显看到，考虑各种因素北京站最大的照明节能空间大约为 45%，通过各种节能措施的实施可以实现节能。

通过北京西站实际的气候、建筑、灯具、照度、维护等状况，提出如节能改进建议书中所示节能措施，同时参照实际施工实例数据得到北京西站候车室照明的节能措施和相应措施下的节能潜力。

从空调认证书可以看出，北京西站空调实际能耗比标准能耗高，具有一定的节能空间，从图上看到节能空间有限，但是空调能耗占车站总能耗在50%以上，空调能耗如果降到推荐标准能耗可以实现可观节能。

根据北京西站气候、室内外温度、设备、控制、回热利用等状况提出上表所示节能建议；所示数据不具有可加性，也为有些措施是相互影响的，从表中可以知道北京西站最大的节能措施是空调主机的改进，空调变频改进措施部分节能效益是与以前比较的数据，现在北京西站已经进行了空调控制的改造达到控制节能的要求。

电梯节能认证书反映北京西站电梯节能空间较大，进行相应的改造是有经济意义的。

根据北京西站电梯、维护状况和人流特点给出北京西站电梯节能改造措施，参照实际类似改造的数据，得到改进措施节能潜力。可以看出控制改造是最优节能意义的改造。

9 铁路客运站能源评价系统介绍

为了实现铁路客运站“十一五”节能减排目标，有效地对设备、能源进行管理和使用，开发铁路能源管理系统软件成为铁路部门当务之急。为此，本课题研究中开发了铁路能源管理系统，以便在实际工作管理中具有较强的可操作性和实用性。

9.1 概　　述

铁路能源管理系统是专门为铁路部门研制、开发的一套管理软件。目前正处于开发过程之中，因此也希望能得到领导和用户的支持。该系统开发的总体目标，利用计算机技术、数据库技术，通过科学合理的管理规范与完备通用的技术规范，基于统一的信息标准整合、集成各种信息资源，构建安全、可靠、可扩展、易维护的管理平台，实现铁路部门各项管理工作的信息化，为用户提供简便、快捷的网络化信息服务。

该系统采用 C/S 模式，力求解决铁路部、铁路局和各个站段之间的业务问题。系统主要包括基本设置、人事管理、设备管理、能耗管理、旅客信息分析、舒适性分析、能耗分析、能效评价、节能对策、系统维护等主要功能。用户界面形象直观，操作简单方便；操作界面力求一致，便于理解和使用，用户只需输入基本的信息和数据，系统就可自动完成计算和报表生成。

该系统实现铁路客运站各种模拟分析，主要包括以下几个方面：

(1)旅客提前候车时间模型建立，包括灰色动态模型 GM(1，1)和到站时间分布拟合。

(2)候车室聚集人数计算模型建立，有效地实现聚集人数总体趋势分析。

(3)新风量对 CO_2 浓度影响的模拟分析，包括模型的建立、参数的取值、方程的建立、不同新风量下室内 CO_2 浓度的分析、候车室通风换气的改造方案的建议。

(4)热舒适性及其评价方法。

(5)空调能耗的模拟方法,包括空调能耗计算参数的取值、空调能耗模拟及其结果分析、空调能耗指标的研究。

(6)影响空调能耗的因素分析,包括主要因素的分析、围护结构因素的分析。

(7)自动扶梯能耗计算。

(8)分析各个站设备的能耗特点和各个部门能耗的特点。

(9)铁路客运站能效评价。

9.2　功能介绍

备注:其中的数据只是开发时作为测试用。

9.2.1　用户登陆

该界面实现的功能:通过统一的身份认证,集中用户管理、统一权限管理。用户登陆后,只能看到本用户的权限范围操作。用户登陆界面见图 9-1。

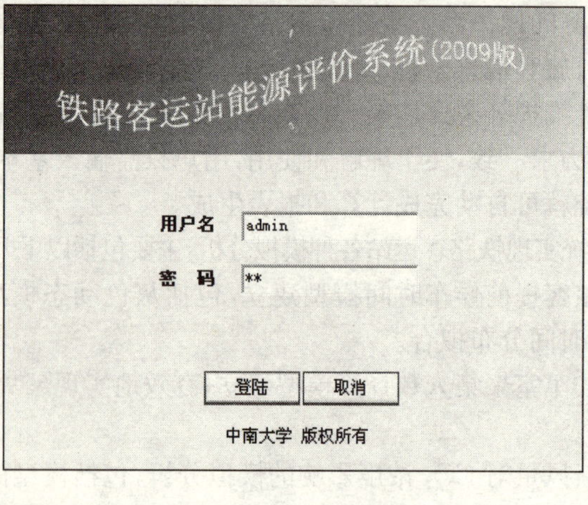

图 9-1　用户登陆

9.2.2 用户信息

用户信息与下文统计分析有关联。用户信息界面见图 9-2。

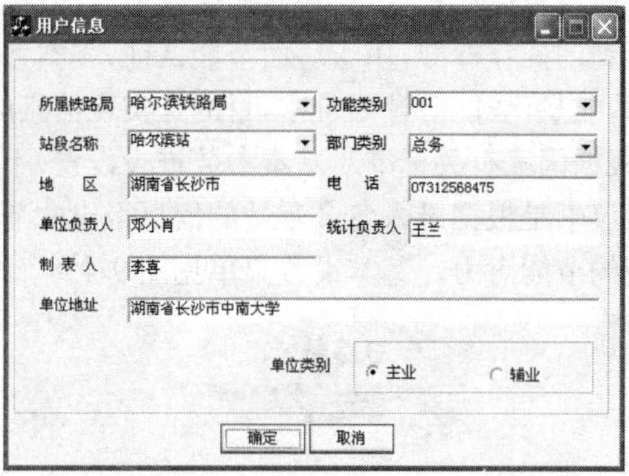

图 9-2 用户信息

9.2.3 C/S 端主菜单

铁路客运站能源评价系统主菜单界面见图 9-3。通过主菜单录入信息,实现上述各项功能。

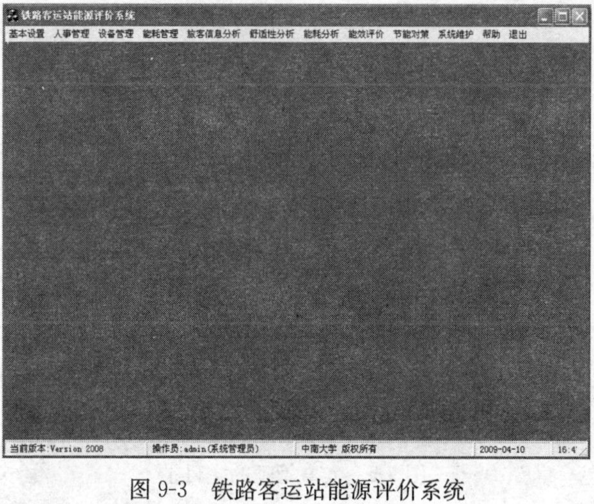

图 9-3 铁路客运站能源评价系统

9.2.4　基本设置

基本设置的目的是基本信息录入，铁路局、站段、部门、功能、设备类型这些目录信息录入后，在后面目录中显现；标准库是通过录入分析得到的推荐标准，用于后面节能认证；基本参数包括折标煤系数、节约能量比、能源计划价格，目的是实现信息的标准化、比较性，可以根据国家有关标准对基本参数进行设置，不允许随意修改。节能建议书是根据录入各个车站的信息得出的节能建议和建议下可实现的节能潜力。基本设置菜单见图 9-4。

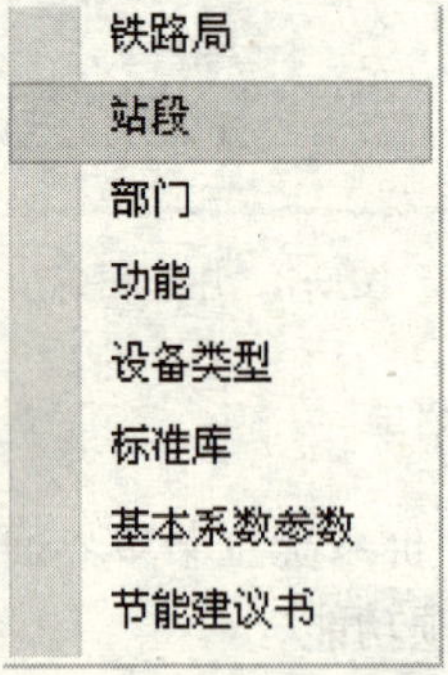

图 9-4　基本设置

9.2.5　人事管理

图 9-5 是人事管理的主目录，主要包括所示功能，规范人事基本信息数据，便于管理。图 9-6 为人员信息录入界面。

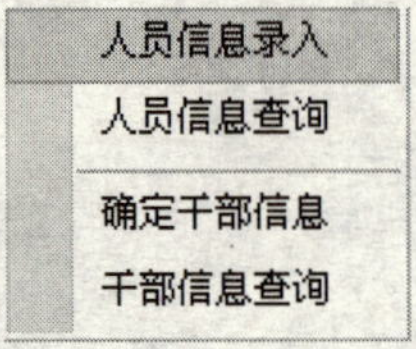

图 9-5　人事管理的主目录

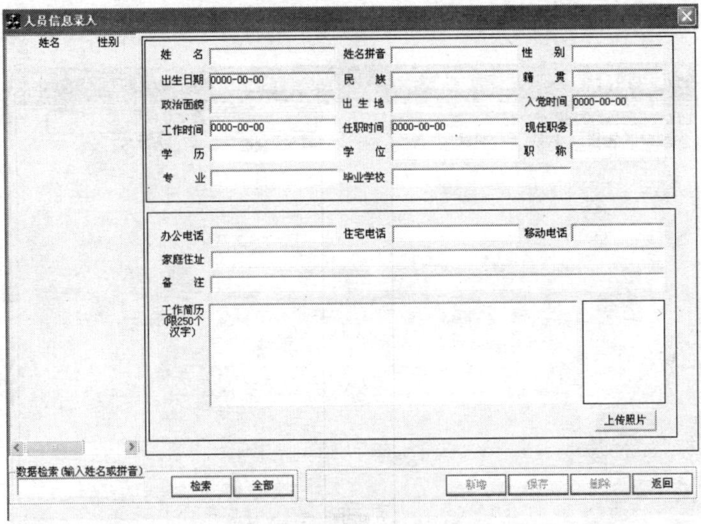

图 9-6 人员信息录入

图 9-7 用于查询管理人员信息,便于了解车站人员状况,实现人员合理配置。

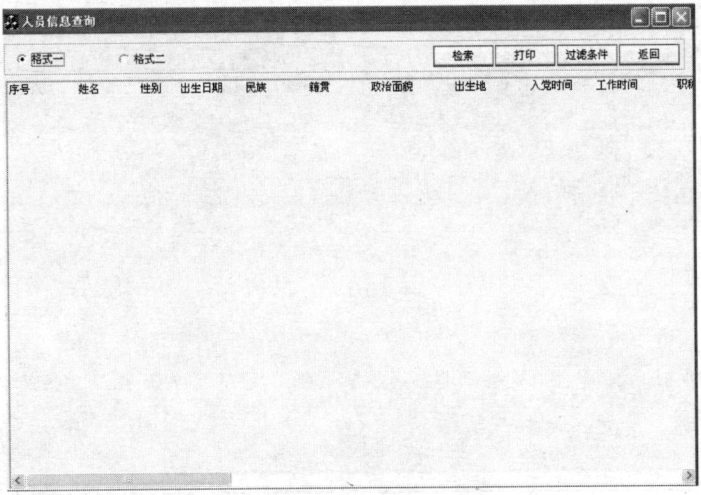

图 9-7 人员信息查询

图 9-8 录入干部信息，便于查询提高办事效率。

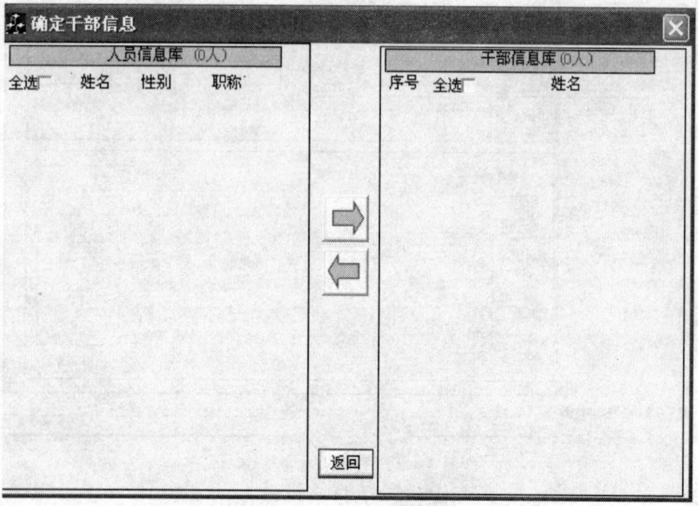

图 9-8　确定干部信息

图 9-9 用于查询干部信息，明确管理、分工。

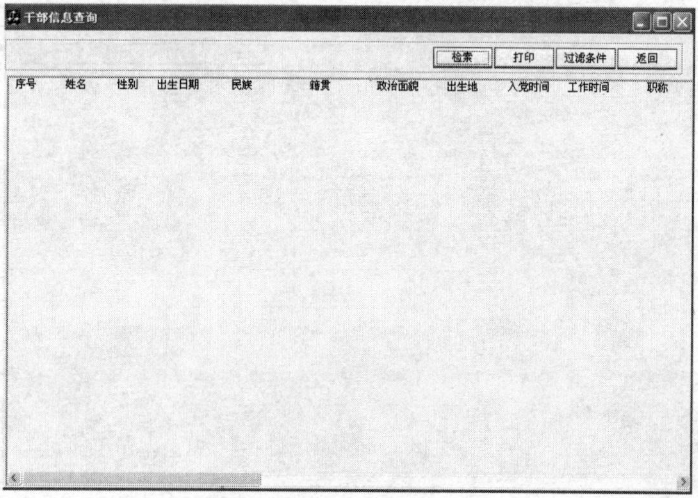

图 9-9　干部信息查询

9.2.6 设备管理

1. 设备录入(图 9-10)

图 9-10 设备录入

录入设备基本情况，为后面统计、分析和提出建议提供依据。

2. 设备能耗分析表

分析各种设备能耗状况，为节能措施的提出提供依据。

9.2.7 能耗管理

能耗管理菜单见图 9-11。

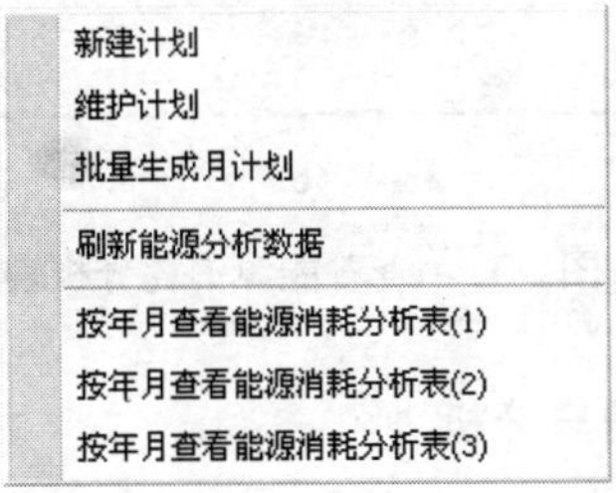

图 9-11 能耗管理

按年月查看能源消耗分析表见图 9-12。

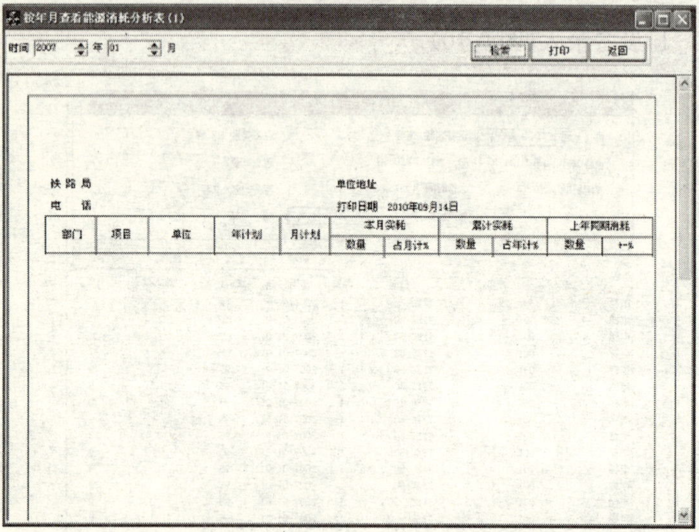

(a)

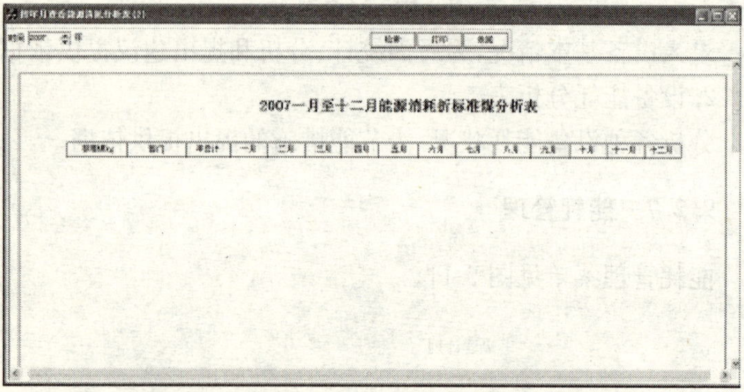

(b)

图 9-12 查看能源消耗分析表

9.2.8 旅客信息分析

旅客信息分析菜单见图 9-13。

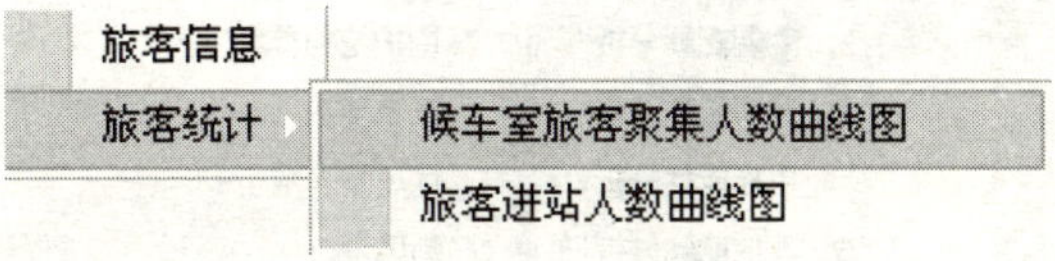

图 9-13 旅客信息分析

1. 旅客信息

2. 旅客统计

包括候车室旅客聚集人数曲线图和旅客进站人数曲线图。

9.2.9 舒适性分析

舒适性分析菜单见图 9-14。

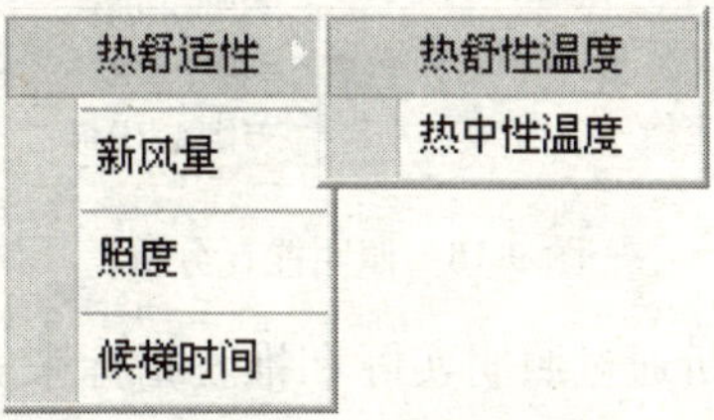

图 9-14 舒适性分析

1. 热舒适性

包括热舒性温度和热中性温度。

2. 新风量

3. 照度

4. 候梯时间

9.2.10 能耗分析

1. 空调能耗分析(图 9-15)

空调能耗分析包括两部分,第一部分是与空调负荷相关的参数,后一部分是对空调能耗的分析;分析包括空调能耗指标和被分析车站的总能耗,结合两项实现空调节能潜力的分析。

2. 照明能耗分析(图 9-16)

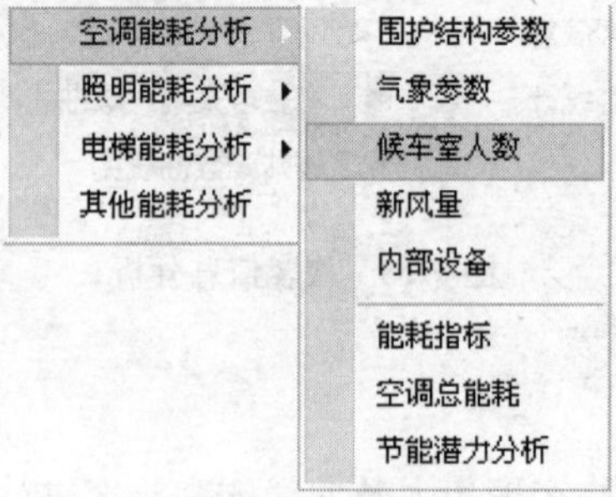

图 9-15 空调能耗分析

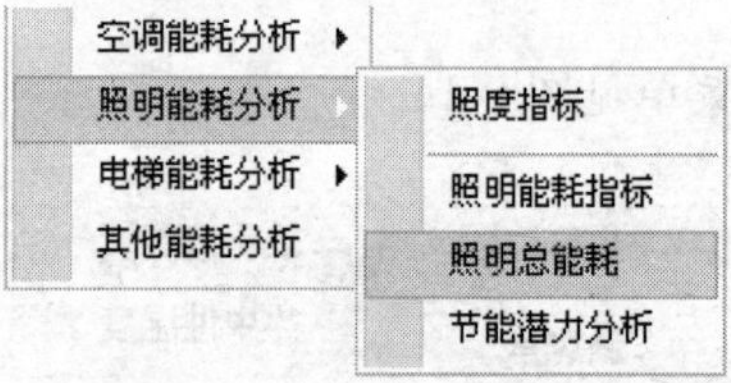

图 9-16 照明能耗分析

照明能耗分析通过照明实际和推荐指标来实现，得出照明节能潜力。

3. 电梯能耗分析(图 9-17)

电梯能耗分析同空调和照明分析一样，都是依据实际能耗和推荐指标实现分析，只是所取参数不同。

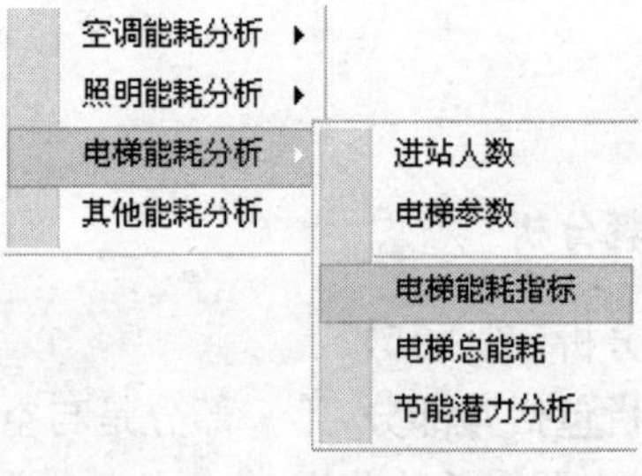

图 9-17 电梯能耗分析

4. 其他能耗分析

9.2.11 能效评价

1. 能耗(图 9-18)

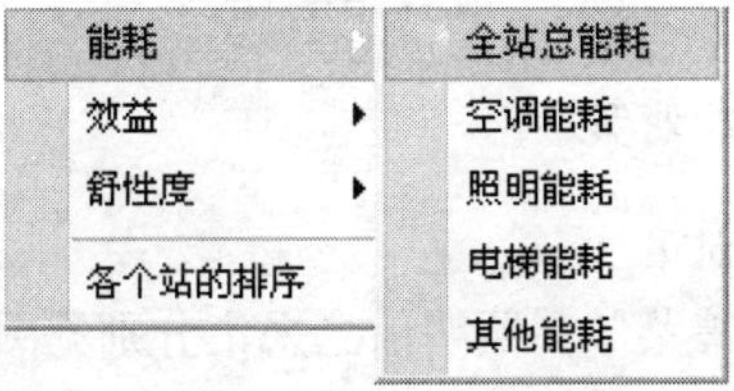

图 9-18 能耗

根据录入信息分析各种能耗的特点及其在总能耗中所占的比例，得出节能重点，为节能措施的提出以及相应节能效益的分析提供依据。

2. 效益(图 9-19)

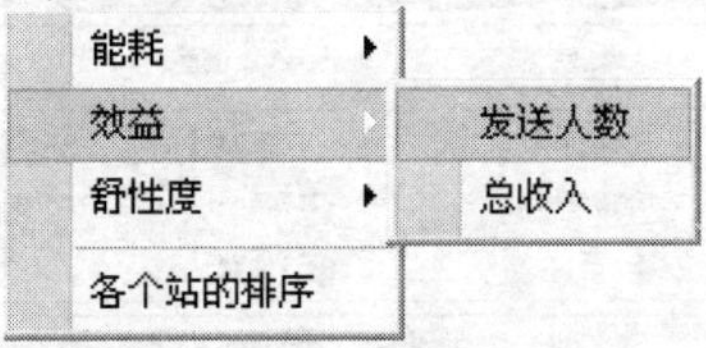

图 9-19 效益

根据车站发送人数和收入支出得出车站效益，为节能措施的实现提供现实依据。

3. 舒性度(图 9-20)

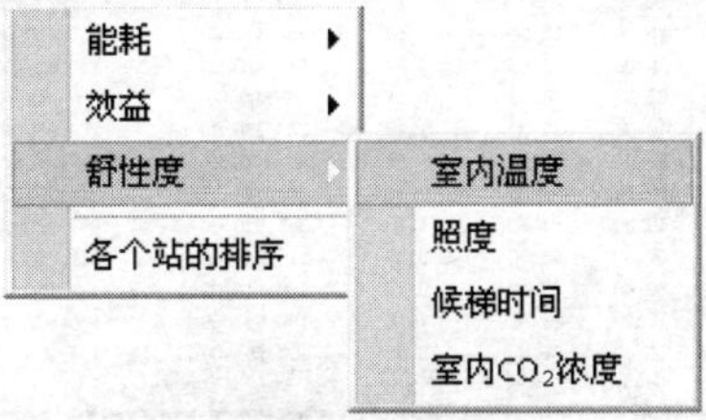

图 9-20 舒性度

根据实际情况和推荐标准的比较得出室内温度、照度、候梯、室内 CO_2 浓度舒适性的评价。

4. 各个站的排序

根据前面分析，自动生成各站能耗、效益、舒适性的排序。

9.2.12　节能对策

1. 照明节能对策

照明节能对策菜单和照明信息采集分别见图 9-21、图 9-22。

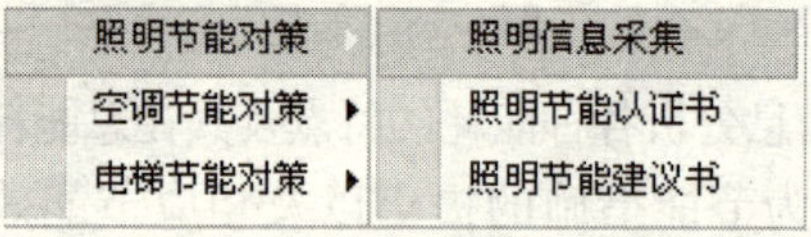

图 9-21　照明节能对策

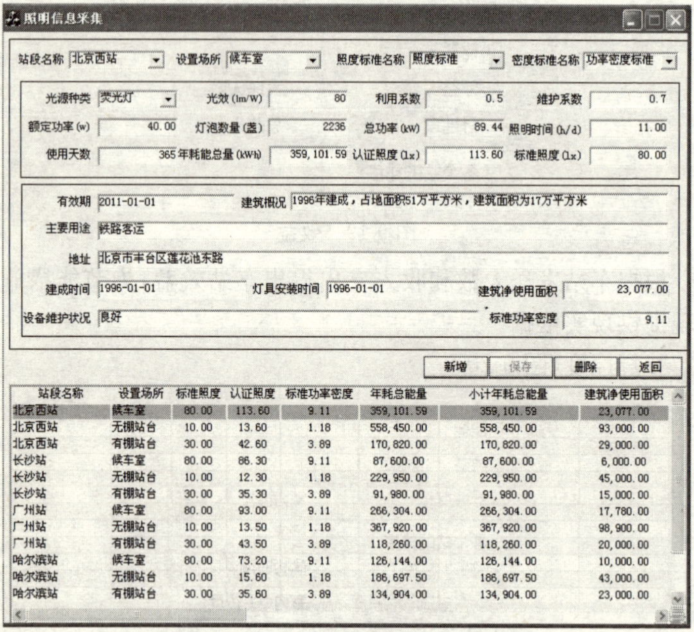

图 9-22　照明信息采集

照明信息的录入是以总的能耗来录入的，不能反映各个照明场所的具体情况，只能从整体上反应照明能耗状况，为车站整体照明节能提供依据，在后面节能认证中体现出来；其中的标准是与前面基本设置中录入标准对应的。

照明认证是对照明信息采集和前面照明标准的一个节能认证，从直观上反映照明节能潜力。照明认证书分为三份，分别为候车室照明认证、有棚站台照明认证、无棚站台照明认证；认证书在软件中是通过选择车站和场所调出的，通过选择照明认证中北京站、候车室可以得到显示的北京西站候车室的照明认证书（附表14-B1）。广州站、哈尔滨站、上海站、长沙站的照明认证书分别见附表14-B2～附表14-B5。

其中的照度认证是从照度方面来评价照明的舒适性，照度标准值80 lx是一个满足舒适性较低的一个值，其舒适性范围为73.2～113.6 lx，认证照度低于标准值就认为照度不满足要求应当提高，如果认证车站照度值大于标准值小于113.6 lx，同样认为照度是满足舒适性要求的。

照明功率密度认证是对实际照明功率密度和标准功率密度对比实现认证，直观反应节能空间。

在照明节能措施目录中选择车站、场所调出照明节能认证书，给出的节能措施是根据车站实际情况提出的，针对提出的节能措施得出相应的节能潜力，数据的得出是根据车站实际和实际施工实例数据得到的，各个措施节能潜力数据不具有可加性。

2. 空调节能对策(9-23)

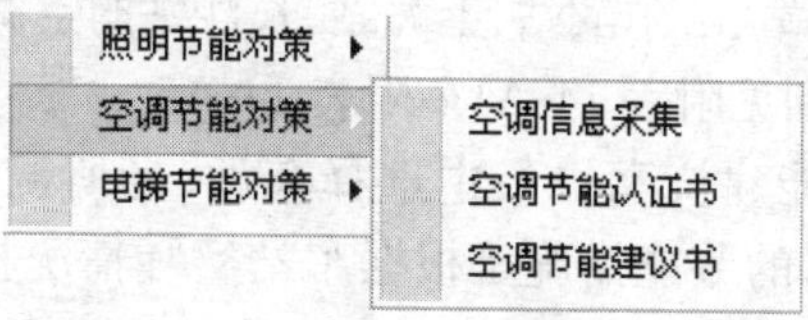

图9-23 空调节能对策

主目录给出空调节能对策的内容。空调信息采集界面见图9-24。

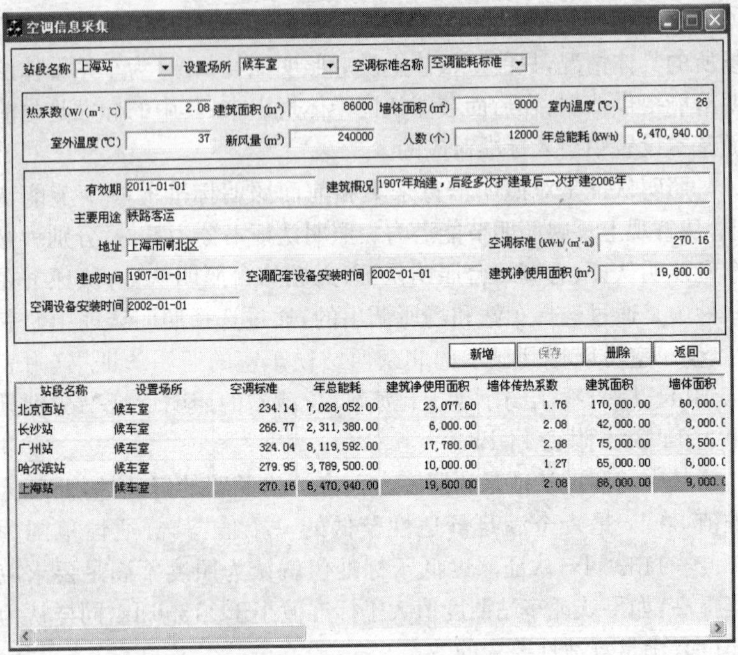

图 9-24 空调信息采集

空调信息的录入是以总的能耗来录入的，不能反映各个空调候车室的具体情况，只能从整体上反映空调能耗状况，为车站整体空调节能提供依据，在后面节能认证中体现出来；其中的标准是与前面基本设置中录入标准对应。

通过选择空调节能认证书目录中上海站、候车室可以调出上面显示的上海站候车室的空调认证书。直观反映空调节能空间。北京西站、广州站、哈尔滨站、上海站、长沙站的空调节能认证书和改进建议书分别见附表 14-A1～附表 14-A5。

在空调节能建议书目录中选择车站、场所调出空调节能改进建议书，给出的节能措施是根据车站实际情况提出的，针对提出的节能措施得出相应的节能潜力，数据的得出是根据车站实际和实际施工实例数据得到的，各个措施节能潜力数据不具有可加性。

3. 电梯节能对策(图 9-25)

给出电梯节能对策目录,电梯节能包括电梯信息采集、电梯节能认证书、电梯节能建议书三部分。

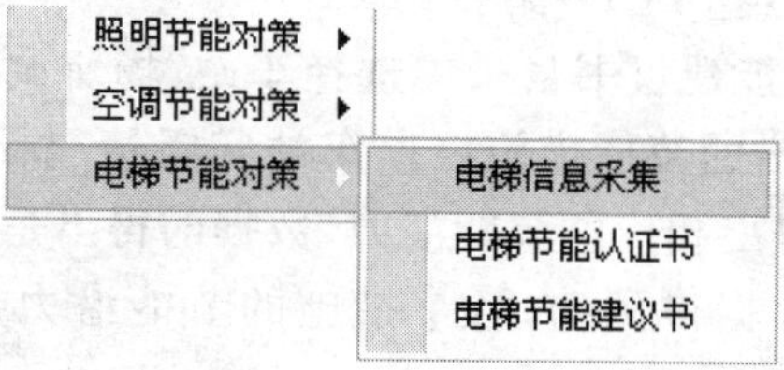

图 9-25　电梯节能对策

电梯信息采集主要包括如图 9-26 所示部分,这些信息只能从整体上反映车站电梯数量和能耗状况,为电梯节能认证书、建议书从整体上提出提供依据。

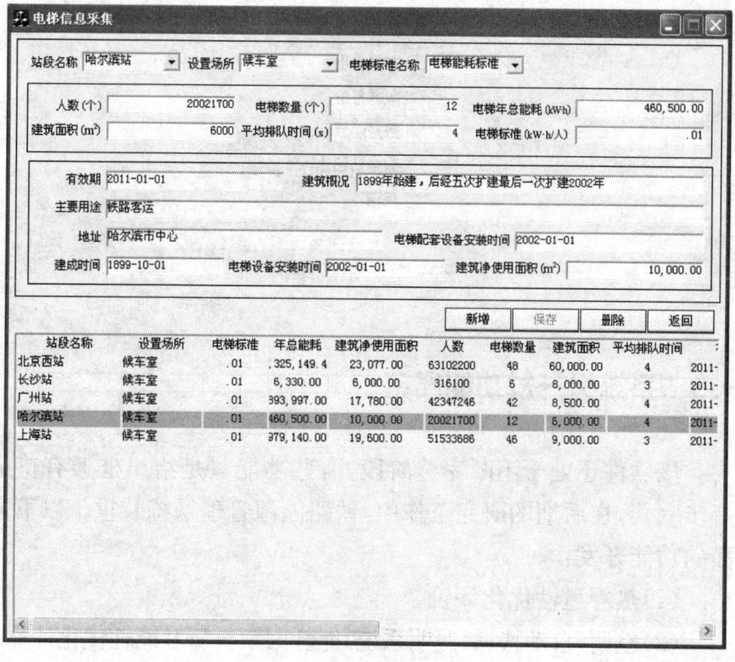

图 9-26　电梯信息采集

电梯节能认证书反映电梯实际能耗和标准能耗的差距，直观反映电梯节能空间，为节能措施实施的经济性提供依据。北京西站、广州站、哈尔滨站、上海站、长沙站的电梯节能认证书和改进建议书分别见附表 14-C1～附表 14-C5。

在电梯节能建议书目录中选择车站、场所调出电梯节能改进建议书，给出的节能措施根据车站实际情况提出，针对提出的节能措施得出相应的节能潜力，数据的得出是根据车站实际和实际施工数据得到的，各个措施的节能潜力数据不具有可加性。

9.2.13 系统维护

系统维护菜单见图 9-27。给出系统维护建议，便于软件合理安全使用。

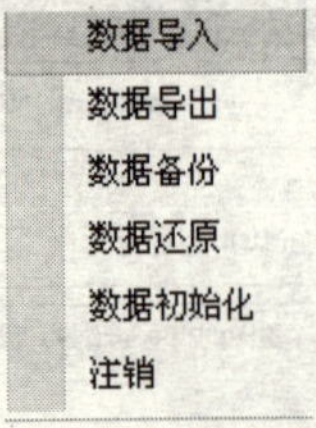

图 9-27 系统维护

9.3 系统拟开发功能展望

该软件还处于不断完善阶段，有些功能只是给出框架有待进一步完善，在后期的研究工作中，铁路能源管理系统着重于以下方面的功能开发：

(1)热舒适性优化评价。

(2)空调(自动扶梯、照明系统)能耗因素分析及能耗优化计算。

(3)铁路客运站能耗因素分析及能耗最优化计算。

9.4 小　　结

铁路能源管理系统是专门为铁路部门研制、开发的一套管理软件，利用计算机技术、网络技术与数据库技术，通过科学合理的管理规范与完备通用的技术规范，基于统一的信息标准整合、集成各种信息资源，构建安全、可靠、可扩展、易维护的管理平台，实现铁路部门各项管理工作的信息化，为用户提供简便、快捷的信息服务。针对 C/S 部分，已经开发了人事管理、设备管理、设备能耗分析、能耗管理等功能，在后期研究中，着重于铁路客运站能耗因素分析及能耗最优化计算等方面的功能开发。

10 研究报告的主要结论

研究报告以铁道部重点科技研究项目“现代铁路客运站能耗因素分析和节能对策研究”(编号:2007Z011)为背景,通过对哈尔滨站、北京西站、上海站、上海南站、长沙站等全国典型客运站候车室内客流量、新风量、CO_2 浓度、围护结构进行数据采集,对客运站各部门耗能设备的参数、数量及总能耗量进行统计,同时就旅客候车时间及旅客对候车环境的主观评价分别进行了问卷调查。前面章节在上述调查统计数据的基础上对铁路客运站各能耗因素进行了深入研究,研究的主要结论如下:

(1)现代铁路客运站主要能源类型包括电、柴油、煤、汽油、天然气、液化气、煤气等。由于不同铁路客运站的地域差别及使用设备的不同,其主要使用的能耗的类型及比例不尽相同。详见表 10-1。

表 10-1　不同客运站主要使用能源类型及比例

	电	柴油	煤	汽油	天然气	煤气	蒸汽
长沙站	17%	81%		2%			
上海站	32%				8%	60%	
北京西站	22%						78%
哈尔滨站	36%		62%	2%			

虽然各站分属不同气候区,但是仍具有相同规律:由于采暖和制冷的需要,全年能耗最高的时间集中最冷和最热的月份。详见表 10-2。

现代铁路客运站的主要能耗部门大体相同,客运是第一大能耗部门,运转和售票紧接其后。现代铁路客运站的主要能耗设备有中央空调系统(占总能耗 60%～80%左右)、照明系统(占总能耗 6%～17%左右)。在一些较大型或者较高级别的客运站中,其主要能耗设备还包括电梯(占总能耗的 3%左右)。

表 10-2 不同客运站各月能耗比例

	1月	2月	3月	4月	5月	6月	7月	8月	9月	10月	11月	12月
长沙站	9%	9%	7%	7%	10%	9%	9%	10%	8%	8%	4%	12%
上海站	14%	9%	9%	6%	6%	7%	11%	11%	8%	7%	4%	8%
北京西站	38%	21%	20%	2%	2%	2%	2%	3%	1%	3%	3%	3%
哈尔滨站	11%	8%	9%	5%	3%	2%	2%	3%	3%	16%	15%	23%

(2)候车室聚集人数是研究客运站客运输能力与建筑规模的核心,是研究空调、照明设备、电梯等其他设备选型的依据。旅客平均候车时间为 63.98 min,提前 20～60 min 候车的旅客占被调查者的 61%,候车时间在 120 min 以内的旅客所占比例为 99.95%;旅客候车时间长短受客运站所在城市的交通环境、气候条件、客流时间分布的不均衡性、列车等级、种类以及列车始发时间等诸多因素的影响。候车室聚集人数在各工作日的基本波动趋势一致,节假日相对普通周末和平常日聚集峰值高,聚集人数总体偏高。不同功能的候车室呈现不同的旅客聚集分布曲线。动车组候车室在上午出现较密集的候车高峰,这是由动车夕发朝至的运行特点造成的。

(3)热环境的研究是通过测量客运站候车室夏季的环境参数,对旅客在候车室内的热感觉进行问卷调查,计算出候车室内的预测平均投票值(PMV),同时统计分析了旅客的实际热感觉投票值(TSV),结果显示 PMV 指标明显高于实际热感觉投票值 TSV,平均高了 2.24。对于不同气候分区的客运站,表明不同背景的旅客对于同一热环境的热感觉存在差异。调查数据分析表明候车室热中性温度为 27 ℃,旅客可接受的温度范围为 25.2 ℃～29.8 ℃。鉴于我国不同地域存在较大气候差异,而人体热舒适与气候环境密切相关,故对不同气候区提出不同的热舒适标准,即"适应性模型",为客运站空调采暖提供了设计参考规范。

(4)候车室内 CO_2 浓度、新风量与客流量基本上呈现正相关性,且 CO_2 浓度在客流高峰期相应出现最大值。候车室若采用自然通风，其新风不能满足室内空气品质要求；采用机械通风方式时，换气次数若达到 $n \geqslant 2.5$ 次/h，室内 CO_2 浓度可满足现有空调设计规范要求；若换气次数继续增加，对室内空气品质的影响将越来越小。另外，人均新风量与平均 Ridit 值和候车室内旅客对室内空气品质的满意度均呈正相关性；候车室新风量的烦恼度阈限值为 10.28 m^3/(人·h)，即人均新风量在 10.28 m^3/(人·h)以上的候车室，室内空气均能满足人体舒适度主观感受。

(5)空调能耗的影响因素包括遮阳系数、室内设计温度、屋面结构、墙体结构、窗户结构、窗墙比、照明功率、设备功率、人员密度和新风量标准。研究结果表明：对于不同气候分区的客运站，各能耗影响因素作用力大小不一致；对同一客运站，各季节不同气候特征也会导致各影响因素作用力不一样。采用 BIN 法模拟节能标准状态下客运站的空调能耗，可得出客运站能耗的指标。采用 BIN 法模拟计算得到各站空调能耗指标值，对哈尔滨、北京西、长沙、广州各站，单位面积空调系统年能耗指标[kW·h/(m^2·a)]分别为 279.95、234.135、266.773、324.043；单位人员年能耗指标[kW·h/(人·a)]分别为 0.177 9、0.148 8、0.169 5、0.205 9。见表 10-3。指标值与各站实际能耗比较，存在较大节能潜力，哈尔滨、北京西、长沙、广州的客运站空调系统节能潜力分别为：35.4%，30.3%，44.3%，41.1%。

表 10-3　不同气候分区客运站空调能耗指标

	严寒	寒冷	夏热冬冷	夏热冬暖
单位面积能耗[kW·h/(m^2·a)]	279.95	234.135	266.773	324.043
单位发送旅客能耗(kW·h/人)	0.231 2	0.193 4	0.220 4	0.267 7

(6)研究报告在各客运站候车室照度实测值的基础上，应用 Ridit 分析法，计算了各候车室阴暗度阈限值。研究表明：照度值位于 113.61～73.21 lx 之间的照明旅客感觉舒适，取平均 Ridit 值较靠近标准情况所对应的照度值 80 lx 作为客运站候车室照度标准。调查显示，被调查对象中只有四个候车室照度实测值大于

国家标准 100 lx，照度实测值在 80 lx 左右的候车室约占 80%。有棚站台推荐照度 30 lx，功率密度（LPD）为 0.89 W/m^2；无棚站台推荐照度为 10 lx，功率密度（LPD）为 0.27 W/m^2。详见表 10-4。

表 10-4　客运站不同区域照度指标

	照度指标（lx）	功率密度（W/m^2）	能耗标准[kW·h/(m^2·a)]
候车室	80	2.08	9.11
有棚站台	30	0.89	3.89
无棚站台	10	0.27	1.18

（7）通过研究自动扶梯排队系统及旅客候梯时间，以北京西站为例，计算出北京西站旅客最大候梯时间为 2.84 s，采取加开扶梯方式可使候梯时间为零，对扶梯开启台数按人数进行分时段管理，相对固定自动扶梯开启台数具有很大的节能潜力，因此可计算出各时间段自动扶梯开启数，最多需要开启 7 台。对北京西站电梯台数分时段管理，平常日可节能 10.5%，节假日可节能 27.9%，旅客发送量最多日可节能 29.1%。客运站电梯能耗指标见表 10-5。

表 10-5　客运站电梯能耗指标

	单位面积能耗[kW·h/(m^2·a)]	单位发送旅客能耗（kW·h/人）
电梯	7.643 724 871	0.004 856

（8）由于铁路客运站能耗主要集中在空调系统、照明系统及自动扶梯系统上，本书采用 DEA 方法，构建了铁路客运站能耗评价指标体系，并定量探讨了影响铁路客运站能效的主要因素，从技术角度着重对这些设备进行了节能对策分析。

参考文献

[1] 金一兵. 模糊数学在预测车站最高聚集人数中的应用[J]. 铁道运输与经济,2004 (2):67～70.

[2] 何宇强. 铁路客运站最高聚集人数模拟计算研究[J]. 系统仿真学报,2006 (1):213～224.

[3] 叶中行. 概率论与数理统计[M]. 北京:科学出版社,2001.

[4] 邓聚龙. 灰色控制系统[M]. 武汉:华中工学院出版社,1985.

[5] 徐哲,楼文高. 基于灰色系统 GM(1,1)的 IPTV 市场预测[J]. 出版与印刷,2007(2): 6～8.

[6] 刘剑. 电梯能耗的混合预测控制方法[J]. 沈阳建筑大学学报(自然科学式版),2006(3): 319～323.

[7] Janice P. Li. Train Station Passenger Flow Study[A]. Proceedings of 2000 Winter Simulation Conference [C]. Orlando: Wyndham Palace Resort & Spa, 2000.

[8] 邵毓宾. 现代铁路旅客车站规划设计[M]. 北京:中国铁道出版社,1999.

[9] 顾启泰. 应用仿真技术[M]. 北京:国防工业出版社,1995.

[10] Gina B. Vertical Transportation in Tall Buildings[J]. Elevator World, 2003(5): 66～75.

[11] 诸静. 智能预测控制及其应用[M]. 杭州: 浙江大学出版社,2002.

[12] 刘剑. 电梯能耗的混合预测控制方法[J]. 沈阳建筑大学学报(自然科学版),2006(3): 319～322.

[13] 王薇. 自动扶梯和自动人行道制动能力的计算[J]. 机械设计,2006 (5): 18～20.

[14] 朱昌明. 电梯与自动挂梯[M]. 上海:上海交通大学出版社,1995.

[15] 杨兰春. 自动扶梯与制动机[M]. 北京:机械工业出版社,1998.

[16] 成美康平[日]. 能源与照明[J]. 照明学会志,2000(3):169.

[17] 马占敖,孙力群,谭德利. 确保照明质量节约照明能源的技术措施[J]. 吉林建筑工程学院学报,2005,22(3):48～50.

[18] 王晓东. 电气工程照明技术[M]. 北京:机械工业出版社,2003.

[19] 张少刚.绿色照明工程实施手册[M].北京:中国建筑工业出版社,2003.
[20] 王亚源.照明节能探讨[J].照明工程学报,2007,18(3):45~49.
[21] 中华人民共和国国务院.国家中长期科学和技术发展规划纲要(2006－2020年)[M].北京:中国法制出版社,2006.
[22] 王敏."绿色照明"的节能潜力及对策[J].灯与照明,2003,27(2):49~50.
[23] 潘会友.绿色照明技术的研讨[J].机械管理开发,2003,72(3):54~55.
[24] 蒋美其,薛政宇,武卫等.绿色照明节能技术研究[J].建筑技术开发,2003,30(11):100~101.
[25] 王建华.绿色照明及其主要技术措施[J].可再生资源,2002,104(4):24~26.
[26] 姜正才.大力推进铁路绿色照明工程[J].电力需求侧管理,2002,4(6):41.
[27] Coaton J. R. 著. Lamps and lighting[M].陈大华等译.上海:复旦大学出版社,2000.
[28] 许艳.努力推进绿色照明工程[J].节能与环保,2002,21(6):33~34.
[29] 周太明.电气照明设计[M].上海:复旦大学出版社,2001.
[30] 朱小清.照明技术手册[M].北京:机械工业出版社,1995.
[31] 朱颖心等著.建筑环境学[M].第2版.北京:中国建筑工业出版社,2005.
[32] 亢岚,秦占军.照明设计中的照度计算[J].科学与经济,2006(19):131~132.
[33] 詹庆旋.建筑光环境[M].北京:清华大学出版社,1988.
[34] 中华人民共和国住房和城乡建设部.GB/T 50033－2001 建筑采光设计标准[S].北京:中国计划出版社,2001.
[35] 中华人民共和国住房和城乡建设部.GB 50034－2004 建筑照明设计标准[S].北京:中国建筑工业出版社,2004.
[36] CIE Central Bureau. Spatial Distribution of Daylight-CIE Standard General Sky[S]. CIE S 011/E, 2003.
[37] 华南理工大学主编.建筑物理[M].广州:华南理工大学出版社,2002.
[38] 莫易敏等著.铁路客运车站绿色照明系统设计[J].中国铁路,2004(3):59.
[39] 中国人民共和国铁道部.TB/T 494—1997 铁路照明照度标准 [S].北京:中国建筑工业出版社,1997.
[40] 刘向新译,路如山校.室内空气品质质量——有机物污染[M].北京:人

民卫生出版社，1991.
[41] 朱红，黄一贞，张红. 食品感官分析入门[M]. 北京：中国轻工业出版社，1993.
[42] 沈晋明，毛继传等. 上海办公大楼空气品质的主观评价[J]. 通风除尘，1996，15(2)：8～13.
[43] 陈科，田凤调等. 医用模糊综合评判中的 Ridit 分析[J]. 系统工程理论与实践，1992(2)：58～63.
[44] 徐群英. 照明节能设计中的若干问题[J]. 建筑电气，2007(9)：13～16.
[45] 任元会. 提高认识，实施标准，推进建筑照明节能[J]. 建筑电气，2005，24(2)：15～18.
[46] 徐群英. 电气节能设计[J]. 中国住宅设施，2007(2)：58～59.
[47] 徐群英. 建筑照明节能设计[J]. 低压电器，2007(12)：45～48.
[48] Danny H. W. Li, Ernest K. W. Tsang. An analysis of daylighting performance for office buildings in Hong Kong [J]. Building and Environment, 2008, 43(9): 1446～1458.
[49] Antony F. McDonagh. Photolysis and photoisomerization of bilirubin in serum specimens exposed to room lighting [J]. Clinica Chimica Acta, 2008, 393(2): 130.
[50] Nadja N. Rehak, Stacey A. Cecco, Glen L. Hortin. Photolysis of bilirubin in serum specimens exposed to room lighting [J]. Clinica Chimica Acta, 2008, 393(2): 131.
[51] Khaled Nassar. Integrating discrete event and lighting simulation for analyzing construction work zones lighting plans [J]. Automation in Construction, 2008, 17(5): 561～572.
[52] Myriam B. C. Aries, Guy R. Newsham. Effect of daylight saving time on lighting energy use: A literature review [J]. Energy Policy, 2008, 36(6): 1858～1866.
[53] Alexander V. Kulikov, Maria A. Tikhonova, Victor A. Kulikov. Automated measurement of spatial preference in the open field test with transmitted lighting [J]. Journal of Neuroscience Methods, 2008, 170(2): 345～351.
[54] Pyonchan Ihm, Abderrezek Nemri, Moncef Krarti. Estimation of lighting energy savings from daylighting [J]. Building and Environment, 2009, 44:

509～514.

[55] Wei G. C. Transparent ceramics for lighting[J]. Journal of the European Ceramic Society，2009，29：237～244.

[56] Danny H. W. Li，Tony N. T. Lam，S. L. Wong，Ernest K. W. Tsang. Lighting and cooling energy consumption in an open-plan office using solar film coating[J]. Energy，2008，33：1288～1297.

[57] 冯枫. 客运专线高速客车开行方案的计算与评价 [D]. 北京:北京交通大学,2007.

[58] 魏权龄. 评价相对有效性的 DEA 方法 [M]. 北京：中国人民大学出版社，1987.

[59] 茅艳. 人体热舒适气候适应性研究 [D]. 西安:西安建筑科技大学,2007.

[60] 马卫武. 室内新风量对室内空气品质影响的不确定性方法分析研究 [D]. 长沙:湖南大学,2003.

[61] 魏权龄. 数据包络分析 [M]. 北京:科学出版社,2003.

[62] 王新宇. 基于 DEA 模型的城市百货零售企业经营效益评估[J]. 系统工程,2001,29(1)：56～60.

[63] Cooper W. W.，Seiford L. M.，Zhu J. Handbook on data envelopment analysis[M]. Boston:Kluwer Academic Publishers，2004.

[64] 王三喜,屈洋,黄建明. 基于 DEA 模型的部队编制方案评价[J]. 系统工程理论与实践，2006，21(4)：21～26.

[65] 李美娟，陈国宏. 数据包络分析法（DEA）的研究与应用[J]. 中国工程科学，2003,5(6)：58～94.

[66] 尉迟斌. 实用制冷与空调工程手册[M]. 北京:机械工业出版社,2002.

[67] 龙惟定. 试论我国暖通空调业的可持续发展[J]. 暖通空调,1999,29(3)：25～30.

[68] Cooper W. W.，Seiford L. M.，Tone. Data envelopment analysis：A comprehensive text with Models，Applications，References and DEA-Solver software[M]. Boston：Kluwer Academic Publishers,2000.

[69] 鞠美庭. 能源规划环境影响评价 [M]. 北京：化学工业出版社，2006：62～65.

[70] Seiford L. M. Data envelopment analysis：the evolution of state of the art (1978—1995)[J]. Journal of Productivity Analysis 7,1996：99～137.

[71] 高雷阜. 最优化理论与方法 [M]. 沈阳：东北大学出版社，2005.

[72] 卢开澄. 单目标、多目标和整数规划 [M]. 北京：清华大学出版社,1999.

[73] 陈世宗,赖邦传,陈晓红. 基于DEA的企业绩效评价方法 [J]. 系统工程,2005,23(6):100.

[74] Charnes A. ,Cooper W. W. and Rhodes E. Measuring the efficiency of decision making units[J]. European Journal of Operational Research, 1978,2: 429～444.

[75] 李美娟,陈国宏. 数据包络分析法 (DEA)的研究与应用[J]. 中国工程科学,2003,5(6): 58～94.

[76] 毛经中. 对偶与影子价格[J]. 高等函授学报(自然科学版),1994 (4): 1～6.

[77] 姚静. 影子价格在经济管理中的应用[J]. 工科数学,2001 (4): 25～27.

[78] 朱乔. 数据包络分析(DEA)方法综述与展望[J]. 系统工程理论与实践,1994,3(4): 1～9.

[79] 夏少刚. 运筹学经济优化方法与模型 [M]. 北京：清华大学出版社,2005.

[80] Humphreys M. A. Field studies of thermal comfort compared and applied[J]. Building Research Establishment Current Paper, 1975, 23 (1):75～76.

[81] Richard J. de Dear, Gail Schiller Brager. Developing an adaptive model of thermal comfort and preference [J]. ASHRAE Transactions, 1998, 104, Part 1: 1～18.

[82] Milne G. R. The energy implications of a climate-based indoor air temperature standard [A]. Standards for Thermal Comfort-Indoor Air Temperature Standards for the 21st Century[C]. London: E & FN Spoon, 1995. 182～189.

[83] Humphreys M. A. Outdoor temperature and comfort indoors[J]. Building Research and Practice, 1978, 23(1):23～48.

[84] Auliciems A. Towards a psycho physiological model of thermal perception[J]. International Journal of Biometeorology, 1981, 12(2): 1～25.

[85] Nicol J. F. ,Raja I. A. ,Allaudin A. ,Jamy G. N. Climatic variation in comfortable temperatures: the Pakistan projects [J]. Energy and

buildings,1999,30(2):261～279.

[86] Mc Cartney K. J,Nicol J. F. Developing an adaptive control algorithm for Europe[J]. Energy and Buildings,2002,34(1):623～635.

[87] Wong N. H. , Feriadi H. , Lim P. Y. , Tham K. W. , Sekhar C. , Cheong W. K. Thermal comfort evaluation of naturally ventilated public housing in Singapore[J]. Building and Environment, 2002, 37 (2): 1267～1277.

[88] Mui K. W. H. ,Chan W. T. D. Adaptive comfort temperature model of air-conditioned building in Hong Kong [J]. Building and Environment,2003,38(2):837～852.

[89] Nyuk Hien Wong, Shan Shan Khoo. Thermal comfort in classrooms in the tropics[J]. Energy and Buildings, 2003, 35: 337～351.

[90] ASHRAE. ANSI/ASHRAE 55a-1995, Addendum to thermal environmental conditions for human occupancy[S]. American National Standards Institute, 1995.

[91] ASHRAE. ANSI/ASHRAE 55—2004, Thermal Environmental Conditions for Human Occupancy [S]. American National Standards Institute, 1992.

[92] ASHRAE. ASHRAE Hand book-Fundamentals[M] . Atlanta, American Society of Heating, Refrigerating and Air-Conditioning Engineers,1997.

[93] Parsons K. C. The effects of gender, acclimation state, the opportunity to adjust clothing and physical disability on requirements for thermal comfort [J]. Energy and Buildings, 2002, 34: 593～599.

[94] ISO. International Standard 7730,Moderate thermal Environments-Determination of the PMV and PPD Indices and Specification of the Conditions for thermal Comfort[S]. International Standards Organization, Geneva, 1994.

[95] Griffiths I. Thermal comfort studies in buildings with passive solar features: field studies [R]. UK, Report to Commission of the European Community, 1990.

[96] Humphreys M. A. , Nicol J. F. Outdoor temperature and indoor thermal comfort: rising the precision on the relationship for the 1998 ASHRAE database of fields studies[J]. ASHRAE Transactions, 2000, 38(2): 485～492.

[97] Cooper W. W. , Seiford L. M. , Tone. Data envelopment analysis: A

comprehensive text with Models, Applications, References and DEA-Solver software[M]. Boston: Kluwer Academic Publishers, 2000.

[98] 杜雁霞,程宝义,贾代勇. 南京地区办公楼的空调能模拟[J]. 建筑热能通风空调,2004,23 (3): 53~56.

[99] 张晴原. 中国建筑用标准气象数据库[M]. 北京: 机械工业出版社,2004.

[100] 单寄平. 空调负荷实用计算法[M]. 北京: 中国建筑工业出版社,1989.

[101] 陈沛霖. 空气调节负荷计算理论与方法[M]. 上海:同济大学出版社,1987.

[102] 李力. 建筑能耗计算方法的分析比较[J]. 重庆建筑大学学报,1999,21(5) : 122~124.

[103] 杨洁,涂光备等. 天津神户公共建筑能耗调查及空调制冷系统节能分析[J]. 暖通空调,2002, 32(1) : 41~42.

[104] 张春枝. 公共建筑空调系统能耗评价指标的探索[J]. 制冷与空调,2005,5(6): 43~46.

[105] 潘承毅,何迎晖. 数理统计的原理与方法[M]. 上海: 同济大学出版社,1993.

[106] 赵婷婷,韩可琦等. 正交试验法在质量控制中的应用[J]. 经济师,2003,8:184~185.

[107] 董如何,肖必华等. 正交试验设计的理论分析方法及应用[J]. 安徽建筑工业学院学报,2004,12(6):103~106.

[108] 魏一然,吴金顺,张伟捷. 办公写字楼建筑空调系统能耗与环境负荷研究[J]. 建筑科学,2007, 23(1) : 14~17.

[109] 赵坚,刘金祥. 某办公楼能耗因素分析与 2 种简化方法对比[J]. 建筑科学,2008,24(4):54~57.

[110] 赵士昌. 围护结构对建筑节能的影响[J]. 大庆石油学院学报,1999,20(1):85~88.

[111] 李玉云,陈国鸣. 围护结构对中央空调能耗的影响[J]. 武汉大学学报,2003,26(3):256~259.

[112] 叶韵. 建筑热环境[M]. 北京:清华大学出版社,1996.

[113] 彦启森,赵庆珠. 建筑热过程[M]. 北京:中国建筑工业出版社,1986.

[114] 龚明启,冀兆良等. 夏热冬暖地区自然通风条件下围护结构内壁温度

的计算与分析[J]. 墙材革新与建筑节能,2004,11: 31～34.

[115] 刘程. 建筑围护结构与节能[J]. 工程设计与建设,2004,36(4): 4～10.

[116] 贾永英,陶卫东,刘延军等. 墙体热传递过程数值模拟[J]. 应用能源技术,2001 (3): 28～30.

[117] 余松林. 医学统计学[M]. 北京:人民卫生出版社,2002.

[118] 张绍刚. 住宅起居室的照明研究[J]. 中国住宅设施,2005(2):13～24.

[119] 王书晓. 办公室光环境评价体系研究[D]. 北京:中国建筑科学研究院,2007.

[120] Wong L. T., Mui K. W. Acceptable illumination levels for office occupants [J]. Architectural Science Review, 2006,49(2):116～119.

[121] 陈永敢. 重庆居住区道路照明现状调研与分析[J]. 灯与照明,2007,31(4):20～23.

[122] 韩金兰. 中学教室照明设计[J]. 电器应用,2007,26(8):22～27.

[123] Ming-Chin Ho, Che-Ming Chiang, Po-Cheng Chou, et al. Optimal sun-shading design for enhanced daylight illumination of subtropical classrooms [J]. Energy and Building, 2008,40(10):1844～1855.

[124] 孙成明. 游泳馆照明设计要点[J]. 建筑电器,2007,24(3):29～30.

[125] Chan Hwang, In-Sung Kim, Sang-Gyun Woo, et al. Impact of illumination intensity profile on lithography simulation [J]. Proceedings of the SPIE-The International Society for Optical Engineering, 2004, 5377(1):1427～1434.

[126] 李宁宇. 嵌入式隧道照明控制器的研究和设计[D]. 武汉:武汉理工大学,2007.

[127] Stepina N. P., Yakimov A. I., Nenashev A. V., et al. Effect of light illumination on the conductivity of tunnel-coupled Ge/Si quantum dots [J]. AIP Conference Proceedings, 2007,893(10). 811～812.

附　　录

附表 1　北京地区夏季负荷

BIN (℃)	时间频率 (h)	BIN 含湿量 (g/kg)	新风负荷 (W/m²)	内部负荷 (W/m²)	稳态传导负荷 (W/m²)	非稳态传导负荷 (W/m²)	日射负荷 (W/m²)	总负荷 (kW·h/m²)
22	515	10.99	−13.91	82.2	−7.74	−5.84	9.49	33.06
24	622	13.29	24.19	82.2	−3.87	−2.89	9.59	67.94
26	514	13.75	39.82	82.2	0	0	9.70	67.70
28	414	14.41	57.88	82.2	3.87	2.82	9.8	64.82
30	292	15.61	82.54	82.2	7.74	5.57	9.91	54.88
32	151	15.30	88.76	82.2	11.61	8.25	10.01	30.33
34	77	14.60	90.22	82.2	15.48	10.86	10.12	16.08
36	13	16.20	119.77	82.2	19.35	13.40	10.22	3.18
38	1	10.91	65.17	83.2	23.79	13.04	10.32	0.20
夏季冷负荷之和(kW·h/m²)								211

附表 2　北京地区冬季负荷

BIN (℃)	时间频率 (h)	BIN 含湿量 (g/kg)	新风负荷 (W/m²)	内部负荷 (W/m²)	稳态传导负荷 (W/m²)	非稳态传导负荷 (W/m²)	日射负荷 (W/m²)	总负荷 (kW·h/m²)
−14	3	0.37	−170.10	46.8	−49.89	25.99	21.11	−0.38
−12	31	0.53	−160.10	46.8	−46.96	24.21	21.47	−3.55
−10	102	0.67	−150.09	46.8	−44.02	22.46	21.83	−10.51
−8	182	0.95	−140.08	46.8	−41.09	20.75	22.20	−16.64
−6	270	1.12	−130.08	46.8	−38.15	19.06	22.56	−21.55
−4	368	1.30	−120.07	46.8	−35.22	17.41	22.92	−25.08
−2	428	1.59	−110.07	46.8	−32.28	15.78	23.28	−24.17

续上表

BIN(℃)	时间频率(h)	BIN含湿量(g/kg)	新风负荷(W/m^2)	内部负荷(W/m^2)	稳态传导负荷(W/m^2)	非稳态传导负荷(W/m^2)	日射负荷(W/m^2)	总负荷($kW·h/m^2$)
0	406	1.69	−100.06	46.8	−29.35	14.19	23.65	−18.18
2	245	1.99	−90.05	46.8	−26.41	12.63	24.01	−8.09
4	427	2.31	−80.05	46.8	−23.48	12.04	21.53	−9.89
6	496	2.60	−70.04	46.8	−20.54	10.38	21.89	−5.71
冬季热负荷之和($kW·h/m^2$)								−213.63

附表3　哈尔滨地区夏季负荷

BIN(℃)	时间频率(h)	BIN含湿量(g/kg)	新风负荷(W/m^2)	内部负荷(W/m^2)	稳态传导负荷(W/m^2)	非稳态传导负荷(W/m^2)	日射负荷(W/m^2)	总负荷($kW·h/m^2$)
22	448	11.06	−13.05	82.2	−6.46	−1.85	9.02	31.30
24	402	11.95	7.83	82.2	−3.23	−0.92	8.96	38.13
26	281	12.59	25.65	82.2	0	0	8.90	32.81
28	156	12.97	40.30	82.2	3.23	0.90	8.83	21.13
30	79	14.63	70.58	82.2	6.46	1.80	8.77	13.41
32	35	15.39	89.86	82.2	9.69	2.68	8.70	6.76
夏季冷负荷之和($kW·h/m^2$)								86.70

附表4　哈尔滨地区冬季负荷

BIN(℃)	时间频率(h)	BIN含湿量(g/kg)	新风负荷(W/m^2)	内部负荷(W/m^2)	稳态传导负荷(W/m^2)	非稳态传导负荷(W/m^2)	日射负荷(W/m^2)	总负荷($kW·h/m^2$)
−24	137	0.36	−220.13	46.8	−48.12	21.99	20.24	−24.55
−22	220	0.42	−210.13	46.8	−45.93	20.86	20.06	−37.04
−20	265	0.49	−200.12	46.8	−43.74	19.74	19.88	−41.72
−18	323	0.55	−190.12	46.8	−41.56	18.64	19.70	−47.33
−16	329	0.65	−180.11	46.8	−39.37	17.55	19.52	−44.62

续上表

BIN(℃)	时间频率(h)	BIN含湿量(g/kg)	新风负荷(W/m^2)	内部负荷(W/m^2)	稳态传导负荷(W/m^2)	非稳态传导负荷(W/m^2)	日射负荷(W/m^2)	总负荷($kW\cdot h/m^2$)
−14	309	0.77	−170.10	46.8	−37.18	16.47	19.34	−38.52
−12	327	0.94	−160.10	46.8	−34.99	15.4	19.16	−37.19
−10	317	1.09	−150.09	46.8	−32.81	14.35	18.98	−32.58
−8	268	1.24	−140.08	46.8	−30.62	13.31	18.80	−24.60
−6	222	1.52	−130.08	46.8	−28.43	12.28	18.62	−17.94
−4	283	1.71	−120.07	46.8	−26.25	11.26	18.44	−19.76
−2	287	2.05	−110.07	46.8	−24.06	10.25	18.26	−16.88
0	287	2.39	−100.06	46.8	−21.87	9.26	18.08	−13.72
2	310	2.77	−90.05	46.8	−19.68	8.28	17.91	−11.39
4	292	3.10	−80.05	46.8	−17.50	7.31	17.73	−7.51
6	294	3.64	−70.04	46.8	−15.31	6.35	17.55	−4.31
8	254	4.13	−60.04	46.8	−13.12	5.74	17.37	−0.83
10	329	4.65	−50.03	46.8	−10.94	4.79	17.19	2.57
冬季热负荷之和($kW\cdot h/m^2$)								−396.21

附表 5　上海地区夏季负荷

BIN(℃)	时间频率(h)	BIN含湿量(g/kg)	新风负荷(W/m^2)	内部负荷(W/m^2)	稳态传导负荷(W/m^2)	非稳态传导负荷(W/m^2)	日射负荷(W/m^2)	总负荷($kW\cdot h/m^2$)
22	824	14.08	23.83	82.2	−9.49	−3.32	7.63	83.10
24	645	14.64	40.68	82.2	−4.75	−1.68	7.72	80.09
26	695	16.54	73.89	82.2	0	0	7.80	113.91
28	605	18.53	108.20	82.2	4.75	1.72	7.89	123.88
30	324	20.14	137.87	82.2	9.49	3.48	7.97	78.09
32	129	19.66	142.01	82.2	14.24	5.27	8.06	32.48
34	41	21.27	171.68	82.2	18.99	7.10	8.14	11.81
36	13	21.62	185.96	82.2	23.73	8.97	8.23	4.02
夏季冷负荷之和($kW\cdot h/m^2$)								246.50

附表 6　上海地区冬季负荷

BIN (℃)	时间频率 (h)	BIN 含湿量 (g/kg)	新风负荷 (W/m²)	内部负荷 (W/m²)	稳态传导负荷 (W/m²)	非稳态传导负荷 (W/m²)	日射负荷 (W/m²)	总负荷 (kW·h/m²)
2	265	3.13	−90.05	46.8	−40.64	15.14	14.47	−14.386
4	485	3.80	−80.05	46.8	−35.95	13.63	14.67	−19.840
6	490	4.53	−70.04	46.8	−31.26	12.07	14.86	−13.509
8	554	5.27	−60.04	46.8	−26.57	10.47	15.06	−7.907
10	557	5.89	−50.03	46.8	−21.88	8.83	15.26	−0.568
−4	34	1.31	−120.07	46.8	−42.72	19.42	13.88	−2.812
−2	60	1.84	−110.07	46.8	−38.60	18.04	14.08	−4.186
0	109	2.26	−100.06	46.8	−34.48	16.61	14.27	−6.198
冬季热负荷之和(kW·h/m²)								−203.40

附表 7　长沙地区夏季负荷

BIN (℃)	时间频率 (h)	BIN 含湿量 (g/kg)	新风负荷 (W/m²)	内部负荷 (W/m²)	稳态传导负荷 (W/m²)	非稳态传导负荷 (W/m²)	日射负荷 (W/m²)	总负荷 (kW·h/m²)
22	638	13.60	17.97	82.2	−13.63	−5.39	5.54	55.31
24	720	16.80	67.06	82.2	−6.82	−2.79	5.74	104.68
26	729	18.01	91.84	82.2	0	0	5.94	131.21
28	504	19.04	114.43	82.2	6.82	2.98	6.14	107.13
30	346	18.10	112.96	82.2	13.63	6.16	6.33	76.56
32	249	19.75	143.11	82.2	20.45	9.53	6.53	65.19
34	138	19.82	153.97	82.2	27.26	13.09	6.73	39.09
36	59	21.065	179.19	82.2	34.08	16.85	6.93	18.84
38	15	21.20	190.84	83.2	41.46	14.30	7.13	5.05
夏季冷负荷之和(kW·h/m²)								223.20

附表 8　长沙地区冬季负荷

BIN (℃)	时间频率 (h)	BIN含湿量 (g/kg)	新风负荷 (W/m²)	内部负荷 (W/m²)	稳态传导负荷 (W/m²)	非稳态传导负荷 (W/m²)	日射负荷 (W/m²)	总负荷 (kW·h/m²)
−2	29	3.17	−110.07	46.8	−52.16	16.89	10.82	−2.54
0	174	3.61	−100.06	46.8	−48.81	16.32	11.50	−12.92
2	245	4.04	−90.05	46.8	−51.74	15.56	12.18	−16.48
4	427	4.40	−80.05	46.8	−45.81	14.60	12.86	−22.03
6	496	4.99	−70.04	46.8	−39.89	13.45	13.54	−17.93
8	608	5.41	−60.04	46.8	−33.97	12.11	14.22	−12.69
10	716	6.58	−50.03	46.8	−28.05	10.57	14.90	−4.15
冬季热负荷之和(kW·h/m²)								−205.44

附表 9　广州地区夏季负荷

BIN (℃)	时间频率 (h)	BIN含湿量 (g/kg)	新风负荷 (W/m²)	内部负荷 (W/m²)	稳态传导负荷 (W/m²)	非稳态传导负荷 (W/m²)	日射负荷 (W/m²)	总负荷 (kW·h/m²)
22	729	13.41	15.65	82.2	−11.56	−5.01	8.91	65.75
24	1161	15.02	45.32	82.2	−5.78	−2.55	9.09	148.93
26	1 237	17.08	80.49	82.2	0	0	9.27	212.71
28	969	19.37	118.46	82.2	5.78	2.64	9.46	211.77
30	595	19.65	131.89	82.2	11.56	5.38	9.64	143.20
32	384	20.17	148.24	82.2	17.35	8.21	9.82	102.08
34	173	21.42	173.52	82.2	23.13	11.14	10.01	51.90
36	28	22.06	191.34	82.2	28.91	14.16	10.19	9.15
夏季冷负荷之和(kW·h/m²)								564.93

附表 10 上海南站灯具数量及功率汇总表

序号	部位	数量	功率(W)
1	0.0 m 层	4 143	130 228
2	5.0 m 层	662	31 222
3	7.5 m 层	817	74 251
4	9.9 m 层	3 199	305 723
5	地下室	4 612	170 358
6	无柱雨棚及列检沟	6 140	300 058
7	售票房	1 065	40 883
合计		20 638	1 052 723

附表 11 围护结构参数及能耗

附表 11-A(长沙)

附表 11-A1 长沙模拟围护结构形式

项目	实际	工况 1	工况 2	工况 3
外墙	24 墙	多孔砖＋10 mmEPS	多孔砖＋20 mmEPS	多孔砖＋20 mmEPS
屋面	混凝土＋普通保温	混凝土＋XPS	混凝土＋XPS	混凝土＋XPS
窗	普通玻璃窗	普通中空玻璃窗	普通中空玻璃窗	双层 Low-E

附表 11-A2 长沙模拟围护结构传热系数值[W/(m^2 · K)]

传热系数	实际	工况 1	工况 2	工况 3
外墙	2.08	0.727	0.586	0.49
屋面	0.9	0.412	0.412	0.412
窗	6.4	2.8	2.8	1.8

附表 11-A3 影响围护结构能耗各因素的取值[W/(m^2 · K)]

因素	实际情况	节能标准
外墙改变	2.08	1.0
屋面改变	0.9	0.7
窗改变	6.4	1.8

附表 11-A4　长沙各工况围护结构的能耗(kW·h/m²)

围护结构能耗	实际	外墙改变	屋顶改变	玻璃改变	工况 1	工况 2	工况 3
夏季传导能耗	9.880	7.59	9.290	7.887	3.989	3.690	2.944
冬季传导能耗	134.710	116.918	129.9	78.085	56.361	54.038	41.727

附表 11　围护结构参数及能耗

附表 11-B(哈尔滨)

附表 11-B1　哈尔滨地区不同工况情况

哈尔滨	保温前	工况 1	工况 2	工况 3
外墙	49 砖墙	多孔砖＋60 mm EPS	多孔砖＋70 mm EPS	多孔砖＋70 mm EPS
屋面	混凝土＋普通保温	混凝土＋XPS	混凝土＋XPS	混凝土＋XPS
外窗	普通中空玻璃	中空玻璃	中空玻璃	双层 Low-E＋外遮阳

附表 11-B2　哈尔滨各工况传热系数[W/(m²·K)]

传热系数	实际	工况 1	工况 2	工况 3
外墙	1.27	0.422	0.37	0.37
屋面	0.79	0.35	0.35	0.35
窗	3.26	2	2	1.8

附表 11-B3　影响围护结构能耗的因素取值[W/(m²·K)]

因素	实际情况	节能标准
外墙改变	1.27	0.45
屋面改变	0.79	0.35
窗改变	3.26	2

注：外墙、屋顶、窗的改变值是按照《公共建筑节能设计标准》设定。

附表 11-B4　不同工况下模拟夏冬季围护结构能耗(kW·h/m²)

围护结构能耗	实际	外墙改变	屋顶改变	玻璃改变	工况 1	工况 2	工况 3
夏季传导能耗	6.58	5	5.343	5.836	2.97	2.871	2.764
冬季传导能耗	233.42	202.85	210.82	177.170	122.98	121.04	112.95

附表 11　围护结构参数及能耗

附表 11-C(广州)

附表 11-C1　广州不同围护结构工况情况

广州	实际	工况 1	工况 2	工况 3
外墙	24 砖墙	多孔砖＋10 mm EPS	多孔砖＋20 mm EPS	多孔砖＋20 mm EPS
屋面	混凝土＋普通保温	混凝土＋XPS	混凝土＋XPS	混凝土＋XPS
外窗	普通玻璃	中空玻璃	中空玻璃	双层 Low-E＋外遮阳

附表 11-C2　广州地区不同围护结构传热系数[W/(m²·K)]

传热系数	实际	工况 1	工况 2	工况 3
外墙	2.08	1.4	0.957	0.957
屋面	0.9	0.412	0.412	0.412
窗	6.4	3	3	1.8

附表 11-C3　影响围护结构能耗的因素取值[W/(m²·K)]

因素	外墙改变	屋顶改变
外墙改变	2.08	1.5
屋顶改变	0.9	0.79
窗改变	6.4	3

注:外墙、屋顶、窗的改变值是按照《公共建筑节能设计标准》设定。

附表 11-C4　不同工况下模拟夏冬季围护结构能耗(kW·h/m²)

围护结构能耗	实际	外墙改变	屋顶改变	玻璃改变	工况 1	工况 2	工况 3
夏季传导能耗	18.23	16.26	17.680	14.76	9.96	8.43	7.21

附表 12 车站室内环境调查表

请在您的选项前的“□”内打“√”

1. 您现在对温度的感受是：

□冷 □稍冷 □适中 □稍热 □热

2. 如果您可以改变现在的室温，您会选择：

□暖一些 □不变 □凉一些

3. 如果您感觉热，您会选择什么方式改善：

□加风扇 □降低空调温度 □其他

4. 您觉得您现在对光线的感受是：

□过暗 □暗 □适中 □亮 □太亮

5. 如果您可以改变现在的光线强度，您会选择：

□亮一些 □不变 □暗一些

6. 您现在对湿度的感受是：

□干燥 □较干燥 □适中 □较潮湿 □潮湿

7. 现在的室内相对湿度下，您会选择：

□湿一些 □不变 □干一些

8. 您觉得室内现在的空气新鲜度是：

□好 □较好 □一般 □较差 □差

9. 一般您会提前到候车室的时间是：

□15 分钟以下 □15～30 分钟 □30～45 分钟 □45 分钟以上

★您的个人资料：

A. 性别：□男 □女

B. 年龄：□20 岁及以下□21～30 岁□31～40 岁□41～50 岁□51 岁及以上

附表 13　客运场所照度国家标准(lx)

序号	场所名称	推荐值(平均)			
		水平	垂直	均匀度	被照面
1	候车室	100—150—200			距地面 0.75 m
2	软席候车室、贵宾室	150—200—300			距地面 0.75 m
3	进站大厅	150—200—300			地面
4	售票厅	150—200—300			距地面 0.75 m
5	售票工作台、售票柜、售票窗口、结账交班台、补票窗口	200—300—500			距地面 0.75 m
6	检、验票处	200—300—500			距地面 0.75 m
7	行包托运、领取处	100—150—200			距地面 0.75 m
8	行包存放库房、小件寄存处	75—100—150			地面
9	问事处	150—200—300			距地面 0.75 m
10	盥洗室	75—100—150			距地面 0.75 m
11	调度室、行车计划室、海关办公室、海关检验处、公安验证处、公安值班室	300—500—750			距地面 0.75 m
12	有棚站台 无棚站台	50—75—100 10—15—20		0.4 0.25	地面 地面
13	有棚天桥 无棚天桥	50—75—100 10—15—20		0.4 0.25	地面 地面
14	站台通道、进出站地道	50—75—100		0.4	地面
15	票据存放库	100—150—200			工作面

注:照明的照度分为高、中、低三档,根据工作场所和视觉作业的具体要求选取。

附表 14　节能认证书与改进建议书

附表 14-A （空调部分）

附表 14-A1　北京西站空调

北京西站空调节能认证书

有效期 2011年1月1日

建筑概况	1996年建设,占地面积51万m^2,建筑面积为17万m^2
建筑的主要用途	铁路客运
地址	北京市丰台区莲花池东路
建成时间	1996年1月1日
配套设备安装时间	1996年1月1日
设备安装时间	1996年1月1日

空调认证 [单位kW · h/(m^2 · a)]

实测值 ↓ (300)

0　100　200　300　400　500　600　700　800　900　>1 000

推荐标准值 ↑ (250)

签发者

签发者签字

北京西站空调节能改进建议书

建筑概况：1996年建成，占地面积51万 m²，建筑面积为17万 m²	
地址：北京市丰台区莲花池东路	

有经济效益的改造建议

建议的改造方案和措施

编号	建筑构件/设备部件	方案或措施描述
1	传热系数	车站1996年建成，维护结构传热系数未达到现有节能要求，改造实现节能
2	温度	提高夏季室内空调温度（从26℃到28℃），降低冬季采暖温度到18℃
3	新风量	人体舒适所需新风量12 m^3/（h·人），减小新风量到12 m^3/（h·人）
4	回热利用	室内外空气的温差大，从排风中回收能量，可节约新风能耗60%～70%
5	空调主机	现有主机应用年限较长，多为1996年安装，COP较小，能源浪费大，应改造
6	变频控制	北京西站已经进行变频控制，改造节能效果明显
7	其他空调系统	采用地原热泵空调系统，利用其廉价能源实现节能
8	其他设备	空调主机外的其他设备大多也是1996年安装，不同程度老化，有必要改造

注：此改建建议仅为技术信息的扼要说明，具体改建尚需节能专家的进一步研究

可替代的改建方案/措施示例（签发者自愿提供）

改建措施编号	现状（kW·h/人）	初始能源消耗（kW·h/人）	相对于现状的节能效益（%）
1	304.54	288.22	7
2	304.54	271.04	11
3	304.54	368.00	12
4	304.54	366.95	13
5	304.54	361.90	14
6	304.54	240.58	21
7	304.54	243.63	20
8	304.54	277.34	9

注：此改建建议仅为技术信息的扼要说明，具体改建尚需节能专家的进一步研究

签发者	签发者签字

附表 14-A2　广州站空调

广州站空调节能认证书

有效期　2011年1月1日

建筑概况	1974年建成，后经多次扩建
建筑的主要用途	铁路客运
地址	广州市
建成时间	1974年1月1日
配套设备安装时间	2002年1月1日
设备安装时间	2002年1月1日

空调认证[单位kW·h/（m^2·a）]

实测值 ⇩

0	100	200	300	400	500	600	700	800	900	>1 000

⇧ 推荐标准值

签发者

签发者签字

广州站空调节能改进建议书

建筑概况:1974年建成，后经多次扩建	
地址:广州市	

有经济效益的改造建议

建议的改造方案和措施

编号	建筑构件/设备部件	方案或措施描述
1	传热系数	车站主体建造时间长,传热系数未达到节能要求,改造降低传热系数
2	温度	提高夏季室内空调温度（从26℃到28℃），降低冬季采暖温度20℃降到18℃
3	新风量	人体舒适所需新风量12 m^3/（h•人）,减小新风量到12 m^3/（h•人）
4	回热利用	因为室内外空气的温差较大，从排风中回收能量，可节约新风能耗60%～70%
5	空调主机	空调主机部分未达到节能要求，进行更换
6	采用其他空调系统	采用地源热泵、空气源、水源热泵等空调系统
7	其他设备	部分与空调主机不协调，或是老化严重，进行更换

注:此改建建议仅为技术信息的扼要说明，具体改建尚需节能专家的进一步研究

可替代的改建方案/措施示例（签发者自愿提供）

改建措施编号	现状（kW・h/人）	初始能源消耗（kW・h/人）	相对于现状的节能效益（%）
1	457.67	421.06	8
2	457.67	393.60	14
3	457.67	375.29	8
4	457.67	402.75	12
5	457.67	439.36	4
6	457.67	411.90	10
7	457.67	434.79	5

注:此改建建议仅为技术信息的扼要说明，具体改建尚需节能专家的进一步研究

签发者

签发者签字

附表 14-A3 哈尔滨站空调

哈尔滨站空调节能认证书

有效期 2011年1月1日

建筑概况	1899年始建，后经五次扩建最后一次扩建2002年
建筑的主要用途	铁路客运
地址	哈尔滨市中心
建成时间	1899年1月1
配套设备安装时间	2002年1月1
设备安装时间	2002年1月1

空调认证[单位 kW·h/(m^2·a)]

实测值 ↓（400）

0 100 200 300 400 500 600 700 800 900 >1 000

推荐标准值 ↑（300）

签发者

签发者签字

哈尔滨站空调节能改进建议书

建筑概况:1899年始建，后经五次扩建最后一次扩建2002年	
地址:哈尔滨市中心	

有经济效益的改造建议

建议的改造方案和措施

编号	建筑构件/设备部件	方案或措施描述
1	传热系数	传热系数直接关系空调负荷,减小传热系数减小空调能耗,对于改扩建车站适用
2	温度	提高夏季室内空调温度从26℃到28℃,降低冬季采暖温度到18℃
3	新风量	人体舒适所需新风量12 $m^3/(h\cdot 人)$，减小新风量到12 $m^3/(h\cdot 人)$
4	回热利用	因为室内外空气的温差较大,从排风中回收能量,可节约新风能耗60%～70%
5	空调主机	部分空调主机不节能，更换性能更优的变频空调
6	其他空调系统	采用地源热泵，空气源热泵等空调系统
7	其他设备	现有锅炉利用效率低下，有必要改造，或利用城市管网热能

注:此改建建议仅为技术信息的扼要说明，具体改建尚需节能专家的进一步研究

可替代的改建方案/措施示例(签发者自愿提供)

改建措施编号	现状(kW·h/人)	初始能源消耗(kW·h/人)	相对于现状的节能效益(%)
1	378.95	341.01	10
2	378.95	341.01	10
3	378.95	322.11	15
4	378.95	312.63	17.5
5	378.95	327.41	13.6
6	378.95	246.32	35
7	378.95	356.21	6

注:此改建建议仅为技术信息的扼要说明，具体改建尚需节能专家的进一步研究

签发者

签发者签字

附表 14-A4 上海站空调

上海站空调节能认证书

有效期 2011年1月1日

建筑概况	1907年始建，后经多次扩建最后一次扩建2006年
建筑的主要用途	铁路客运
地址	上海市闸北区
建成时间	1907年1月1日
配套设备安装时间	2002年1月1日
设备安装时间	2002年1月1日

空调认证[单位 kW · h/(m² · a)]

实测值 ↓

0 100 200 300 400 500 600 700 800 900 >1 000

↑ 推荐标准值

签发者

签发者签字

上海站空调节能改进建议书

建筑概况:1907年始建，后经多次扩建最后一次扩建2006年

地址:上海市闸北区

有经济效益的改造建议

建议的改造方案和措施

编号	建筑构件/设备部件	方案或措施描述
1	传热系数	车站建成时间较长，维护结构传热系数未达到节能要求，改造减小传热系数
2	温度	提高夏季室内空调温度(从26℃到28℃)，冬季采暖温度(从20℃降到18℃)
3	新风量	人体舒适所需新风量12 m³/(h・人)，故减小新风量到12 m³/(h・人)
4	回热利用	因为室内外空气的温差较大，从排风中回收能量，可节约新风能耗60%～70%
5	空调主机	空调主机都比较节能，没有必要改造
6	采用其他空调系统	采用地源热泵，空气源热泵等空调系统
7	其他设备	设备较好，没有改造必要
8	维护	加强设备维护实现设备最优化运行

注:此改建建议仅为技术信息的扼要说明，具体改建尚需节能专家的进一步研究

可替代的改建方案/措施示例(签发者自愿提供)

改建措施编号	现状(kW・h/人)	初始能源消耗(kW・h/人)	相对于现状的节能效益(%)
1	330.15	303.74	8
2	330.15	290.53	12
3	330.15	283.93	14
4	330.15	277.33	16
5	330.15	330.15	0
6	330.15	290.54	12
7	330.15	330.15	0
8	330.15	310.14	6

注:此改建建议仅为技术信息的扼要说明，具体改建尚需节能专家的进一步研究

签发者

签发者签字

附表 14-A5 长沙站空调

长沙站空调节能认证书

有效期 2011年1月1日

建筑概况	建于1975年,全站总面积约4万m^2
建筑的主要用途	铁路客运
地址	长沙芙蓉区车站北路
建成时间	1975年1月1日
配套设备安装时间	1996年1月1日
设备安装时间	1996年1月1日

空调认证[单位 kW·h/(m^2·a)]

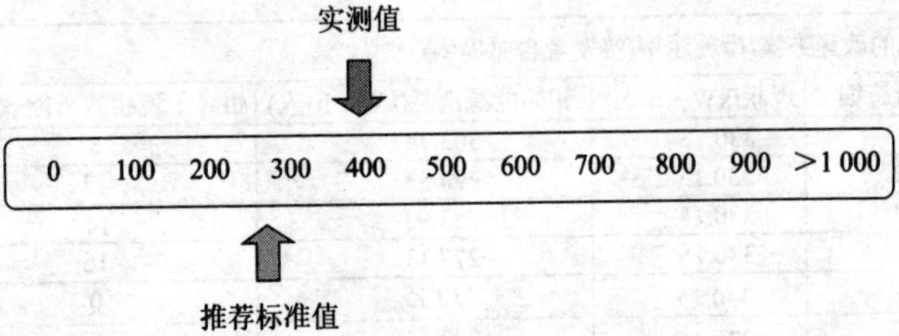

签发者

签发者签字

长沙站空调节能改进建议书

建筑概况:建于1975年,全站总面积约4万m^2

地址:长沙芙蓉区车站北路

有经济效益的改造建议

建议的改造方案和措施

编号	建筑构件/设备部件	方案或措施描述
1	传热系数	维护结构保温性不好,减小维护结构传热系数
2	温度	提高夏季室内空调温度(从26℃到28℃),降低冬季采暖温度到18℃
3	新风量	人体舒适所需新风量12 m^3/(h·人),故减小新风量到12 m^3/(h·人)
4	回热利用	因为室内外空气的温差较大从排风中回收能量,可节约新风能耗60%～70%
5	空调主机	空调主机老化严重,有必要进行更换改造
6	控制	实现各个设备配合工作,变频控制
7	其他设备	设备老化严重,实现节能必须更换
8	采用水源热泵系统	有采用水源热泵的条件,可以采用

注:此改建建议仅为技术信息的扼要说明,具体改建尚需节能专家的进一步研究

可替代的改建方案/措施示例(签发者自愿提供)

改建措施编号	现状(kW·h/人)	初始能源消耗(kW·h/人)	相对于现状的节能效益(%)
1	385.23	365.97	5
2	385.23	335.15	13
3	385.23	315.89	18
4	385.23	339.00	12
5	385.23	269.66	30
6	385.23	342.85	11
7	385.23	358.26	7
8	385.23	346.70	10

注:此改建建议仅为技术信息的扼要说明,具体改建尚需节能专家的进一步研究

签发者

签发者签字

附表 14-B （照明部分）

附表 14-B1 北京西站照明

北京西站照明节能认证书

有效期 2011年1月1日

建筑概况	1996年建成，占地面积51万m^2，建筑面积为17万m^2
建筑的主要用途	铁路客运
地址	北京市丰台区莲花池东路
建成时间	1996年1月1日
灯具安装时间	1996年1月1日
设备维护状况	良好

照度认证(单位lx)

实测值

0 20 40 60 80 100 120 140 160 180 >200

推荐标准值

功率密度认证[单位 kW · h/(m^2 · a)]

实测值

0 2 4 6 8 10 12 14 16 18 >20

推荐标准值

签发者

签发者签字

北京西站照明节能改进建议书

建筑概况：1996年建成，占地面积51万m^2，建筑面积为17万m^2	
地址：北京市丰台区莲花池东路	

有经济效益的改造建议

建议的改造方案和措施

编号	灯的能耗参数	方案或措施描述
1	照度	北京西站照度较高，利用控制降低平均照度，实现节能
2	利用系数	现有的利用系数为0.5，可以采用更为先进技术提高到0.6
3	维护系数	灯具擦拭次数提高到每年4次以上
4	控制	现有控制没有实现智能控制，仍有节能空间，采用智能控制，实现节能
5	利用自然光	北京地区阳光充足，采用增加窗墙比，采用透明屋顶等措施增加采光

注：此改建建议仅为技术信息的扼要说明，具体改建尚需节能专家的进一步研究

可替代的改建方案/措施示例（签发者自愿提供）

改建措施编号	现状(kW・h/人)	初始能源消耗(kW・h/人)	相对于现状的节能效益(%)
1	15.8	11.53	27
2	15.8	14.22	10
3	15.8	13.83	12.5
4	15.8	14.06	11
5	15.8	12.80	19

注：此改建建议仅为技术信息的扼要说明，具体改建尚需节能专家的进一步研究

签发者	签发者签字

附表 14-B2 广州站照明

广州站照明节能认证书

有效期 2011年1月1日

建筑概况	1974年建成，后经多次扩建
建筑的主要用途	铁路客运
地址	广州市
建成时间	1974年10月1日
灯具安装时间	2002年1月1日
设备维护状况	良好

照度认证（单位lx）

实测值 ↓

0 20 40 60 80 100 120 140 160 180 >200

↑ 推荐标准值

功率密度认证［单位kW·h/（m^2·a）］

实测值 ↓

0 2 4 6 8 10 12 14 16 18 >20

↑ 推荐标准值

签发者

签发者签字

广州站照明节能改进建议书

建筑概况：1974年建成，后经多次扩建	
地址：广州市	

有经济效益的改造建议

建议的改造方案和措施

编号	灯的能耗参数	方案或措施描述
1	照度	降低照度实现节能
2	光效	光效较低，采用高光效光源实现节能
2	利用系数	采用高效光源可以同时提高利用系数
4	维护系数	加强维护，灯具擦拭次数提高到每年4次以上
5	控制	未实现智能控制，进行改造实现智能控制

注：此改建建议仅为技术信息的扼要说明，具体改建尚需节能专家的进一步研究

可替代的改建方案/措施示例（签发者自愿提供）

改建措施编号	现状(kW·h/人)	初始能源消耗(kW·h/人)	相对于现状的节能效益(%)
1	15	13.05	13
2	15	13.80	8
3	15	13.65	9
4	15	13.35	11
5	15	12.90	14

注：此改建建议仅为技术信息的扼要说明，具体改建尚需节能专家的进一步研究

签发者	签发者签字

附表 14-B4 上海站照明

上海站照明节能认证书

有效期 2011年1月1日

建筑概况	1907年始建，后经多次扩建最后一次扩建2006年
建筑的主要用途	铁路客运
地址	上海市闸北区
建成时间	1907年10月1日
灯具安装时间	2002年1月1日
设备维护状况	良好

照度认证（单位lx）

实测值 ↓（100）

0	20	40	60	80	100	120	140	160	180	>200

↑ 推荐标准值（80）

功率密度认证[单位kW·h/（m^2·a）]

实测值 ↓（15）

0	2	4	6	8	10	12	14	16	18	>20

↑ 推荐标准值（9）

签发者

签发者签字

上海站照明节能改进建议书

建筑概况：建于1907年，后经多次扩建，最后一次扩建2006年	
地址：上海市闸北区	

有经济效益的改造建议

建议的改造方案和措施

编号	灯的能耗参数	方案或措施描述
1	照度	照度较高，有必要进行控制降低，实现节能
2	利用系数	灯具利用系数为达到节能要求，采用高效光源提高利用系数
3	维护系数	现有维护不够，提高灯具擦拭次数到每年4次以上
4	控制	上海站已经实现智能控制，所以不用进行照明控制改造
5	利用自然光	自然光利用不够，进行改进实现更多利用自然光，达到节能

注：此改建建议仅为技术信息的扼要说明，具体改建尚需节能专家的进一步研究

可替代的改建方案/措施示例（签发者自愿提供）

改建措施编号	现状(kW·h/人)	初始能源消耗(kW·h/人)	相对于现状的节能效益(%)
1	15.2	12.77	16
2	15.2	13.98	8
3	15.2	13.83	9
4	15.2	15.20	0
5	15.2	12.16	20

注：此改建建议仅为技术信息的扼要说明，具体改建尚需节能专家的进一步研究

签发者

签发者签字

附表 14-B5 长沙站照明

长沙站照明节能认证书

有效期 2011年1月1日

建筑概况	建于1975年，全站总面积约4万m^2
建筑的主要用途	铁路客运
地址	长沙芙蓉区车站北路
建成时间	1975年1月1日
灯具安装时间	1996年1月1日
设备维护状况	良好

照度认证（单位lx）

实测值

0 20 40 60 80 100 120 140 160 180 >200

推荐标准值

功率密度认证［单位kW·h/（m^2·a）］

实测值

0 2 4 6 8 10 12 14 16 18 >20

推荐标准值

签发者

签发者签字

长沙站照明节能改进建议书

建筑概况：建于1975年，全站总面积约4万m²

地址：长沙芙蓉区车站北站

有经济效益的改造建议

建议的改造方案和措施

编号	灯的能耗参数	方案或措施描述
1	光效	现有光源光效较低，采用光效较高的光源实现节能
2	利用系数	采用先进光源可以同时提高光效和利用系数
2	维护系数	现有维护系数不够，提高灯具擦拭次数到每年4次以上
4	控制	没有实现智能化控制，进行控制改造实现节能

注：此改建建议仅为技术信息的扼要说明，具体改建尚需节能专家的进一步研究

可替代的改建方案/措施示例（签发者自愿提供）

改建措施编号	现状(kW·h/人)	初始能源消耗(kW·h/人)	相对于现状的节能效益(%)
1	14.6	12.99	11
2	14.6	12.48	14.5
3	14.6	12.23	13
4	14.6	12.41	15

注：此改建建议仅为技术信息的扼要说明，具体改建尚需节能专家的进一步研究

签发者

签发者签字

附表 14-C （电梯部分）

附表 14-C1　北京西站电梯

北京西站电梯节能认证书

有效期　2011年1月1日

建筑概况	1996年建成，占地面积51万m^2，建筑面积为17万m^2
建筑的主要用途	铁路客运
地址	北京市丰台区莲花池东路
建成时间	1996年1月1日
配套设备安装时间	1996年1月1日
设备安装时间	1996年1月1日

电梯认证（单位kW·h/人）

实测值 ↓

0　0.005　0.010　0.015　0.020　0.025　0.030　0.035　0.040　0.045　>0.050

↑ 推荐标准值

签发者

签发者签字

北京西站电梯节能改进建议书

建筑概况：1996年建成，占地面积51万m^2，建筑面积为17万m^2	
地址：北京市丰台区莲花池东路	

有经济效益的改造建议

建议的改造方案和措施

编号	影响电梯能耗的因素	方案或措施描述
1	电梯控制	进行变频控制改造，实现电梯数量功率合理配置
2	维护	加强维护，使电梯在最优状态下运行
3	人数	合理调度人数，实现电梯最大化利用

注：此改建建议仅为技术信息的扼要说明，具体改建尚需节能专家的进一步研究

可替代的改建方案/措施示例（签发者自愿提供）

改建措施编号	现状(kW・h/人)	初始能源消耗(kW・h/人)	相对于现状的节能效益(%)
1	0.021	0.016	25
2	0.021	0.019	9
3	0.021	0.020	6

注：此改建建议仅为技术信息的扼要说明，具体改建尚需节能专家的进一步研究

签发者	签发者签字

附表 14-C3　哈尔滨站电梯

哈尔滨站电梯节能认证书

有效期　2011年1月1日

建筑概况	1899年始建，后经五次扩建，最后一次扩建2002年
建筑的主要用途	铁路客运
地址	哈尔滨市中心
建成时间	1899年10月1日
配套设备安装时间	2002年1月1日
设备安装时间	2002年1月1日

电梯认证（单位kW·h/人）

实测值

0　0.005　0.010　0.015　0.020　0.025　0.030　0.035　0.040　0.045　>0.050

推荐标准值

签发者

签发者签字

哈尔滨站电梯节能改进建议书

建筑概况：1899年始建，后经五次扩建，最后一次扩建2002年

地址：哈尔滨市中心

有经济效益的改造建议

建议的改造方案和措施

编号	影响电梯能耗的因素	方案或措施描述
1	电梯控制	合理控制，实现电梯数量功率合理配置
2	维护	现有电梯维护较少，设备老化，加强电梯维护，实现电梯长久使用
3	人数	控制乘坐电梯人数，合理疏导人群，最大限度利用电梯

注：此改建建议仅为技术信息的扼要说明，具体改建尚需节能专家的进一步研究

可替代的改建方案/措施示例（签发者自愿提供）

改建措施编号	现状(kW·h/人)	初始能源消耗(kW·h/人)	相对于现状的节能效益(%)
1	0.023	0.017	26.1
2	0.023	0.020	15.1
3	0.023	0.021	8.7

注：此改建建议仅为技术信息的扼要说明，具体改建尚需节能专家的进一步研究

签发者

签发者签字

附表 14-C4 上海站电梯

上海站电梯节能认证书

有效期	2011年1月1日

建筑概况	1907年始建，后经多次扩建，最后一次扩建2006年
建筑的主要用途	铁路客运
地址	上海市闸北区
建成时间	1907年1月1日
配套设备安装时间	2002年1月1日
设备安装时间	2002年1月1日

电梯认证（单位kW·h/人）

实测值 ↓

0 0.005 0.010 0.015 0.020 0.025 0.030 0.035 0.040 0.045 >0.050

↑ 推荐标准值

签发者	签发者签字

上海站电梯节能改进建议书

建筑概况：1907年始建，后经多次扩建，最后一次扩建2006年	
地址：上海市闸北区	

有经济效益的改造建议

建议的改造方案和措施

编号	影响电梯能耗的因素	方案或措施描述
1	控制	进行变频控制改造，实现电梯数量功率合理配置
2	维护	加强维护，使设备在最优工况下运行

注：此改建建议仅为技术信息的扼要说明，具体改建尚需节能专家的进一步研究

可替代的改建方案/措施示例（签发者自愿提供）

改建措施编号	现状(kW·h/人)	初始能源消耗（kW ·h/人）	相对于现状的节能效益(%)
1	0.019	0.016	13.4
2	0.019	0.180	5

注：此改建建议仅为技术信息的扼要说明，具体改建尚需节能专家的进一步研究

签发者	签发者签字

附表 14-C5 长沙站电梯

长沙站电梯节能认证书

有效期 2011年1月1日

建筑概况	建于1975年，全站总面积约4万m²	
建筑的主要用途	铁路客运	
地址	长沙芙蓉区车站北路	
建成时间	1975年1月1日	
配套设备安装时间	1996年1月1日	
设备安装时间	1996年1月1日	

电梯认证（单位kW · h/人）

实测值

0 0.005 0.010 0.015 0.020 0.025 0.030 0.035 0.040 0.045 >0.050

推荐标准值

签发者

签发者签字

长沙站电梯节能改进建议书

建筑概况：建于1975年，全站总面积约4万m^2
地址：长沙芙蓉区车站北路

有经济效益的改造建议

建议的改造方案和措施

编号	影响电梯能耗的因素	方案或措施描述
1	电梯控制	进行变频控制改造，实现电梯数量功率合理配置
2	维护	加强维护，使设备在最优状态下运行

注：此改建建议仅为技术信息的扼要说明，具体改建尚需节能专家的进一步研究

可替代的改建方案/措施示例（签发者自愿提供）

改建措施编号	现状(kW·h/人)	初始能源消耗（kW ·h/人）	相对于现状的节能效益（%）
1	0.02	0.017	17
2	0.02	0.019	5

注：此改建建议仅为技术信息的扼要说明，具体改建尚需节能专家的进一步研究

签发者	签发者签字